学习产品成就优秀票据客户经理

银行客户经理
报表分析 21 要点

银行客户经理宝典
励志照亮人生

北京立金银行培训中心 编著

BANK

经济管理出版社
ECONOMY & MANAGEMENT PUBLISHING HOUSE

图书在版编目（CIP）数据

银行客户经理报表分析21要点/北京立金银行培训中心编著. —北京：经济管理出版社，2018.8
ISBN 978-7-5096-6021-8

Ⅰ.①银… Ⅱ.①北… Ⅲ.①商业银行—会计报表—会计分析 Ⅳ.①F830.42

中国版本图书馆CIP数据核字（2018）第214199号

组稿编辑：何　蒂
责任编辑：杨国强　张瑞军
责任印制：黄章平
责任校对：赵天宇

出版发行：经济管理出版社
　　　　　（北京市海淀区北蜂窝8号中雅大厦A座11层　100038）
网　　址：www.E-mp.com.cn
电　　话：(010) 51915602
印　　刷：三河市延风印装有限公司
经　　销：新华书店
开　　本：720mm×1000mm/16
印　　张：18
字　　数：323千字
版　　次：2019年1月第1版　2019年1月第1次印刷
书　　号：ISBN 978-7-5096-6021-8
定　　价：48.00元

·版权所有　翻印必究·
凡购本社图书，如有印装错误，由本社读者服务部负责调换。
联系地址：北京阜外月坛北小街2号
电话：(010) 68022974　邮编：100836

银行信贷风险分析的核心是找到真相。
真实的交易、真实的客户意愿、真实的实力、真实的客户。

自 序

我曾经是一名优秀的银行客户经理。

我来自内蒙古的一个小乡镇,毕业于对外经济贸易大学中国金融学院。

我只想改变自己的命运,走出小山沟,在北京生存下去,在北京有天下。为了这么一个简单的目标,我大学毕业后选择留在北京。在某个国家机关工作了一年,我不喜欢一潭死水的生活,害怕现在就能看到20年后自己的样子,于是下海进入了银行,成为一名只有"拉"到存款才能转正的客户经理,没有什么依靠,生活需要坚强。我的"拉存款"生活充满了激情。没有房子、没有工资、没有生存的依靠,我进入了江湖。

我不需要依靠,我喜欢江湖的生活,喜欢人在江湖、四海为家的感觉。从内蒙古漂到天津,我没有丝毫的恐惧,就如同一棵小草,在哪里,我都要顶开石头,拼命地伸出脑袋,没有什么可以阻挡我。

我并不聪明,但有一个非常勤奋的脑袋,为人非常诚恳,有两条跑不断的腿。我还清楚地记得在大学刚毕业的时候,和妹妹漫无目的地走在长安街上,看见华灯初上,夜晚的长安街路面上全是车,一派繁华,周围的高楼里,灯火通明。异乡人在这里,倍感凄凉。我对妹妹说,北京一定会有我们的一席之地,我们会拥有北京的房子,我们要在这里生存下去。

(一)存款是咬牙坚持的结果

"拉存款"的时候,我碰到了很多挫折,经常遇到冷脸、遇到信贷项目被枪毙掉,但我从不气馁。

一名优秀的客户经理一定要有自己的精神偶像。我的精神偶像就是马云,典型的波澜壮阔的人生。男人成就一番事业靠三个字"气""义""信"。男人没有浩然之气,无法立足于天地间,善养自己的浩然之气,至大至刚,无是,则馁也。一个男人只要气在,是没有什么可以打倒的。男人要讲义,坚持做正确的事情,坚持自己的做人原则、自己的价值观,不以物喜,不以己悲。男人要讲信,取信于你周围的人,包括同事和客户,在中国,成就一番事业需要同事和朋友的帮助。

我很喜欢将自己逼上绝路，人在没有退路的时候，就如同战场上的战士，回头就是死，不如杀出一条血路。我的想法很简单，"拉存款"靠信贷项目，只要一个项目定了，哪怕是1000万元的银票，立刻就会有成就感。我的工作就是不断地确定一个又一个信贷项目，争取办理一笔又一笔的信贷业务，存款就会源源不断地溜进来。每当一个信贷项目受到了挫折，我都会认真总结，为什么不会批准，为什么别人的项目会批准。只要一个项目获得批准，我就会立即寻找同类型的项目迅速复制。

还记得最早的一个项目被毙掉时，我约上几个大学同学，一起喝酒、吹牛，聊我们的大学生活。我的悲伤不需要安慰，只要一堆朋友在一起，哪怕什么都不说。在雨夜的北京，窗外阴雨连绵，我一点儿也不孤单、一点儿也不悲伤，因为还有朋友。

我很感谢结交的大学同学，这是我人生最珍贵的财富之一，我们一起经历了在北京的挣扎时光、一起度过了人生最艰难的时候。

我很想你们，我的兄弟们。

(二) 优秀客户经理的必备素质

只有眼光远大的人才能成为优秀的客户经理，把自己好好规划，把自己训练成一个机器，高速运转。"拉存款"就如同盖高楼，需要你精心筹划，一点儿一点儿给自己添砖加瓦。大事业往往要从小事情一步步做起来。没有做小事打下牢固的基础，大事业就难以一步登天。我们培养了无数优秀的客户经理，我总结他们的共同特点：一是愿意从小客户做起，知道做小客户是成大事的必经之路；二是胸中有目标，知道做小客户、小业务积累起来最终结果是什么；三是有一种精神，把事情从量变带向质变。

我认为，要开发成功客户，首先要弄清楚客户关心的问题是什么，要有针对性地提出解决方案、要给出客户选择我们的理由、要能给客户带来实际的收益。

我们如何服务大客户，情感服务是一种服务模式。更深层次的服务是内涵层面，让客户从我们的服务中收获实实在在的利益，这就需要我们不断地丰富社会阅历、拓展视野、提升个人业务能力。与客户的交流中，切忌不懂装懂，承认自己的不足也是对客户的尊重。

在中国，业务成交在人品的成交之后。

我一直要求自己精通业务，熟悉各类票据产品、保函产品、信用证产品、贸易融资产品等，能够非常熟练地自由组合并使用产品。

自 序

　　我为人非常诚恳，努力成为一个可以让客户深交的人，用心与客户相处，让客户感受到我的为人。

陈立金

前 言

客户经理为什么必须学会报表分析：
（1）企业的一切有效资源都反映在报表中，可以找到营销的切入点；
（2）企业的经营状况都反映在报表中，可以准确地分析出企业的风险点。
研读报表是决定我们营销决策的依据。
对报表进行准确分析，找到客户的资金脉络，挖出客户的资金，形成我们的存款。
尽可能实现信息的对称，若信息不对称，一切将是空中楼阁。

财务报表分析的关键要点

一、不能就表分析

要分析详细的辅助资料，如资产负债表的存货，要知道其构成，是材料多还是产成品多，产成品中哪些是积压的，等等；如利润表的主营业务收入中哪些产品销得多，哪些产品销得少，各自的利润率是多少，等等，而且要知道什么样、为什么。要通过掌握的基础数据来验证报表的真实性和价值。

诸葛亮为什么会选刘备做主公，是因为刘备心胸豁达，而且有关羽、张飞这样的人才，有一个完整团队。

二、三张报表结合分析

三张报表有着会计原理和会计制度所决定的天然的联系，除了直接可以看出钩稽关系，还需要通过深入分析才能看出其联系，要把这些联系的变化分析出来。单看一张报表，不能挖掘出什么价值，结合三张报表，就会看出企业真正的经营效率。只有有效率的企业，才有生存的价值。

资产负债表是高楼外立面，利润表是楼的高度，现金流量表是楼的可销售面积。

三、分析要深入、要功利

报表分析不是目的，目的是找到银行的营销机会，甄别其中的风险。研读企业报表后，要看这家企业能够给银行带来什么样的价值，有哪些挖掘利益的地方，如何精准地设计授信方案。这比什么都重要。银行客户经理要知道这些数据背后的价值，哪些可以转化为我们的贷款，哪些可以转化为我们的存款。

四、报表分析讲究平衡

研读企业财务报表，识别风险最重要的是看企业的各项指标是否处于平衡的结构，流动资产与流动负债平衡，应收账款与应付账款平衡，存货与预收账款平衡，物业或固定资产现金流收入与长期借款平衡。

要回避失去平衡的企业。我们银行客户经理就是客户的"私人医生"，我们要能找出客户的"症状"，对症下药，确保客户的身体健康。

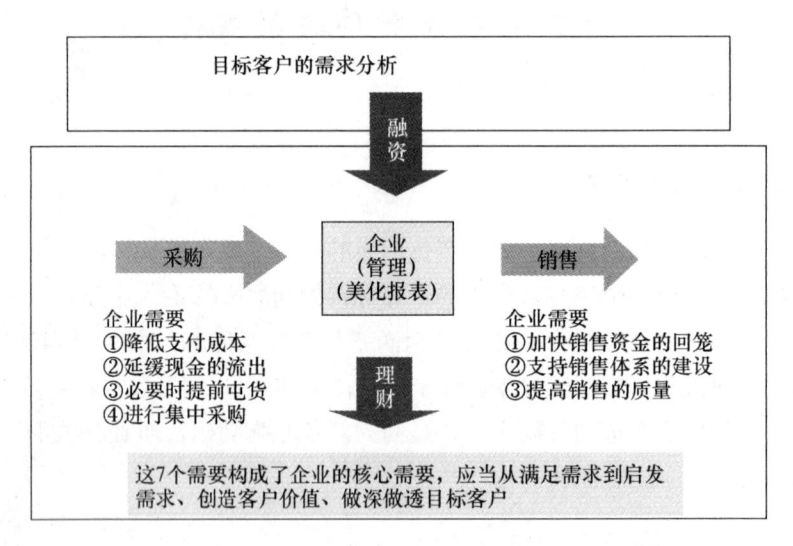

图 0-1 报表分析

关于财务知识的幽默理解：

本人是——固定资产；年龄是——累计折旧；

前言

爱情是——无形资产；房子是——实收资本；
孩子是——应付账款；吵架是——坏账准备；
人情是——其他应付款；买衣服是——包装费；
读书是——长期投资；旧情难忘是——递延资产；
工资是——主营业务收入；打工是——营业外收入；
买股票是——短期投资；养孩子是——长期投资；
上医院是——维修费；错爱是——高估净利润；
找情人是——营业外支出；暗恋是——无效的财务支出；
生活是——持续经营；缘分是——市场机遇；
思念是——日记账；反思是——内部盘点；
结婚是——合并报表；再婚是——资产重组；
误会是——错误分录；解释是——更正分录；
分手是——破产清算；回忆是——财务回顾。

工资是经营活动现金流。
保理是美化企业财务报表。
买房子是购置固定资产。
经营性物业是长期经营现金流的保证。
客户经理充电是翻新固定资产。
立金银行培训中心就是卖铲子的，银行客户经理就是挖金矿的，铲子好不好使，挖金矿的最有权威评价。
银行对报表分析只是手段，最重要的是搞定客户的存款，挖掘客户对银行的综合回报。

对企业的分析要从6个方面入手：
（1）从企业的采购环节入手，帮助企业降低采购成本，延缓现金的流出，必要时提前屯货，进行集中的采购。企业使用不同的支付工具，成本大相径庭。
（2）从企业的销售入手。企业需要加快销售资金的回笼，支持销售体系的建设，提高销售的质量。企业采用不同的收款方式，效果也相去甚远。
（3）从企业闲置资金理财入手。帮助企业实现资金的最大增值，企业对资金进行高效管理，集腋成裘，理财收益也会惊人。
（4）从企业的资金融通需要入手。对于经营现金流不足的企业，提供资金融通服务，合理融资，合适即可，既不饿死，也不撑死。

（5）对资金的集中管理。对于一些集团公司，对于较多分子公司的客户而言，提供现金管理服务，防止集团资金失控。

（6）从美化报表入手。很多企业需要我们协助美化报表，从而实现在资本市场融资的需要。美化不是造假，而是更好地突出企业的优点。就像一个美女，进行精心化妆，不是造假，而是更好地发现价值，尊重观众。

【如何解读一个完整的企业财务模型】

一个完整的企业财务模型包括三张表：资产负债表、利润表、现金流量表。这三张表相互联系，互相影响，构成了对一个企业财务运营的完整模拟。通过对模型参数的调整，可以对企业的各种运营状况进行研究，从而对现金流和估值进行深入的分析。

对这三张表的理解，如图 0-2 所示：

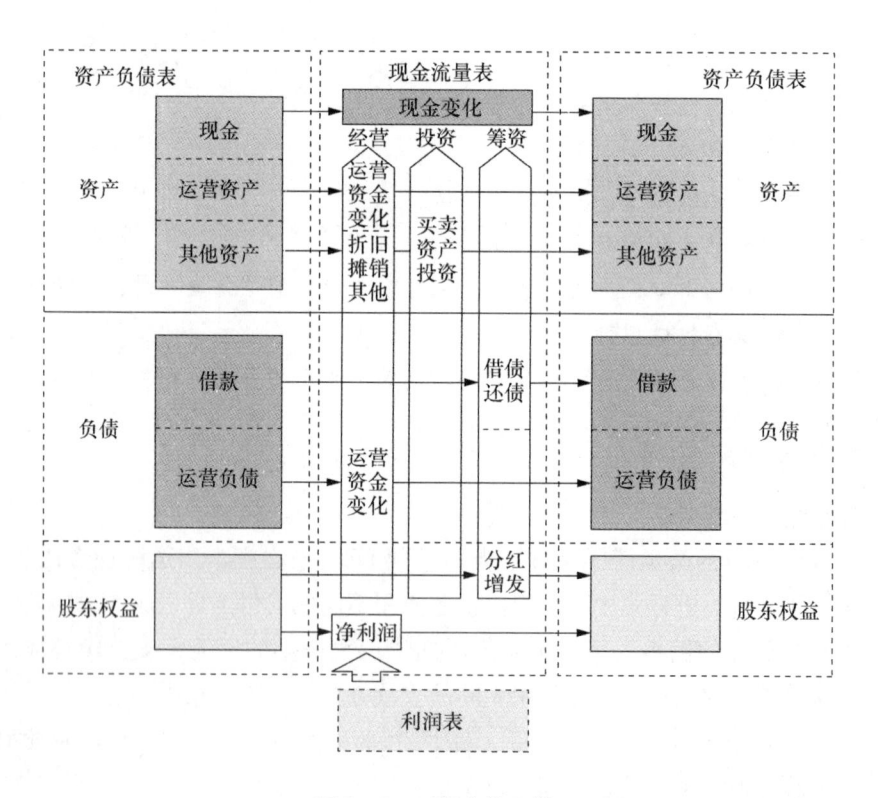

图 0-2　三张表的理解

真正了解这三张表的内在联系，深入了解公司的运营本质，才能真正建好一个财务模型。

（一）资产负债表

资产负债表相对比较复杂，与利润表和现金流量表都有紧密的内在联系。

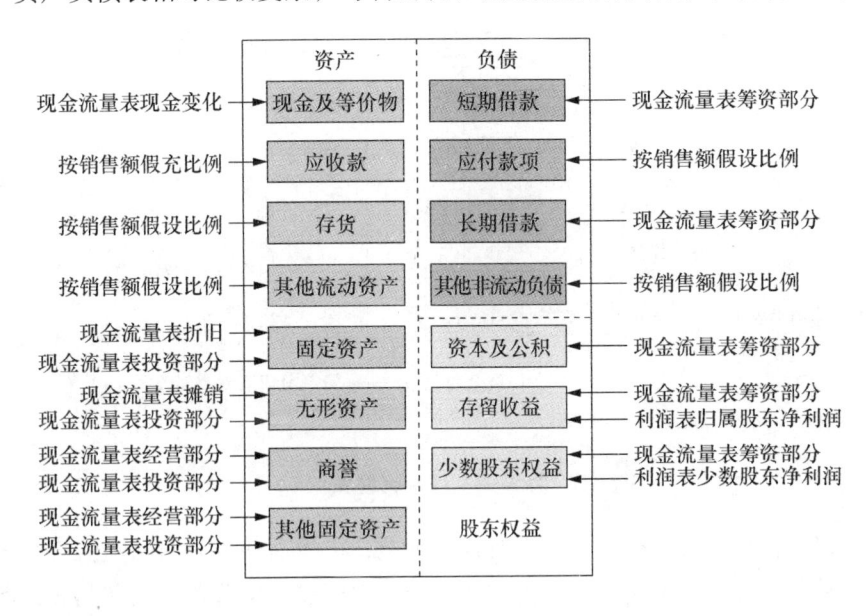

图 0-3　资产负债表

来自现金流量表：

第一，资产负债表中现金部分来自于现金流量表。

第二，借款部分来自现金流量表的筹资部分。

第三，固定资产及无形资产与现金流量表的经营现金流和投资现金流都有关系。

第四，股东权益也与现金流量表的筹资部分紧密相连。资产负债表反映的是公司某一个时间点的状态，而现金流量表就是资产负债表的变化记录。

来自利润表：

利润表的净利润会进入资产负债表的存留收益，增加股东权益。

剩下的很多项目就必须假设了。一般来讲，都是根据历史与经营按销售额比例做假设。

资产负债表的一个重要监控指标就是现金转换周期。一般来讲，若没有重大改变，一个企业的现金转换周期是比较稳定的。如果做出来的模型的现金转换周期有大的改变，则就说明有的假设是不合适的，需要修改。

（二）现金流量表

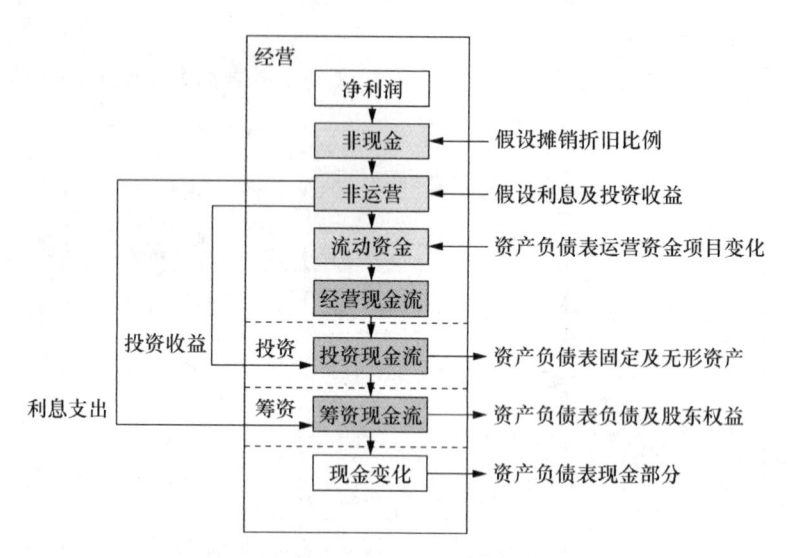

图 0-4 现金流量表

公司经营离不开现金，如果没有这些现金，可想而知，公司的经营将是多么糟糕。流动资金为什么重要，因为它每周转一次就能产生营业收入和利润，所以本质上说，流动资金就是公司利益的创造者。

资金不但要流动，并且在流动中获取利益，凡是不盈利的商业活动也是在失血，古语道：千做万做，亏本不做！当然，现代经济领域里，有些商业模式可以暂时性地不盈利，但一定要清楚什么时候可以盈利，不然就会造成持续的"失血"现象，后果很严重！百度、腾讯、阿里巴巴无不是前期烧钱，很快就实现现金流为正，这样才有商业价值。

一个公司经营得好坏不能仅仅看损益表，很多大型公司都是在公司盈利的阶段突然崩溃的，原因就是公司经营"失血严重"，流动资金匮乏导致资金链断裂后阵亡。很可惜的是，这些都不是被竞争对手击败的。

生意少做一点儿，公司不会致命，但资金都被占用，如果不能在财务安全期内让资金流动起来，公司可能等不到天亮就倒下了。

目 录

第一课　如何通过报表来分析企业的价值 …………………………… 1

　　【案例】　京东为什么要坚持自建物流重资产 ………………… 2

第二课　财务会计报告最简易的阅读方法 …………………………… 6

第三课　如何从报表中找到有用的营销信息 ………………………… 23

第四课　如何从货币资金发现营销机会 ……………………………… 28

　　【案例】　吴级的想法 …………………………………………… 32

第五课　如何从应收票据中发现营销机会 …………………………… 34

　　【案例】　武汉市宇翔物资贸易有限公司应收票据融资 ……… 37

第六课　如何从应收款发现营销机会 ………………………………… 39

　　【案例】　消除应收账款的方法 ………………………………… 51

第七课　如何发现其他应收款和其他交易性金融资产的营销机会 …… 52

　　【案例】　新疆北新路桥集团股份有限公司关于深圳证券交易所
　　　　　　　2016 年年报问询函的回复公告 …………………… 53

第八课　如何从存货中发现营销机会 ………………………………… 55

　　【案例1】　…………………………………………………………… 62

　　【案例2】　货押业务调查报告 …………………………………… 63

　　【案例3】　山西石横特钢集团有限公司货押业务调查报告 …… 66

第九课　如何从长期投资中发现营销机会 ·· 76

　【案例1】··· 78
　【案例2】　天津京港集团股权质押融资 ·· 80

第十课　如何从固定资产中发现营销机会 ·· 82

　【案例】　中国华能集团的船舶融资租赁 ·· 85

第十一课　如何从短期借款和长期借款中找到营销机会 ····························· 87

第十二课　如何从应付票据中发现营销机会 ··· 91

　【案例1】　安徽铁良粮油股份有限公司小行银票变大行银票 ······················· 95
　【案例2】　南京银行丰城支行票据宝业务案例 ·· 96
　【案例3】　广州市某汽车贸易有限公司"汇票套餐"业务 ·························· 97

第十三课　如何从应付账款中发现营销机会 ··· 99

　【案例1】　武汉世纪机械制造有限责任公司国内
　　　　　　有追索权保理业务操作方案 ·· 102
　【案例2】　广州伟达电子有限公司上游供应商发票融资业务案例 ············· 105

第十四课　如何从预收账款中发现营销机会 ··· 109

　【案例】　唐山冀东水泥股份有限公司关于开展保兑仓业务 ····················· 111

第十五课　如何阅读实收资本 ··· 119

　【案例】　华夏幸福基业股份有限公司关于下属子公司九通投资、
　　　　　蒲江鼎兴拟签署《股权收购协议》的公告 ································ 120

第十六课　如何从表外负债发现营销机会 ·· 123

　【案例1】　融资租赁 ·· 126
　【案例2】　中国新华铁路物资有限公司国内信用证 ······························· 126

第十七课　如何阅读资产负债表 ··· 128

第十八课　如何阅读利润表 ·· 131

第十九课　阅读企业现金流量表 ·· 137

　　【案例】　六个核桃为上市砸 18.95 亿元广告费是研发投入的 103 倍 ··· 156

第二十课　关注关联企业及关联交易 ·· 161

第二十一课　如何判断企业的综合竞争力 ····································· 166

　　【案例 1】　银行依托产品介入企业财务调整业务 ························· 174
　　【案例 2】　银行依托租赁保理介入企业报表要素调整业务 ··············· 176
　　【案例 3】　银行依托资产管理介入企业报表调整 ························· 178
　　【案例 4】　银行依托资产托管业务降低企业财务成本 ···················· 179
　　【案例 5】　银行产业链融资的批量开发 ···································· 181
　　【案例 6】　通过报表要素估算企业季节性融资需求 ······················· 185
　　【案例 7】　通过现金循环周期估算企业短期贷款额度 ···················· 186
　　【案例 8】　以供应链融资支持企业扩大生产销售 ························· 187
　　【案例 9】　以集团网+银企直连支持企业规范管理，降低成本 ·········· 189
　　【案例 10】　"投资银行+传统融资+理财"套餐业务 ···················· 190
　　【案例 11】　含认股权贷款投行方案 ·· 191

附　录 ··· 195

　　供应链融资业务批量开发模式授信调查报告 ································ 195
　　企业会计准则第 33 号
　　　　——合并财务报表 ·· 221
　　企业会计准则第 22 号
　　　　——金融工具确认和计量（财会〔2017〕7 号） ······················ 232
　　企业会计准则第 14 号
　　　　——收入（财会〔2017〕22 号） ······································ 255
　　立金精彩语录 ·· 268

第一课　如何通过报表来分析企业的价值

> 财务报表灵魂是企业生命和个性，报表里有血有肉、报表里有企业的气质。
>
> 有的企业大气磅礴，一日千里，如小米科技公司、滴滴科技公司等互联网公司；有的企业步履稳健，稳打稳扎，如贵州茅台、上海汽车等，这些都可以从报表中找出端倪。

企业报表的研读

（一）财务报表是企业经营情况的表象化体现

一个企业从注册成立就有了生命，开始作为一个独立个体存在。

它的每个经营行为都会将相关信息以一定的形式直接或间接地反映到报表中，留痕、记录企业发展，从报表中可以看到企业是如何发展和演化的。客户经理阅读财务报表，就是要从报表中看到企业发展的趋势，为其今后营销做判断、为银行提供具体的产品、为银行服务提供决策依据。

（二）报表分析，银行通过一些指标对企业进行体检，通过指标反映来对比分析企业的经营状况

就如同医院大夫对患者进行验血、CT检查一样，通过这些指标判断一个人健康与否。我们不是为了写报告而将各项财务分析报表简单罗列上去，报表每个项目都有它的意义，就如同我们身体每个器官一样。对报表分析透彻，能有效指导客户经理的营销行为。很多客户经理在分析客户情况时，只是简单地罗列企业

的财务指标，流动资产、资产负债率、周转率等指标，不会通过这些指标背后找到银行营销的机会。

诸葛亮《隆中对》中，称赞益州"天府之国，沃野千里"，所以，首先以四川为根据地，就是这个道理。

(三) 如何从单项财务科目挖掘客户信息

不同的行业、不同的经营领域，往往需要不同的资产结构。生产性企业固定资产的比重往往要大于流通性企业；机械行业的存货比重一般要高于食品行业。

企业的资产结构与其经营状况紧密相连。经营状况好的企业，其存货资产的比重相对可能较低，货币资金相对充裕；经营状况不佳的企业，可能由于产品积压，存货资产所占的比重会较大，其货币资金相对不足。

市场需求的季节性。若市场需求具有较强的季节性，则要求企业的资产结构具有良好的适应性，即资产中临时波动的资产应占较大比重，耐久性、固定资产应占较小比重。反之亦然。旺季和淡季的季节转换也会对企业的存货数量和货币资金的持有量产生较大影响。

工业企业非流动资产往往大于流动资产，而商业企业情况正好相反。

在同一行业中，流动资产、非流动资产所占的比重可以反映出企业的经营特点。流动资产较高的企业稳定性较差，却较灵活；非流动资产占较大比重的企业底子较厚，但调头难；长期投资较高的企业，金融利润和风险也较高。

流动资产比重高的企业，其资产的流动性和变现能力也较强，企业的抗风险能力和应变能力也强，但由于缺乏雄厚固定资产作后盾，一般而言其长期经营的稳定性及发展后劲不足。

【案例】

京东为什么要坚持自建物流重资产

刘强东提到过这样一个观点：零售的核心有三个——成本、效率和体验。

京东商城坚持自营，而且坚持自建物流，核心目的是通过技术手段降低供应链成本，提升供应链效率。

据京东统计，国内物流成本居高不下，每一件商品从走出工厂大门，到达消费者手中，中间要搬运5~7次，耗费了很多成本和时间。在社会化物流成本方面，美国是7%~8%，日本是5%~6%，而中国是17%多，也就是说国内大量的企业利润被物流吞噬掉了。

对于零售业来说,如果供应链效率大幅提升,成本降低,则在产品售价上就可以比同业低,从而在竞争中占据一定的优势。

当时刘强东曾拿京东与苏宁、国美对比。刘强东表示,当年国美和苏宁财务报表上显示综合运营费用率超过15%,而京东综合运营的成本大概只相当于它们的一半。

这就是京东产品售价基本低于同业的原因,一家公司每销售100元钱,要为此付出15元钱的成本,另外一家公司每100元钱销售额只付出8元钱成本,谁有竞争优势一目了然。

更快的物流能够更快地获得现金流

对于电商和传统零售商来说,衡量供应链效率最核心的因素是库存周转率,也就是说每采购一批货平均需要花多少天把它卖掉。因为储藏费用比物流费用更贵。同样看国美、苏宁的财报,它们的平均账期是100多天,意味着家电厂商把一批货给了它,要100多天之后才能拿到钱。它们的库存周转天数大概是六七十天,而京东的库存周转天数只有30多天(根据京东过去几个季度的财报显示,在34天左右),京东整个内部的运营效率跟传统的零售行业相比,整整提高了一倍。

京东的价值在于成本巨低,所以京东能够持续不断地为消费者提供低价。如果世界上任何一家公司,特别是零售商,它的账期低于库存周转天数的话,这家公司必死无疑,哪怕它有巨额利润,也一定会死。对于这个行业来说,现金流有时候比净利润还重要,一旦现金流为负,那是很可怕的。

资料来源:互联网。

流动资产比重低的企业,虽然其底子较厚,但灵活性却较差。流动资产比重上升,则说明:企业应变能力提高,企业创造利润和发展的机会增加,加速资金周转的潜力较大。

分析时应注意把流动资产比重的变动与销售收入和营业利润的变动联系起来。如果营业利润和流动资产比重同时提高,说明企业正在发挥现有经营潜力,经营状况好转;如果流动资产比重上升而营业利润并没有增长,说明企业产品销路不畅,经营形势不好;如果流动资产比重降低而销售收入和营业利润呈上升趋势,说明企业资金周转加快,经营形势优化;如果流动资产比重和营业利润、销售收入同时下降,表明企业生产萎缩,沉淀资产增加。

由于各行业生产经营情况不一样，流动资产在资产总额中的比重也不一样，合理的程度应根据具体行业、企业来判断分析。

财务报表分析作为对银行了解企业财务状况、经营成果及现金流量的综合考察和评价的一种经济管理，对银行的信贷决策至关重要。财务报表分析就如同对企业进行"X光诊断"，然后我们决定是否给这个企业提供授信，能提供多大金额的授信，究竟该提供哪些授信产品。

财务报表分析对银行具有十分重要的作用和意义，银行进行授信决策，需要进行深入的财务分析。

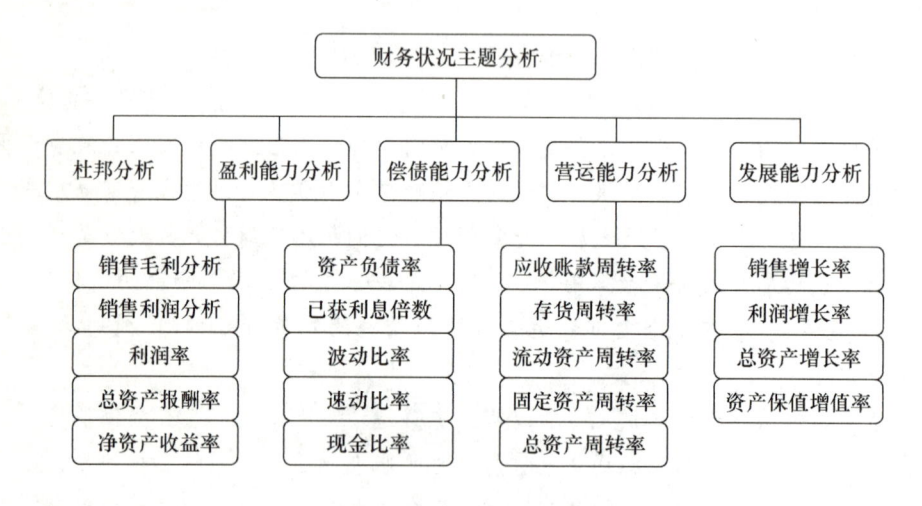

```
                        财务状况主题分析
    ┌───────────┬──────────┬──────────┬──────────┬──────────┐
  杜邦分析    盈利能力分析  偿债能力分析  营运能力分析  发展能力分析
              ┌──────────┐┌──────────┐┌──────────┐┌──────────┐
              │销售毛利分析││资产负债率 ││应收账款周转率││销售增长率 │
              ├──────────┤├──────────┤├──────────┤├──────────┤
              │销售利润分析││已获利息倍数││存货周转率 ││利润增长率 │
              ├──────────┤├──────────┤├──────────┤├──────────┤
              │利润率    ││波动比率  ││流动资产周转率││总资产增长率│
              ├──────────┤├──────────┤├──────────┤├──────────┤
              │总资产报酬率││速动比率  ││固定资产周转率││资产保值增值率│
              ├──────────┤├──────────┤├──────────┤└──────────┘
              │净资产收益率││现金比率  ││总资产周转率│
              └──────────┘└──────────┘└──────────┘
```

图 1-1 财务报表分析

要透过现象看本质。会计报表虽然能够反映企业的财务状况，但它是一种数字现象，企业经营状况的本质往往不容易暴露出来。客户经理最需要了解的，并不是其漂亮的外表，而是它里面到底是什么。

● 风险小提示

很多上市公司，表面账上有很充沛的现金流，其实，隐藏了巨大的坏账和不良并购等，风险非常大。一旦违约，就像雪崩一样倒掉。一夜之间，货币资金烟消云散。

非标年报引发监管层立案调查*ST天业及大股东百亿级债务难题待解。

资料来源：《证券时报》。

*ST天业2017年5月3日公告，公司已经被证监会立案调查，众多准备维权的中小股东也期待围绕该公司的乱象水落石出。

*ST天业乱象背后，折射出公司和大股东天业集团身陷百亿元级别的负债困境。

上市公司造假或者修饰业绩需要遮遮掩掩，但*ST天业2017年4月28日呈现给公众的年报和审计报告则开创了一个新的方式：直接撂挑子告白天下。

瑞华会计师事务所出具的《天业股份（600807）：2017年度财务报告非标准审计意见的专项说明》显示，有多笔资金未能获取充分适当的审计证据，合计约52亿元。*ST天业5月3日收到证监会调查通知书，因涉嫌违反证券法律法规，证监会决定对其进行立案调查，股票继续停牌。

第二课　财务会计报告最简易的阅读方法

> 阅读报表，就如同老中医望闻问切的过程，观其面相、感其脉动，闻其声音，便可知其异常。
> 好企业，一定是生龙活虎，一片升腾气象；
> 差企业，一定是暮气沉沉，一片死水微澜。
> 信贷资源就是宝剑，宝剑配佳人。

一、财务会计报告的概念

财务会计报告是指企业对外提供的反映企业某一特定日期的财务状况和某一会计期间的经营成果、现金流量等会计信息的文件。财务会计报告包括会计报表及其附注和其他应当的财务会计报告中披露的相关信息及资料。

完整的财务会计报告体系如图 2-1 所示。

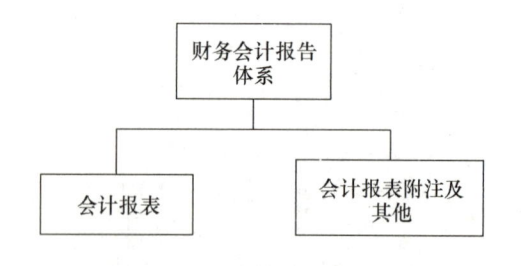

```
        财务会计报告
           体系
          /      \
      会计报表   会计报表附注及
                   其他
```

图 2-1　财务会计报告体系

（一）目的明确原则

银行客户经理分析财务报表就是为了找出客户是否有风险，对这些客户有哪些营销产品的机会。

在对报表分析之前，必须明白阅读分析的目的是什么，要用报表提供的信息解决什么问题。分析的目的决定所需要的资料、分析的步骤、程序和技术方法以及需要的结果。分析的深度和质量在很大程度上依赖掌握资料的全面性以及可靠性。

(二) 实事求是原则

实事求是原则是指银行客户经理在分析时应从实际出发，坚持实事求是，不能主观臆断。不能为达到既定目的而利用数据拼凑理由。分析结论应产生于分析之后，而不是分析之前。好企业就是现金流澎湃，盈利前景较好的企业；反之，尽可能回避。

(三) 稳健/谨慎性原则

商业银行经营的核心原则为稳健，要求在进行报表分析时，对企业的盈利能力、偿债能力、营运能力等采取保守估计，宁可高估而不得低估企业的财务和经营风险，为自己风险缓冲留下余地。

按照谨慎性原则进行报表分析，基本要求：

一是会计处理上的谨慎。在会计准则许可的范围内，企业可选择采用计提资产减值准备、存货的成本与市价孰低法以及固定资产折旧的快速折旧法等体现谨慎性原则要求的会计处理方法，使企业在不影响合理选择的前提下，尽可能选择使用不虚增利润和夸大股东权益的会计处理方法和程序，从而合理核算可能发生的损失和费用，真实反映企业的经营状况。

二是财务指标计算上的谨慎。一种财务指标有时会有多种计算方法，以速动比率为例，可以用流动资产减去存货的余额与流动负债相比计算，也可以用现金及银行存款、可上市证券和短期应收账款净额三者之总额与流动负债相比，银行从谨慎性原则出发，就应该选择后者。

(四) 统一性原则

统一性原则是指会计核算应当按照现定的会计处理方法进行，会计指标元素口径一致，提供相互可比的会计信息。

可比是指不同的企业，尤其是同一行业的不同企业之间的可比，因为许多因素会影响指标比较的合理性，诸如行业差异、企业规模、技术结构、会计政策以及财务指标本身的计算方法等。因此，银行客户经理应注意寻找共同的具有可比性的计算基础，注意财务指标以外的其他情况，以使分析评价结果更有意义，不能单纯信任比较指标的结果。

可比性原则内涵还应包括银行客户经理在选择指标的标准值或标准比率时，

一定要从企业的实际情况出发，既不能单凭经验，也不能盲目地信奉书本。

如果机械地将一个企业的实际指标与书本上的所谓标准比率数值进行比较，可能会导致错误的结论。

比如：小米手机的发展一日千里，通过常规的指标比较，而且又在一个红海行业，信贷人员肯定认为小米发展过于迅猛，会隐含巨大的风险。但是，如果结合雷军的创业经历，雷军对整个市场的掌控力，又会认为相对很合理。这类企业反而非常值得银行支持。

（五）全面分析原则

该原则是指在分析报表时要坚持全面地看问题，坚持一分为二，反对片面地看问题。银行客户经理在分析评价时，既要考虑财务指标，又要考虑非财务指标；既要考虑有利因素，又要考虑不利因素；既要考虑主观因素，又要考虑客观因素；既要考虑内部问题，又要考虑外部问题。只有全面分析，才能客观评价企业的经营状况。

【分析】

中国证券网

金隅集团披露一季报。2017年，公司第一季度实现营收为99.39亿元，同比下降12%；净利为亏损2.13亿元，同比由盈转亏，上年同期盈利为4.4亿元。

第一大股东为北京国有资本经营管理中心。股东实力极为惊人，金隅集团从事北京保障性住房建设投资，地位极为重要，一旦出现风险，政府不会袖手旁观，综合分析，这类企业即使财务指标出现异常，但履约能力仍不会出现较大问题。

（六）系统分析原则

该原则是指在分析报表时要注意各项目之间的直接或间接的联系，把各个问题连贯起来分析，防止孤立、片面地分析。银行客户经理在分析财务报表时，一方面要注意局部与全局的关系、报酬与风险的关系、偿债能力与盈利能力的关系等，从总体上把握企业的状况；另一方面要有层次地展开，逐步深入，不能仅仅根据某一个指标的高低做出不正确的结论。

第二课　财务会计报告最简易的阅读方法

（七）动态分析原则

银行客户经理要动态分析企业、预测企业未来发展前景。

要求以运动、发展的观点分析报表，不要静止地看问题。企业的生产经营业务是一个动态的发展过程，而财务报表提供的数据信息都是历史上某一时期企业的财务状况，当前阶段企业的经营活动和财务状况已经或多或少地发生了变化，在新的形势下，同样的投入可能会有不同的产出。

要时刻注意数值的时间性，在清楚过去情况的基础上，分析当前情况下的可能结果，使财务报表分析能评价企业过去的经营业绩，衡量目前的财务状况，预测未来的发展趋势。

（八）定量分析与定性分析相结合的原则

定性分析是基础和前提，没有定性分析就不清楚本质、趋势和其他事物的联系；定量分析是工具和手段，没有定量分析就不清楚数量界限、阶段性和特殊性。任何事物都是质与量的统一，财务分析也要定性分析与定量分析相结合。

由于企业面临复杂而多变的外部环境，而外部环境有时很难定量，但环境的变化却对企业生产的发展、投资目标的实现以及企业的销售情况有重要的影响，因此定量分析的同时要做出定性判断，在定性判断的基础上，进一步进行定量分析与判断。财务报表分析要透过数字看本质，无法定性的数据得不出正确的结论。

（九）成本效益原则

成本效益原则是指银行客户经理应把主要精力应用于取得最大收益的地方。银行客户经理在进行报表分析时，应立足于银行的产品切入机会，估算挖掘企业给银行创造价值的潜力，确定相应的成本，讲求成本效益。

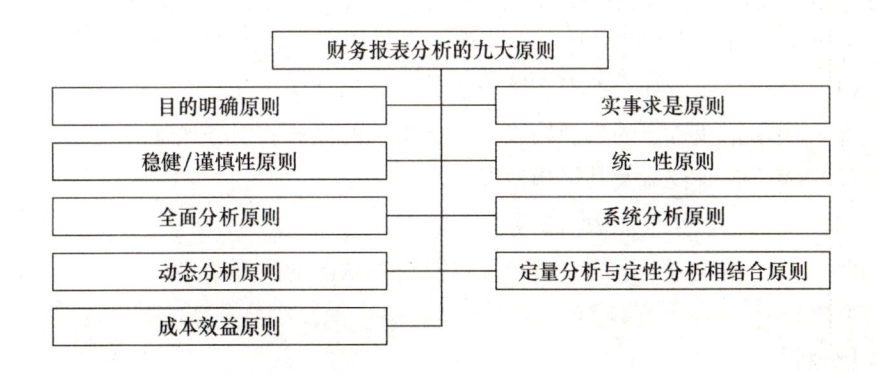

图 2-2　财务报表分析的九大原则

（1）明确分析目标。分析目标是财务报表分析的出发点，它决定着分析范围的确定、资料收集的详细程度、分析标准和方法的选择等整个分析过程。财务信息有很多需求者，如股权投资者、债权投资者、企业管理部门、企业职工、行政机关、企业的供应商、企业的顾客等，不同的阅读者对信息的需求有所不同。而且，各个主体的决策有时是面向全局的问题，有时是面向局部的问题，有时是监督，有时是评价。

只有清楚了财务报表的分析目标，银行客户经理才能有的放矢地开展工作，才能保证财务报表分析工作的效率和效果。

（2）确定分析范围。分析范围取决于分析目标，它可以是企业经营活动的某一个方面，也可以是经营活动的全过程。根据成本效益原则，并不一定要对企业的经营和财务状况的方方面面进行分析，一般都是根据自身需要有选择地进行分析，非重点内容只有参考作用，这样不仅省去了许多步骤，而且可以降低分析成本，提高分析效率。

通过确定分析范围，可以做到有的放矢，将有限的时间和精力集中在重点要解决的问题上。

按照现行国家颁发的《企业会计准则》的规定，会计报表主要包括资产负债表、利润表、现金流量表、所有者权益（或股东权益）变动表。这些会计报表是相互联系的，它们从不同的角度说明公司、企业的财务状况、经营业绩和现金流量情况。

1. 资产负债表

资产负债表是反映公司、企业一定日期的财务状况的会计报表。它按月编制和报送，是企业经营管理者必须分析的报表。资产负债表的揭示内容，主要是帮助会计报表使用者了解企业在特定点的资产、负债、所有者权益的基本情况，分析、评价企业财务状况的好坏，以便作为决策依据。具体内容包括：

（1）揭示企业所拥有的经济资源及其分布与结构情况。

（2）揭示企业资金的来源构成、企业承担的债务和财务风险。

（3）揭示企业权益及其结构情况。

（4）揭示企业偿债能力与财务实力情况。

（5）揭示企业资本结构变化情况以及财务状况的发展前景。

【分析】

资产负债表给我们直观的外貌：就如同了解一个人，看这个人是大个子，还是小个子，这个人的身材比例等。但这并不足以给我们正确的判断，就如同同样是两个大个子，一个是姚明，一个是普通人，从外表上你不能判断两个人的力量和实力。

2. 利润表

利润表是反映公司、企业一定时期的经营业绩即利润或亏损情况的会计报表。它按月编制和报送，也是企业经营管理者应该分析的报表。利润表的揭示内容，主要是帮助银行客户经理了解企业经营成果情况，是企业运用资产负债表中的资源经营的结果，以此评价企业经营能力，判断企业的获利能力；评价企业的偿债能力，决定银行信贷决策条件。

具体包括：

（1）揭示企业当期利润实现情况及各损益项目的构成情况。
（2）揭示企业可供分配的利润总额。
（3）预测企业未来利润的发展。

同样资产规模相同的两个企业，但销售额可能相去甚远，说明这两个企业运用资源的能力差距很大，作为银行而言，信贷资源属于非常宝贵的资源，当然要优化配置，配置给最能创造价值的企业。就如同我们在10年前有10万元资金，如果你投资在天津的楼市，现在肯定翻到100万元了。同样10万元资金，如果你投资在股市，可能10年后还在原地踏步。

【分析】

再比如，10年前，如果你给李彦宏投资了10万元，现在肯定是1000万元了。时间是检验信贷资源配置效率最好的工具，我们在信贷决策的时候，为什么精挑细选，因为一旦错过，就会白白丧失太多的机会。

这就如同丈母娘挑选女婿，一旦将女儿错配给别人，可能终身遗憾。

3. 现金流量表

现金流量表是反映现金和现金等价物的流入和流出情况的会计报表。现金流量表的揭示内容，主要是帮助银行客户经理了解企业的现金流入量和流出量，由此判断企业在一定时期内由于经营、投资及筹资活动而引起的资产、负债及所有者权益方面发生的变动情况。

【分析】

现金流量表帮助我们判断企业的经营质量，销售额大不一定质量高，但现金流量必须很强。

表 2-1　数据

贵州茅台（2017年）	古井贡酒（2017年）	伊力特（2017年）
预收账款：144亿元	预收账款：5亿元	预收账款：2.7亿元
销售收入：610亿元	销售收入：69亿元	销售收入：19亿元
23%	7.2%	10.8%

简单分析企业可以得出：肯定是茅台最为优质，销售总额巨大，而预收账款占到销售收入23%，而伊力特很特殊，由于地处新疆，而且销售规模很小，所以，预收账款虽然占到销售收入10.8%，但不能简单地说，伊力特就比古井贡酒强。

现金流量表具体内容包括：

（1）揭示企业现金流量的来源和去向，这有助于掌握企业支付能力、偿债能力和周转能力。

（2）揭示企业现金流量的构成，这有助于编制现金流量计划、组织现金调度、合理节约地使用资金、作出投资和信贷决策。

（3）揭示企业现金净流量的多少，有助于分析企业收益质量及影响现金净流量的因素。

同样两个企业，虽然资产规模一样，销售额相同，但现金流量却可能相差甚多。

就如同奔驰车和一辆普通车，外表基本一样，同样可以从天津到上海，但是到达的时间，给我们的舒适度、安全感相差甚多。

银行希望从报表分析中得到哪些信息？

银行希望能够通过阅读会计报表来评价该企业的偿债能力，并以此作为判断是否可以贷款、是否能够继续贷款、以前的贷款能否收回等的依据。

二、偿债能力分析

企业在生产经营过程中，为了弥补自由资金的不足，经常通过举债等筹集部分生产经营资金，但举债必须以能偿还为前提。如果企业不能按时偿还所负债务的本息，那么企业的生产经营就会陷入困境，以致危及企业的生存。

因此，对于银行来说，通过财务报告分析，测定企业的偿债能力，有利于作出正确的信贷决策。而对银行来说，偿债能力的强弱是作出贷款决策的决定性的依据。

> 银行做信贷决策的基本依据是营利性和安全性，安全性是最基本的前提。安全性是能不能提供授信，营利性是值不值得提供授信。不是每笔通过的授信项目都值得提供，只有足够赚钱的项目才值得。信贷资源由股东提供，必须为股东赚钱。

资产是物质条件，所有者权益是下注的本金，负债是借鸡生蛋，而一切的一切归所有者！商业模式决定盈利，有收入、有费用，相配比是利润。会计六要素必须搞清楚，它们是报表分析的基础。

（一）资产

1. 资产的意义

企业从事生产经营活动必须具备一定的物质资源。

资产的形态如表2-2所示。

表2-2 资产的形态

1	金融资产	货币资金
2	物质资源	厂房场地、机器设备、原材料等
3	无形资产	不具有物质形态但有助于生产经营活动进行的专利权、商标权等无形资产

资产是指过去的交易或事项形成并由企业拥有或者控制的资源，该资源预期会给企业带来经济利益，可以带来未来的现金流。

资产必须是现实的资产，而不能是预期的资产，是企业在过去一个时期通过交易或事项所形成的、在过去已经发生的交易或事项所产生的结果。至于未来交易或事项以及未发生的交易或事项可能产生的结果，则不属于现在的资产，不得作为资产确认。

企业通过购买、自行建造等方式形成某项设备，或因销售产品而形成一项应收账款等，都是企业的资产，但企业预计在未来某个时间将要购买的设备，因其相关的交易项尚未发生，则不能作为企业的资产。

预期会给企业带来的经济利益，是指直接或者间接导致现金和现金等价物流入企业的潜力。预期不能带来经济利益的，就不能确认为企业的资产。

2. 资产的分类

对资产可以作多种分类。一般按流动性分类，分为流动资产和长期资产（或非流动资产）。

（1）流动资产。如存货，一般会在一年内耗用并通过产品的销售来回收现金，或者通过直接销售回收现金，所以属于流动资产。有些企业比较特殊，其经营周期可能长于一年。比如，造船企业、大型机械制造企业，从购料到销售商品直到收回货款，周期比较长，往往超过一年，在这种情况下，就不能把一年作为划分流动资产的标志，而是将经营周期作为划分流动资产的标志。

长期投资、固定资产、无形资产的变现周期往往在一年以上，也就是说从取得该资产开始，到这些资产变成现金或收回投资，周期在一年以上。按流动性对资产进行分类，有助于掌握企业资产的变现能力，从而进一步分析企业的偿债能力和支付能力。

流动资产所占比重越大，说明企业资产的变现能力越强。流动资产中，货币现金、交易性金融资产比较比重越大，则支付能力越强。资产负债表中对资产基本上是按流动性进行分类的。

1）货币资金。货币资金包括库存现金、存放在银行或其他金融机构的各种存款以及其他货币资金。这是一种流动性较强的流动资产，可随时用来购买所需的财产物资，偿还债务，支付各种费用，也可以随时存入银行。

货币资金就是银行最关心的存款，非常有价值。

【分析】

有大量现金的企业不一定非常优秀，但优秀的企业现金流储备量一定非常雄厚，这与其所处行业基本没有区别。

白酒中的贵州茅台、房地产企业中的万科、汽车中的上海汽车、建筑中的中国中新、家电中的格力电器无不如此。

2）交易性金融资产。这是指企业为交易目的所持有的债券投资、股票投资、基金投资等交易性金融资产，企业持有是为了近期出售，以便在价格的短期波动中获利。

第二课　财务会计报告最简易的阅读方法

交易性金融资产就是企业的短期投资，看见这项，就说明企业有短期理财投资的偏好。

3）应收票据。票据是指出票人或付款人在某一特定日或某一特定期间，无条件支付一定金额的书面证明，如商业汇票等。作为流动资产的应收票据一般是由于销售商品、产品、提供劳务等而收到的商业票据，包括银行承兑汇票或商业承兑汇票。

应收票据是企业的备用现金，在贴现利率较高的时候，企业都是持票而非贴现。

4）应收股利。这是指企业因股权投资而应收取的现金股利和其他单位分配的利润。

5）应收利息。是指企业因债权投资而应收取的利息。

6）应收账款。是指企业因销售商品、产品、提供劳务等，应向购货单位或接受劳务单位收取的款项。其他原因所产生的应收款项，如应收各种赔款、应收各种罚款等，则可用其他应收款项来表达。企业应于期末时对应收款项（不包括应收票据，下同）计提坏账准备。坏账准备应当单独核算，在资产负债表中应收款项按照减去已计提的坏账准备后的净额反映。

> 应收账款和预收账款属于截然相反的两种销售模式，企业通过做强品牌，一旦变得强势后，就会采取预收账款销售模式，例如茅台白酒，而经营状况不佳的企业，就会是应收账款销售。

7）存货。存货是指企业在日常活动中持有以备出售的产成品或商品、处在生产过程中的在产品、在生产过程或提供劳务过程中消耗的材料或物料等。企业的存货通常包括各类材料、在产品、半成品、成品、商品以及周转材料、委托加工物资等。到会计期间结束时，存货应按成本与可变现净值孰低原则计量，将存货的成本与可变现净值进行比较，如果存货的可变现净值低于其成本时，则应确认一笔存货跌价准备，在将来存货变现时用以弥补存货上的价格损失。在资产负债表中，存货项目按照减去存货跌价准备后的净额反映。

存货是保证连续经营的基础，对于某些特别强势的制造类企业可以实现零库存，但是对经销商而言，保留适度的库存非常重要。

（2）非流动资产。所谓非流动资产是指在一年或超过一年的一个营业周期以上才能变现或被耗用的资产。非流动资产包括持有至到期投资、长期股权投资、投资性房地产、长期应收款、固定资产、无形资产、开发支出、商誉、长期待摊费用、递延所得税资产等。

1）持有至到期投资。这是指同时满足以下三个条件的投资：到期日和回收金额固定或可确定；企业有能力持有至到期。企业有明确的意图持有至到期。

2）长期股权投资。长期股权投资是指能够取得并意图长期持有被投资单位股份的投资，包括股票投资和其他股权投资。股票投资是指企业以购买股票的方式对其他企业所进行的投资。其他股权投资是指除股票投资以外具有股权性质的投资，一般是企业直接将现金、实物或无形资产等投入其他企业而取得股权的一种投资。企业的长期股权投资应当在期末时按照其账面价值与可收回金额孰低计量，对可收回金额低于账面价值的差额，应当计长期投资减值准备。在资产负债表中，长期投资项目应当减去长期投资减值准备后的净额反映。

> 根据《纽约时报》等媒体报道，2005年，一位名叫大卫·乔伊（David Choe）的员工，受 Facebook 时任主席西恩·帕克的邀请，为公司总部进行墙面装饰。作为报酬，帕克向乔伊提供了一个选择：要么收下数千美元现金，要么收下同等价值股票。尽管乔伊当时认为 Facebook"荒谬且没有意义"，但仍然收下了股票。
>
> 如今，这个选择已被证实改变了乔伊的人生。据媒体披露，这名曾经生活落魄、卷入法律纠纷的工人，如今手持的股份价值高达2亿美元。他为 Facebook 大楼的装修作画，受益足以令许多艺术大师"自叹弗如"。
>
> 分析：可能大卫·乔伊是最伟大的投资家，没有之一，回报率超过万倍。

3）固定资产。固定资产是指企业为生产商品、提供劳务、出租或经营管理而持有的使用寿命超过一个会计年度的房屋、建筑物、机器、机械、运输工具、设备、器具、工具等。固定资产最重要的特征是在使用过程中保持其原有实物形态不变。由于在使用过程中物质形态保持不变，因而不能像原材料那样将其成本一次全部计入服务对象，而是逐次地将其成本转移至服务对象中，这称之为折旧。

从投入使用提取折旧开始到编制资产负债表日止提取的折旧之和成为累计折旧。为了反映固定资产的规模和企业的生产能力，资产负债表上仍然保留固定资产原值项目，同时在固定资产原值项目下再设一个累计折旧，作为备抵项目，固定资产原值减去累计折旧即固定资产净值。会计期末，企业应当按照账面价值与可收回金额孰低计量，对可收回金额低于账面价值的差额，应当计提固定资产减值准备。在资产负债表中，固定资产减值准备应当作为固定资产净值的减项反映。

固定资产是制造类企业经营的本钱，属于生产资料，通过固定资产的经营，可以产生源源不断的现金流。

（二）负债

1. 负债的特征

负债是指过去的交易或者事项形成的、预期会导致经济利益流出企业的现时义务。

现时义务是指企业现行条件下已承担的义务。未来发生的交易或者事项形成的义务，不属于现时义务，不应当确认为负债。

负债是指过去的交易或者事项形成的、预期会导致经济利益流出企业的现时义务。

现时义务是指企业现行条件下已承担的义务。未来发生的交易或者事项形成的义务，不属于现时义务，不应当确认为负债。

【政策依据】

第四章　负债

企业持有适度的负债才会形成杠杆效应，借入银行的资金或信用来扩大自身的生意，可以帮助企业在短期内迅速做大。它具有以下特征：

（1）负债是基于过去的交易或事项而产生的。也就是说，导致负债的交易或事项必须已经发生，例如，购置货物所产生的应付账款，接受银行贷款产生的偿还贷款的义务。只有源于已经发生的交易或事项，会计上才有可能确认负债。正在筹划的未来交易或事项，如企业的业务计划，不会产生负债。

（2）负债是企业承担的现时义务。企业现时业务可以源于具有约束力的合同或法定要求，如收到货物而发生的应付款项；另外，义务还可能产生于正常的业务活动、习惯以及为了保持良好的业务关系或公平处事的愿望。如果企业定出一条方针，即使产品在保证期期满以后才显现缺陷也给予免费维修，则企业在已

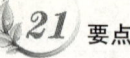

经售出的产品上预期将会发生的修理费用就是该企业的负债。

（3）现时义务的履行通常关系到企业放弃含有经济利益的资产，以满足对方的要求。现时义务的履行可采取若干种方式，如支付现金、转让其他资产、提供劳务，以其他义务替换该项义务，将该项义务转换为所有者权益等。

（4）负债通常是在未来某一时日通过交付资产（包括现金和其他资产）或提供劳务来清偿。即负债通常都有确切的受款人和偿付日期。或者说，债权人和负债到期日都可以合理地估计确定。例如，企业对已经出售的产品的质量担保债务，对于哪些客户和在什么时期内有效，一般是可以合理估计的。有时，企业可以通过承诺新的负债或转化为所有者权益来了结一项现有负债，前一种情况只是负债的展期，后一种情况则相当于用增加所有者权益而了结债务。

2. 负债的分类

（1）流动负债。流动负债是在1年（含1年）或者超过1年的一个营业周期内偿还的债务，包括短期借债、应付票据、应付账款、其他应付款、应付职工薪酬、应付股利、应交税费等。

1）短期借款。这是指企业向银行或其他金融机构等借入的期限在1年以下（含1年）的各种借款，是企业为维持正常的生产经营需要二次借入的或者未抵偿某项债务而借入的。

2）应付票据。这是指企业购买材料、商品和接受劳务供应等而开出、承兑的商业汇票，包括银行承兑汇票和商业承兑汇票。

3）应付账款。这是指企业因购买材料、商品和接受劳务供应等而应付给供应单位的款项。应付账款是企业在产业链中处于强势地位的表现。应付账款是对银行最有效的资源，银行可以与核心企业的采购部门联系，从给核心企业带来利益的角度来说服企业介绍供应商给银行，银行对核心企业提供买方付款担保额度。

（2）长期负债。长期负债是指偿还期在1年或超过1年的一个营业周期以上的各种债务，通常包括长期借款、应付债券、长期应付款等。各项长期负载应当分别进行核算，并在资产负债表中分别列项目反映。将于1年内到期偿还的长期负债，额在资产负债表中应当作为一项流动负债，单独反映。

1）长期借款。长期借款是指企业向银行或者其他金融机构借入的、偿还期在1年以上（不含1年）的各种借款。

可以采取授信方式转换的方式，适度降低长期借款：

方法一：长期借款 = 商业承兑汇票 + 1 年期贷款承诺

方法二：半年期借款 = 半年期国内信用证 + 买方付息 + 代理议付

通过这种授信转换的方式，可以适度降低银行的资本消耗，适度降低银行的融资成本。可以大幅降低企业的贷款水平。

2）应付债券。应付债券是指企业为筹集长期资金而实际发行、约定于某一特定日期还本付息的书面证明。发行期为 1 年及 1 年以下的短期债券，应当另设"应付短期债券"科目核算。

3）长期应付款。长期应付款是指企业除长期借款和应付债券以外的其他各种长期应付款，包括应付融资租入固定资产的租赁费，以分期付款方式购入固定资产和无形资产发生的应付账款等。

负债是企业运用外部资源的反映，一家企业只运用自有资源，发展肯定缓慢，如果可以借助外部资源，同时对资源运用得当，就可以实现跨越式发展。银行信贷资源，例如贷款、银行承兑汇票等都是配置给企业的资源，我们的信贷资源必须配置给最能有效运用资源、最能给我们创造价值的客户。

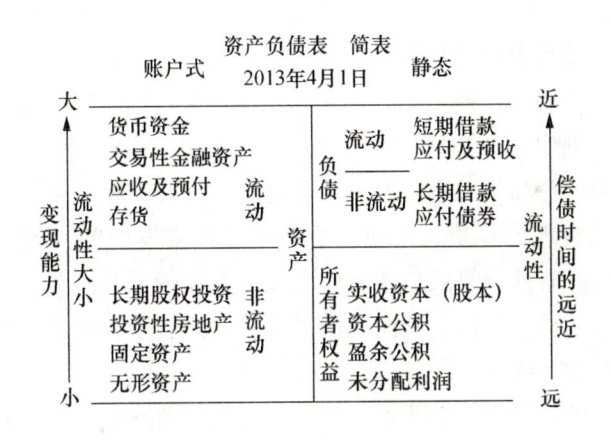

```
                  资产负债表   简表
     账户式                          静态
                  2013年4月1日
大                                       近
    货币资金              短期借款
    交易性金融资产  流动  应付及预收
流   应收及预付    负
动   存货          流动  债
变性                     非    长期借款
现大             资      流动  应付债券
能小                     所              偿
力               非       有   实收资本（股本）  债
     长期股权投资         者   资本公积        时  流
     投资性房地产  流     权   盈余公积        间  动
     固定资产     动      益   未分配利润      的  性
     无形资产                                    远
小                                       远      近
```

图 2 - 3　财务报表分析流程

三、所有者权益意义

所有者权益是指企业资产扣除负债后由所有者享有的剩余权益。所有者权益又称为股东权益。

所有者权益在性质上体现为所有者对企业资产的剩余权益，在数量上也体现为资产减去负债后的余额。

【分析】

所有者权益是企业抵御风险的最后一道屏障，扣除权益后的资产其实都不真正是企业的，而是企业利用自身的强势地位，占用外部合作伙伴的资金而形成的资源，包括占用银行的贷款、承兑、上下游配套企业的信用等。

企业有剩余权益为正，属于股东的盈利；企业有剩余权益为负，属于股东承担的学费损失。

商场如赌场，都是技术活，愿赌服输即可。

（一）收入

1. 收入的特点

收入是指企业在日常活动中形成的、会导致所有者权益增加的、与所有者投入资本无关的经济利益的总流入，包括销售商品收入、劳务收入、利益收入、使用费收入、租金收入、股利收入等。收入不包括为第三方或客户代收的款项。它具有以下特征：

第一，收入是从企业的日常经营活动中产生，而不是从偶发的交易或事项中产生。所谓日常活动，是指企业为完成其经营目标而从事的所有活动以及与之相关的其他活动。例如，商业企业从事商品销售活动、金融企业从事贷款活动、工业企业制造和销售产品等。企业所进行的有些活动并不是经常发生的，比如工业企业出售作为原材料的存货，此时，虽然不是经常发生的，但因与日常活动有关，也属于收入。有些交易或事项虽然也能为企业带来经济利益，但由于不属于企业的日常经营活动，所以，其流入的经济利益不属于收入而是利得，如工业企业出售固定资产的净收益。

第二，收入可能表现为企业资产的增加或负债的减少，或二者兼而有之。收入为企业带来经济利益的形式多种多样，既可能表现为资产的增加，如增加银行存款、形成应收款项；也可能表现为负债的减少，如减少预收账款；还可能表现为二者的组合，如销售实现时，部分冲减预收的贷款，部分增加银行存款。

第三，收入能引起企业所有者权益的增加。企业取得收入能导致所有者权益的增加。收入与相关的成本费用相配比以后，可能增加所有者权益，也可能减少所有者权益。由于收入是经济利益的总流入，所以，收入能引起所有者权益的增加。

并非所有的货币收入都是营业收入。例如，股东追加的投资只是资本的增加，而不是营业收入的增加。再如，从银行取得的借款也不是营业收入，而是负债。只有企业向其他单位提供产品或劳务时，才能获得营业收入。

2. 收入的分类

按照企业所从事日常活动的性质，收入有三种来源，如表2-3所示。

表2-3 收入来源

1	销售商品，取得现金或者形成应收款项	钢铁企业、汽车企业等
2	提供劳务	施工企业、电影企业
3	让渡资产使用权，主要表现为对外贷款、对外投资或者对外出租等	汽车租赁公司、银行等

按照日常活动在企业所处的地位，收入可分为主营业务收入和其他业务收入，如表2-4所示。

表2-4 主营业务收入与其他业务收入

主营业务收入	企业为完成其经营目标而从事的日常活动中的主要项目，如工商企业的销售商品上海汽车集团出售汽车的收入，属于主营业务收入
其他业务收入	主营业务以外的其他日常活动，如工业企业销售材料、提供非工业性劳务等。上海汽车集团培训4店的收入，属于其他业务收入

利润是指企业在一定会计期间的经营成果。利润可以及时反映企业在一定会计期间的经营业绩和获利能力，反映企业的投入产出效率和经济效益，有助于银行据此评价企业。

（二）资产＝负债＋所有者权益

企业要开始生产经营活动，必须从投资者和债权人那里取得一定的经营资金或一定的实物，首先要占用一定的资财才能开始生产经营活动。这些资财就形成了企业的资产，在会计核算上以货币形式表现并确认为资产。

这些资产或来源于债权人提供的资金，形成企业的负债；或来源于所有者的资本投入，形成企业的所有者权益。

资产与负债、所有者权益，表现为企业的资金占用在哪些方面，资金从哪些方面取得。资产与负债、所有者权益，实质上也是同一价值运动两个方面的表现，从数量上说，其来源必然等于占用。在所有者权益数额一定的情况下，从债权人手中取得多少数额的资金，则必然使资产按同一数额增加。在负债数额一定的情况下，所有者向企业投入多少数额的资金，也必然使资产按同一数额增加。

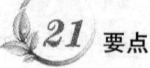

银行喜欢有主业的客户将会是一个永恒的主题,要对你的借款人到底是做什么的非常清楚,你的借款人必须有强大的主业,哪怕这个主业暂时仅是产生现金流而并没有赚钱,也不要找一个没有任何主业而看似盈利很丰的客户。

第三课　如何从报表中找到有用的营销信息

> 每个银行客户经理都要具备当医院大夫的能力，能够对目标企业进行体检，体检后，找到银行产品的切入点，能够设计相应的银行授信方案，能够开出药方。

给银行客户经理一个建议：

我们就是华佗，能够给病人开出药方。同时，也是自己卖药的机会，单纯卖药，层次极低，收益很差。结合卖药方来卖药，层次就要高很多。

企业的每个财务指标项背后都蕴含着银行产品的营销机会。

财务报表是我们客户经理营销的宝库，从报表中可以发现众多的金矿。要做个有心人，能够从报表中挖出黄金。

客户经理在撰写授信调查报告的时候，千万不要为了撰写报告而撰写报告，将财务数据简单地堆砌在那里，没有任何深入思考的分析，如表3-1所示。

表3-1　某公司资产负债表（元）

从资产负债表寻找机会				
报告期	××××年	××××年	××××年	××××年
资产				
流动资产				
货币资金	1037955210	7816576	9336589	7522429
短期投资净额	15522407	25959290	36755337	23574716
应收票据	0	0	0	0
应收账款净额	可以寻找到应收账款质押或应收账款保理业务的机会	0		

续表

从资产负债表寻找机会					
其他应收款净额	31838111	15301626	33382347	33760712	
应收款项净额	126425377	54615747	177962780	98552710	
预付账款	261016391	235072906	183559168	183159861	
	可以寻找到未来货权质押融资的业务机会	0	0	0	
存货净额	347855921	315355580	293693283	276445965	
	可以寻找到存货质押融资的业务机会	0	0	0	
流动资产合计	1788775306	1468820100	1371307158	1339255680	
长期投资					
长期股权投资	80264395	765305685	75042880	77602880	
长期投资净额	87161895	83594785	75042880	77602880	
	可以寻找到上市公司股权质押的营销机会，如企业持有银行股权，可以积极营销股权质押贷款	0	0	0	
固定资产净额	959950730	716852015	772276039	798651178	
	可以寻找到房地产抵押或厂房抵押的机会	0	0	0	
在建工程净额	6241723	2892225	24973345	25148121	
固定资产合计	966192453	719744240	797249385	823799299	
无形资产及其他资产					
长期待摊费用	9299170	8284398	9628711	9403116	
无形资产及其他资产合计	217918915	209757424	128259327	128045406	
递延税项					
递延税项借项	8530410	7328508	9211948	9217773	
资产总计	3068578980	2489245057	2381112135	23377964226	
负债及股东权益					

第三课　如何从报表中找到有用的营销信息

续表

从资产负债表寻找机会					
流动负债				
短期借款	384430000 如果短期借款金额过大，可以找到银行承兑汇票的销售机会	226500000	188500000	233500000
应付票据	326273506 如果应付票据过大，可以找到国内信用证的营销机会	245396542	259945918	286276379
应付账款	466301876	330318765	310784227	299794815
预收账款	524874711	445196964	446062300	350995720
应付工资	54777812	32451071	46425986	52985402
应付股利	3017459	3170884	3372536	12283393
应交税金	28692316	45181049	8153427	-2493756
其他应付款	122444423	87212874	113673421	109609973
一年内到期的长期负债	20000000	18000000	18000000	68000000
流动负债合计	1931193629	1433610433	1394917816	1410948916
长期负债				
长期借款	13666050	33844550	20000000	20000000
其他长期负债	7951811	7951811	0	0
长期负债合计	21617961	41796361	42321365	42849772
递延税项贷项	3299956	5774508	8805613	4456008
负债合计	1956111445	1481181302	1446044794	1458254695
少数股东权益	281813539	202887944	183606936	183852088
股东权益				
股本	369017539	369017539	369017539	369017539
股本净额	369017539	369017539	369017539	369017539
资本公积金	84238338	84532038	79815213	79815213
盈余公积金	180101102	180101102	195004399	195004339
未分配利润	197297017	171525133	107623256	92020292
股东权益合计	830653995	805175811	751460406	735857442
负债及股东权益总计	3068578980	2489245057	2381112135	2377964226

25

财务分析工具目的是帮助客户经理及信贷审批人员在进行授信调查和审批时，通过财务比率、财务结构、现金流分析和与行业财务指标对比等，更有效地对申请对象（企业或事业法人）进行深入、全面的分析。

【分析】

报表分析的核心是现金流的分析，没有现金流，一切都将没有意义，都属于纸上谈兵。

客户经理必须具备强大报表分析能力，如图 3-1 所示。

图 3-1　客户经理应具备的报表分析能力

报表分析的最终目的：

（1）判断企业是否具备偿债能力（具备偿债能力是提供授信的基础，至少要保证银行信贷资金本金的安全；没有信贷资金本金的安全，一切都将徒劳）。

（2）企业是否值得提供授信（具备偿债能力不一定提供授信，看是否能够给银行带来足够的利益，没有利益不提供授信。我们是商业银行，赚钱是天经地义的）。

（3）怎样提供授信利益最大（提供授信并不难，如何提高授信的回报非常困难。风险资产是最昂贵的资源，要按照收益最大的方式提供。我们要精心设计授信方案，最大限度地提高银行的收益率）。

例如：万科地产属于非常优质的开发商，提供授信并不难。但是，如何提高授信回报是非常困难的命题。

给万科地产提供 10 亿元的贷款，肯定是基准下浮 10%，企业不会给任何的存款沉淀。那么这种贷款的授信方式肯定是低质量的，收益太低。

两种授信思路：

（1）如果 10 亿元贷款全部转化为商业承兑汇票，或者 5 亿元商业承兑汇票，5 亿元贷款，收益会大幅提升，银行可以借助房地产开发商营销上游施工企业、材料供应商，打开了巨大的空间。

（2）10亿元贷款全部转化为供应链融资。"平安证券——一方保理万科供应链金融7号资产支持专项计划"。

要花大力气做好目前企业存款大户的管理和稳定工作，全面建立对存款大户的各级行领导分工联系制度和优质客户服务小组整合营销制度，认真落实柜面服务和客户经理的管理责任。客户经理要加强对大户资金流向的监控，逐笔监测，跟踪稳存；临柜人员对大额资金汇划动态要及时报告。要与存款大户建立相互协作、相互依存、相互促进和共同发展的新型银企合作关系，不断增强客户忠诚度。

> 银行对企业进行财务分析的最终目的就在于扩大银行的利益，看哪种方式提供授信对银行的利益最大；没有利益，一切分析都是空谈。

第四课　如何从货币资金发现营销机会

> 货币资金就如同人体内的血液,企业没有利润不一定倒闭,但没有现金流肯定立即死亡。血液奔腾不息,人自然健康。"通则不痛,痛则不通"是句中医俗语,意思是说如果气血畅通就不会疼痛,如果疼痛就说明气血不通,源自中医经典《黄帝内经》。

【概念】

货币资金

资产负债表中反映的货币资金包括企业的库存现金、银行存款、银行汇票、银行本票、信用证、信用卡和在途资金等。

特点:

(1) 流动性最强,是现实的支付能力和偿债能力;

(2) 是企业各种收支业务的集中点,也是资金循环控制的关键环节。

【分析】

银行最喜欢的客户是现金流澎湃的客户,能够在自身账户滞留大量现金的客户,最好的客户一定是以下类型:

最好的商业模式,从下游产生大量的预收账款,对上游产生大量的应付账款,自身形成资金洼地。

资金缓慢流出,资金快速回流。基本商业模式:先收你的钱,我们无息使用。让你慢慢消费。

第四课　如何从货币资金发现营销机会

表 4-1　最好的客户

对上下游均处于强势的畅销产品	石油、煤炭、橡胶、钢铁、强势电视台广告
行业规律决定这类制造企业对上下游均处于绝对强势地位，可以大量占用上下游的资金	如贵州茅台、上海汽车等
招生较旺的学校	新东方、新航道、环球雅思、学而思等。由于学校的收费模式属于预收学费，可以短期集中大量的资金，非常值得银行拓展
一卡通、电信充值卡	各地的一卡通公司，由于提前收取顾客的资金，会产生大量的现金沉淀
资金被政府监管的房地产商	房地产开发商大量预售资金被政府监管
采取押金模式企业	摩拜单车、小黄车等押金类企业

给各位银行客户经理提供一些存款大户：

北京环球天下教育科技有限公司、北京朝阳区环球雅思培训学校、腾讯科技（深圳）有限公司、北京雅高企业服务有限公司、上海快钱信息服务有限公司、支付宝（中国）网络技术有限公司、天津市政公交一卡通有限公司。

我们最有价值的是时间，主动融入到客户的主要业务环节，让我们的服务嵌入到客户经营环节，成为不可或缺的商业伙伴，而不是可有可无的备子。

对客户要进行分类管理：

（1）有一定资金量，但没有潜力的客户。维持即可，不要投入过多的资源。

（2）有一点资金量，但潜力非常巨大的客户。

客户经理要选准客户，我们的时间、精力就是筹码，要对有潜力的客户全力下注，只有这样，你才会赚翻，有惊人的存款。要全力找准客户的需求，精心调动自己的精力，调动这家银行的全部资源，为客户提供精心的服务。

对你看中的有未来发展潜力的客户（判断企业的基本思路就是看其商业模式）要全力下注，想方设法解决其问题，用时间、精力、智慧、银行产品浇注客户，看着小苗成长为大树。

银行对企业的分析和基金公司不同，对于货币资金分析，我们要着重分析。有时候，有些企业的货币资金量很大，但这没有意义，这些货币资金并不属于企业。把握两点：①判断规模是否适当。一般而言，企业的销售规模越大，相应的货币资金规模越大；在相同的销售规模条件下，不同行业（如工业、商业、金融业企业）的企业货币资金的规模也不同。同时，它还受企业对货币资金运用能力

29

的影响。企业过高的货币资金规模，可能意味着企业正在丧失潜在的投资机会，也可能表明企业的管理人员生财无道。②分析货币资金内部控制制度的完善程度以及实际执行质量。包括企业货币资金收支的全过程，如客户的选择，销售折扣与购货折扣的谈判与决定，付款条件的决定，具体收款付款环节以及会计处理等。

企业货币资金规模是否合理，主要由下列因素决定：

（1）资产规模与业务量。一般来说，企业资产规模越大，相应的货币资金规模也就越大；业务量越大，处于货币资金形态的资产也就越多。

（2）筹资能力。如果企业有良好的信誉，筹资渠道通畅，就没必要长期持有大量的货币资金，因为货币资金的营利性通常较低。

（3）运用货币资金能力。货币资金如果仅停留在货币形态，则只能用于支付，这意味着企业正在丧失潜在的投资机会，也可能表明企业的管理人员生财无道。如果企业经营者利用货币资金能力较强，则货币资金比重可维持较低水平，将货币资金从事其他经营活动，企业的获利水平有可能提高。

（4）行业特点。一般来讲，企业业务规模越大，业务收支越频繁，持有的货币资金也越多。处于不同行业的企业，其合理的货币资金比重也会有较大差异。

货币资金是企业报表中流动性最强的资产，也是营利性最弱的资产。一个正常经营的企业持有多少货币资金最合适？

第一，根据流动负债的结构特征，现金及其等价物的保有量应达到流动负债总额的20%左右，才能使企业风险和盈利能力取得最佳平衡。在衡量货币资金的实际支付能力时，应把保证金剔除来衡量，保证金对应的负债可以等额扣减。

第二，有时企业为了粉饰审计报告，年末的货币资金往往比平时要多，因此需要关注企业平时账面的资金情况，可以从企业主要结算银行对账单看出企业平时的货币资金量。很多企业喜欢在年底将应收账款转让给银行，临时拼凑很多的现金。

第三，对于实行财务集中管理的公司，下属公司的货币资金往往较少，这时需要关注集团的整体货币资金状况、集团对资金的管理模式。

第四，关注企业可随时动用的在银行透支额度或备用信贷额度，未使用但可随时动用的信贷额度也是对货币资金的重要补充。如果一个企业在银行透支额度或备用信贷额度足够大，完全可以降低备存的资金。

第五，必须高度注意，企业收到的银行承兑汇票属于准货币，可以随时变

第四课　如何从货币资金发现营销机会

现，一个大型家电制造企业或钢铁制造企业，手中银行存款较少，但银行承兑汇票量较大，这个指标仍属较正常。

【重要提示】
资产迁移的方向运动速度越快，资产质量越好。

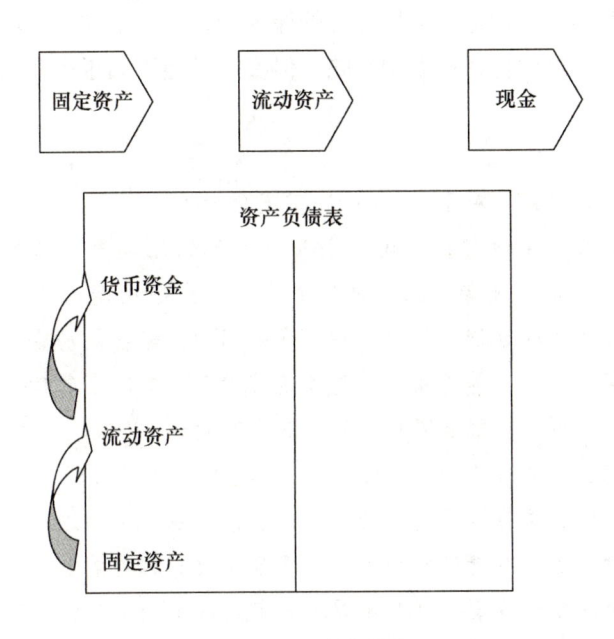

图4-1　资产迁移

银行对企业投资判断是否正确，该笔投资是否是有效资产的评价标准是：是否可以给企业带来稳定、持续的现金流。现金流如血液一般，周而复始，保证企业集体的健康。

资产从长期看，重要的不是企业现在挣了多少钱，账面还有多少钱，而要看企业能留下多少钱，以及留住了多久，是否具备持续的现金制造能力。所以，有效的资产对企业最重要。

【点评】
很多客户经理喜欢看企业资产负债表货币资金一栏，货币资金量大，就很高兴，表示有存款。货币资金量小，就不再营销，认为企业没有存款，其实，这是不对的，企业的存款不在资产负债表中，应当在现金流量表中。我们应当帮助企业

31

扩大生产经营，吸引企业的经营现金流，而非拉存款。

货币资金的考察：
第一类货币资金，企业可以自由使用的货币资金，没有任何的限制条件。
第二类货币资金，企业不可以自由使用的货币资金，为银行承兑汇票、国内信用证、银行保函、银行进口信用证等的保证金，受到了控制。这类资金由于用于确定的担保，其虽然仍在报表中反映，但实际已经不属于企业的自有资金。

【点评】

在经济低迷的时候，对于企业而言，"现金为王"。

一个企业如果现金运转快，说明企业可支配的短期资金增加，企业运转强势；如果现金流短缺，或者紧张，说明企业决策出了问题。抓住企业现金流管理，深入企业日常运转过程中所要面对的资金问题，借鉴成功企业的现金管理实践，从企业经营、投资、筹资及企业整体运营的角度对现金管理的操作方法和技巧进行系统深入的剖析，扬长避短，让企业走得更远。

现金流就像企业的"血液"一样，只有让企业的"血液"顺畅循环，企业才能健康成长。现金流有力地支撑着企业价值，可以说，增进现金流就是创造价值。海尔集团对现金流有着精辟的论述：现金流比利润更重要。对于企业或组织的成功，我们应该深信不疑，利润丰厚不一定能让事业成功，但现金流可以。

银行最喜欢企业的第一标准是能够制造极其澎湃的现金流。利润等指标都放在其次。

【案例】

吴级的想法

3月初，某银行客户经理吴级在分析南京三优汽车贸易公司年底财务报表时发现，该公司资产总额近3亿元，其中货币资金2.5亿元，存货3000万元，预付账款1900万元，固定资产100万元；应付票据2.7亿元，净资产300万元。

吴级觉得这家企业很不错，贷款很安全。不久，该企业急迫地提出想贷款1000万元用于企业临时性资金周转，吴级认为业务机会来了，立即向分管行长做了汇报。

第四课　如何从货币资金发现营销机会

问题：

（1）你认为吴级的想法是否正确？

（2）如果你是该行长，你会怎么做？

（3）想一想本案例对你有什么启示？

提醒： 贷款时，不能以客户账面是否有大量现金作为发放贷款的依据，因为出现问题时，现金可能会"无影无踪"。真正应当判断的是企业的经营现金流，也就是判断企业经营活动是否正常。

> 申报授信要洒脱一些，自古以来，"谋事在人、成事在天"，"谋事"要竭尽全力，奋不顾身，尽人臣之分；"成事"不妨看破红尘，随性随缘，尽可能洒脱一些。授信项目不获批准，不要无意义地埋怨，不如看破，越挫越勇。

第五课　如何从应收票据中发现营销机会

> 　　应收票据其实就是准货币，应收银票风险较小，应收大型企业签发的商票风险同样较小。
> 　　不应当将应收票据贴现，而应当考虑大拆小、短换长，再造票据价值。在为客户创造价值过程中，让银行捕捉商机。

【概念】
　　应收票据作为资产类科目，是企业收到尚未到期的商业汇票（银行承兑或商业承兑汇票），不含已贴现的商业汇票。

　　企业持有的应收票据是非常有效的资产，流动性极强，仅次于现金资产。通常非常容易变现，且企业持有的应收票据就是准货币，可以随时用于采购支付。应收票据成为有效的安全保障，可以保证企业的资金安全。
　　现金为王的时代，应收票据就是准现金。

【必须了解贴现这个定义】
　　贴现：是持票人以未到期的应收票据，通过背书手续，银行按贴现率从票据价值中扣取贴现日起到票据到期日止的贴息后，以余额兑付给持票人，是融通资金的一种信贷形式。
　　背书应收票据是此项借款担保品。用应收票据向银行申请贴现时，持票人必须在票据上"背书"。票据到期值与贴现收到金额之间的差额，叫贴息或贴现息，通常记作财务费用。
　　贴息的数额根据票据的到期值按贴现率及贴现期计算。

第五课　如何从应收票据中发现营销机会

贴现计算公式为：贴息＝票据到期值×贴现率×贴现期

贴现票据实付金额＝票据到期值－贴息

持票人在票据背书后，如出票人到期拒付，背书人有代偿的责任。就背书人来说，是一项可能发生的负债。在会计上称为"或有负债"。在编制资产负债表时，对于或有负债，应在补充资料中加以列示。

【应收票据贴现会计处理例解】

结合有关会计准则、财政部财会［2003］3号文件和财政部财会［2003］14号文件，按照实质重于形式的原则对带追索权和不带追索权两种不同形式的应收票据贴现分别举例说明。

财政部《关于执行〈企业会计制度〉和相关会计准则有关问题解答（四）》的通知（财会［2003］3号）（以下简称《解答（四）》）规定：企业在销售商品、提供劳务以后，以取得的应收账款等应收债权向银行等金融机构申请贴现，如企业与银行等金融机构签订的协议中规定，在贴现的应收债权到期，债务人未按期偿还时，申请贴现的企业有向银行等金融机构还款的责任。根据实质重于形式的原则，该类协议从实质上看，与所贴现应收债权有关的风险和报酬并未转移，应收债权可能产生的风险仍由申请贴现的企业承担，属于以应收债权为质押取得的借款，申请贴现的企业应按照以应收债权为质押取得借款的规定进行会计处理。《解答（四）》同时规定企业以应收票据向银行等金融机构贴现，应比照上述规定处理。《解答（四）》很好地体现了会计核算的实质重于形式的原则。按照《解答（四）》，带追索权的票据贴现，企业并未将应收票据上的风险和未来经济利益全部转让给银行，应按照以应收债权为质押取得借款的规定进行会计处理。

《解答（四）》规定：如果企业与银行等金融机构签订的协议中规定，在贴现的应收债权到期，债务人未按期偿还，申请贴现的企业不负有任何偿还责任时，应视同应收债权的出售，按财会［2003］14号文件的相关规定处理。

《解答（四）》同时规定企业以应收票据向银行等金融机构贴现，应比照上述规定处理。财政部《关于企业与银行等金融机构之间从事应收债权融资等有关业务会计处理的暂行规定》的通知（财会［2003］14号）（以下简称《暂行规定》）对不附有追索权的会计处理进行了规定。应收票据比照《解答（四）》和《暂行规定》进行会计处理，考虑到应收票据不存在提取的坏账准备、贴现金额是按照考虑协议中约定预计将发生的销售退回和销售折让（包括现金折扣，下

35

同）的金额后根据公式计算的等因素，不带追索权的票据贴现，一般不会涉及"坏账准备"科目、"营业外支出——应收债权融资损失""营业外收入——应收债权融资收益"科目。企业将应收票据上的风险和未来经济利益全部转让给银行，冲减应收票据的账面价值，应收票据贴现值（即贴现所得金额）与账面价值之差额计入"财务费用"（可能在借方，也可能在贷方）。对已贴现的无追索权的商业汇票到期，因贴现企业不承担连带偿付责任，不作任何会计处理。

【营销建议】

如果企业有大量应收票据，就意味着银行可以针对这类客户营销票据贴现业务、票据置换业务。银行可以从给自身带来的利益和客户的需要来设计营销思路，例如一个客户账面有 2 亿元的应收票据（银行承兑汇票），如果这些应收票据都是短银行承兑汇票，银行可以营销短票换长票或大票换小票。如果客户一定需要现金，可以提供银行承兑汇票贴现业务。

如果看到企业账面有大量的应收票据，银行应自行分析客户的上下游产业链，看这家企业的上游客户有哪些，是处于强势地位还是弱势地位，是否能够接受银行承兑汇票，这类企业的下游客户有哪些，是否可以营销在本行办理银行承兑汇票。

营销企业的动机应当是看哪种方式给银行带来的利益最大，如果银行缺少存款，应大力向客户营销票据置换业务；如果银行缺少利润，则可以大力向客户营销票据贴现业务。

图 5-1 承兑汇票

举例示范：A 公司和 B 公司为商业伙伴，A 公司向 B 公司采购 1000 万元的商品，支付银行承兑汇票，对于 A 公司而言，在报表中反映为应收票据，对 B 公司而言，反映为应付票据，在商业生态链中，报表是均衡的，有人为应收，就有人为应付。

哪些企业会有大量的应收票据呢？

有银票的企业	钢铁生产企业（宝钢、武钢等）
	汽车生产企业（上海汽车、长城汽车等）
	大型煤炭公司（中国神华、中煤能源等）
	石油企业（中国石油、中国石化）
	家电制造企业（格力电器、美的电器）
	电脑制造企业（联想电脑）
	卡车生产企业（中国重汽、陕重卡车）
	化肥生产企业（心连心化肥、中化化肥）
有商票的企业	施工企业（中国建筑等，由大型开发商签发）
	钢贸企业（中新物资，由大型施工企业签发）
	水泥企业（海螺水泥，由大型施工企业签发）
	电力设备企业（哈尔滨电气，由大型电厂签发）

【案例】

武汉市宇翔物资贸易有限公司应收票据融资

一、业务背景

武汉市宇翔物资贸易有限公司向下游采购煤炭，下游客户接受银行承兑汇票。该贸易有限公司手中有100万元现金，同时有一张由上饶银行签发的自××××年5月19日到××××年11月14日到期的票面金额为210万元的银票。

二、银行切入分析

下游煤炭客户接受银票，客户手中银票金额不足以支付煤炭经销商，如果直接将银票背书转让可以满足客户结算需要，但对客户没有任何收益，根据该情况某银行武汉分行为客户推荐银行新开展的票据业务——"票据宝"业务，既可以满足客户结算的需要，同时为客户取得一部分存款利息收益，客户接受此方案。

三、银企合作

该物资贸易有限公司将持有的210万元的银行承兑汇票在银行办理质押，同时存入100万元保证金，银行为其开出一张290万元期限为6个月的银行承兑汇

37

票。满足其结算的同时为客户取得一部分存款利息收益。

在中国，做人比做事更加重要，技巧可以赢得一时，人品可以赢得一生。客户选择的顺序通常是"先人后行"，先接受你个人，认同你的做事方式、人品、价值观，然后才接受你的银行，人品是你能立足的基本前提。中国还没有一家银行强大到客户就和你合作，因为你是××银行。客户经理你要懂得"八分的事情、九分的态度、十分的投入""态度决定一切"。

第六课　如何从应收款发现营销机会

> 一个企业有应收账款，其实是在对自己的下游客户发放贷款，提供信用额度。我们必须观察这个企业对下游企业的控制能力，就如同我们银行对借款人评估一样。能够控制下游，应收账款就不会坏账。

【概念】

应收账款指该账户核算企业因销售商品、材料、提供劳务等，应向购货单位收取的款项。应收账款是伴随企业的销售行为发生而形成的一项债权。因此，应收账款的确认与收入的确认密切相关。通常在确认收入的同时，确认应收账款。该账户按不同的购货或接受劳务单位设置明细账户进行明细核算。

应收账款属于企业销售的未达款项，应收账款的管理对于企业而言意义重大。企业必须有销售行为，但销售形成的应收账款必须有效管理，这样才能避免坏账风险。销售非常重要，但销售必须能够收回现金，这样的销售才有意义。

【哪些企业会有应收账款】

1. 强势核心企业，与上游供应商之间

在产业链中，强势的核心企业会有应付账款，上游会有应收账款，形成对称关系。

表6-1　应付账款与应收账款

汽车厂商（有应付账款）	汽车零部件商（有应收账款）
钢铁厂商（有应付账款）	炉料、焦炭企业（有应收账款）
超市企业（有应付账款）	超市供应商（有应收账款）

续表

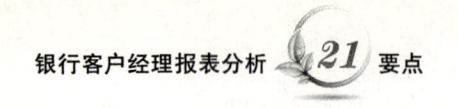

汽车厂商（有应付账款）	汽车零部件商（有应收账款）
三大电信运营商（有应付账款）	电信设备企业（有应收账款）
中新、中建各局（有应付账款）	钢贸企业、水泥贸易商（有应收账款）
三甲医院（有应付账款）	药品贸易商（有应收账款）
政府采购中心（有应付账款）	政府文具供应商（有应收账款）

2. 强势核心企业，与经销商之间

表6-2 核心企业与经销商

食品厂商 （有应收账款）	经销商 （有应付账款）	理由：食品厂商采取铺货销售模式，对经销商底线赊销铺货。例如思念食品等
文具厂商 （有应收账款）	经销商 （有应付账款）	理由：文具厂商采取铺货销售模式，对经销商底线赊销铺货。例如晨光文具等

【特点和作用】

应收账款是企业由赊销商品、材料、提供劳务等业务而形成商业债权，特点：

（1）赊销商品项目是确定的；

（2）信用交易的数量有限；

（3）信用资产的回收期比较确定。

应收账款作用：

（1）通过延长付款期或增加信用资产数量，扩大销售量；

（2）通过市场占有率的提高和产量的增加，实现规模经济。当然也存在不利影响：应收账款管理费用上升、坏账增多、企业资产风险增大。

对应收账款分析，要把握五点：

（1）考虑决定其规模主要因素。如企业经营方式及所处行业特点（是预收款广告业、赊销的工业企业还是现销的商业企业）和企业的信用政策（宽松的还是紧缩的）。

（2）重点考察应收账款的质量。可从以下几个方面：①账龄分析。一般而言，未过信用期或已过信用期但拖欠期较短的债权出现坏账的可能性比已过信用期较长时间的债权发生坏账的可能性要小。涉及与其他企业比较时，应参考其他企业的计算口径、确定标准。②对债务人的构成分析。包括债务人的区域构成、债务人的所有权性质、债权人与债务人的关联状况和债务人的稳定程度，应收账款的大部分是否集中于少数几个客户中。③对形成债权的内部经手人构成分析。④分期付款、应收款较其他应收款流动性要差，对其分析要区别于一般应收账款。

（3）考察应收账款有无真实的贸易背景，分析企业是否利用虚无信用创造销售，或用无真实贸易背景的应收票据向银行贴现，加大企业信用风险。

（4）判断公司所处的市场状况。如应收账款之和远远大于资产负债表右方的预收账款，说明公司的产品市场是一个典型的买方市场，产品销售难度很大。

（5）分析应收账款的坏账准备提取是否充足。

【针对应收账款指标】

当企业采取较宽松的信用政策和收账政策时，其应收账款占用额比较大，回收速度比较慢，利用应收账款周转率和应收账款周转天数指标可以反映出应收账款转化为现金的速度。

1. 应收账款周转率

应收账款周转率是指年度内应收账款转为现金的平均次数，它说明应收账款流动的速度。其计算公式如下：

应收账款周转率 = 营业收入/应收账款平均余额

公式中的"营业收入"数据来自利润表，是指扣除折扣和折让后的销售净额；"应收账款平均余额"是指未扣除坏账准备的应收账款金额，它是资产负债表中"期初应收账款余额"与"期末应收账款余额"的平均数。其计算公式如下：

应收账款平均余额 = (期初应收账款余额 + 期末应收账款余额)/2

注意应收账款在年初或年末可能由于各种原因与平常相比会过高或过低，例如，在季节性较强的企业中，大量销售集中在年末或年末时销售大幅度下降、年末时大量的分期付款。因此，应收账款平均余额最好是用全年各月应收账款平均余额计算。当然，外界信息使用者可能不易计算出此项指标。

该指标越高越好。该指标越高，表明收款迅速，在应收账款上占用的资金越少，坏账损失发生的可能性减少，企业经营越好；也表明了资产的流动性高，偿债能力强；同时可以节约收账费用。否则，资金过多地呆滞在应收账款上，会影响企业正常的资金运转，降低资金运用效率。

2. 应收账款回收期

应收账款回收期表示应收账款周转一次所需要的天数，即企业自产品销售出去开始至应收账款收回为止所需的天数。

应收账款回收期 = 计算期天数/应收账款周转率

= 计算期天数×应收账款平均余额/营业收入

该指标越低，说明应收账款回收越快，企业资金被外单位占用的时间越短，管理工作的效率越高。

通过对应账款回收速度的分析，可以考核企业销售收入的质量、现金的流量以及潜在的亏损，促使企业尽快回收账款，加速资金周转，使坏账损失降到最低点。

应收账款属于变现速度仅次于货币资金、银行票据可以变现的资产，企业销售产品最好的方式是现金，也就是现款现货；实在不行，就是先销售产品，允许有一个账期。实在销售不出去，就变成存货了。

第一，了解企业应收账款主要客户有哪些，应收账款的单位构成是否和公司的主营业务高度相关。如果有必要，向应收账款的客户进行函证，或向其索取承认此笔债务的声明书。一个最通俗的理解，不怕欠款，要看谁欠的。一个电信设备制造企业，欠款人如果是三大电信运营商很正常，即使欠款数量较大也能够接受。毕竟，三大电信公司非常有实力，欠款不会成为坏账。

第二，如果应收账款项中大股东欠款或关联企业占比较大，则公司有可能成为大股东的"提款机"，对这种情况要给予高度关注。在部分经营实力偏弱的大股东控制的股份公司那里经常出现这种状况，尤其是一些上市公司。

第三，应收账款的分散程度如何，管理成本是否较高。例如一家药厂的应收账款涉及几百家药店或医院，这时就要考虑企业的管理能力是否具备，管理成本是否经济合算。

第四，应收账款周转率是否异常。过高或过低的话，客户经理都应该提高警惕。过高对于该公司主营业务收入的真实性就应有所怀疑，有可能是恶意虚构销售收入，过低有可能应收账款长期挂账。对应收账款的形成要做重点分析。

第五，应收账款/流动资产是否异常。如果应收账款/流动资产比重增加，而应收账款周转率却加大，可能是企业通过虚假销售、提前确认销售或有意扩大赊销范围调整利润总额。

第六，销售商品、提供劳务收到的现金/主营业务收入是否异常。销售商品、提供劳务收到的现金（可在现金流量表中查到）包括本期现销所收到的现金以及上期的应收款所回笼的现金。若该指标较低的话，则可能是关联交易较大或虚构销售收入，业绩来年很可能"变脸"。

第七，应收账款账龄分析。账龄划分是否合理，坏账准备计提是否充分。

◉ 小提示
确认坏账标准
企业的应收账款符合下列条件之一的，应确认为坏账：
（1）债务人死亡，以其遗产清偿后仍然无法收回；
（2）债务人破产，以其破产财产清偿后仍然无法收回；
（3）债务人较长时间内未履行其偿债义务，并有足够的证据证明无法收回或收回的可能性极小。

提醒： 我国会计制度规定，企业只能采用备抵法对坏账进行处理，不能采用直接转销法核算坏账损失。

【应收账款结构】

应向购货单位收取的购买商品、材料等账款；代垫的包装物、运杂费；已冲减坏账准备而又收回的坏账损失；已贴现的承兑汇票，因承兑企业无力支付的票款；预收工程价款的结算；其他预收货款的结算。

【应收账款范围】

应收账款是有特定范围的。首先，应收账款是指因销售活动或提供劳务而形成的债权，不包括应收职工欠款、应收债务人的利息等其他应收款；其次，应收账款是指流动资产性质债权，不包括长期的债权，如购买长期债券等；最后，应收账款是指本公司应收客户的款项，不包括本公司付出的各类存出保证金，如投标保证金和租入包装物等保证金等。

【应收账款分析要点】

客户经理必须清楚应收账款产生的原因：

第一，商业竞争。这是发生应收账款的主要原因。市场经济条件下，存在着激烈的商业竞争。竞争机制的作用迫使企业以各种手段扩大销售。除了依靠产品质量、价格、售后服务、广告等外，赊销也是扩大销售的手段之一。对于同等的产品价格、类似的质量水平、一样的售后服务，实行赊销的产品或商品的销售额将大于现金销售的产品或商品的销售额。这是因为顾客将从赊销中得到好处。出于扩大销售的竞争需要，企业不得不以赊销或其他优惠方式招揽顾客，于是就产生了应收账款。由竞争引起的应收账款，是一种商业信用。

造成企业应收账款居高不下的原因有时候是很正常的，例如钢铁经销商向下游的地铁公司发货后，肯定会产生应收账款。钢铁经销商为了扩大销售，增加竞争力，常常会对一些实力非常强的特大型下游企业提供赊销服务，发放信用的方式去争取客户，扩大市场占有率，等于是小企业给特大型企业提供商业信用，下游企业占用钢铁经销商的资金。增加竞争力就是应收账款形成的一个重要原因，而赊销本身是有风险的，这种赊销风险就是企业应收账款风险形成的原因。

赊销的风险：

相信每个企业都有或大或小的经验和教训。赊销实际上就是将企业产品转化为现金的时间跨度拉长，企业资金周转放慢，经营成本加大。由于时间跨度拉长，发生坏账的概率增多，企业不能收回账款的风险也越大，时间越长，银行客户经理必须对应收账款进行准确分析。一些管理规范的企业都会设立商业伙伴信用管理部门，对每个商业伙伴设定信用限额，这类同银行的授信额度。企业销售部门向客户提供信用销售的时候，必须参考，对评价信用差的商业伙伴，企业应不对其进行赊销。

第二，销售模式决定。采取铺货销售模式。企业与经销商（或上线经销商与下线经销商）之间合作在短期内开拓市场的一种活动，是市场快速启动的重要基础。铺货就是先把自己的产品投放到别人的渠道里面，等到一定的时间后或者一定的账期后再去收钱，这多大都是新产品刚上市或者开拓新的领域时常用的手法。

因为新产品上市时，无论如何做广告宣传造势都必须保证一点，就是客户看到广告后可以顺利地买到新产品，否则所有的市场营销活动都会打水漂。所谓的铺货，就是让各个销售渠道或者销售终端都有货。

【应收账款对企业危害】

应收账款的损失包括逾期应收账款的资金成本，附加收账费用、坏账损失，这些直接的损失比较显而易见。另外，还有一些间接损失，比如，企业赊销时虽然能使企业产生较多的利润，但并未真正使企业现金流入增加，反而使企业不得不运用有限的流动资金来垫付各种税金和费用，加速企业的现金流出，主要表现为：①企业税款支出。应收账款带来的销售收入，并未实际收到现金，税是以销售为计算依据的企业必须按时以现金缴纳。企业缴纳的流转税如增值税、营业税、消费税、资源税以及城市建设税等，必然会随着销售收入的增加而增加。②所得税的支出。应收账款产生了利润，但并未以现金实现，而缴纳所得税必须按时以现金支付。一旦应收账款无法及时收回时，企业的资金就可能周转不灵而不得不向银行借债，借债就要承担利息费用；如果企业搞"三角债"，拖欠供应商货款的话，就无法取得购货的现金折扣，或因为资信的降低而无法获得较优的购货优惠，这样就会增加产品的成本，在价格竞争时处于劣势。如果同一时间发生多起损失，超出了企业对应收账款损失最大的承受能力，企业就可能陷入严重的财务危机，甚至是破产。

【如何评价应收账款管理水平】

客户经理在分析企业应收账款的时候，必须向审批部门提示，这个企业是否建立了科学的应收账款管理制度。

1. 确定适当的信用标准

信用标准是企业决定授予客户信用所要求的最低标准。信用标准较严，可使企业遭受坏账损失的可能减小，但不利于扩大销售。反之，如果信用标准较宽，虽然有利于刺激销售增长，但有可能使坏账损失增加，得不偿失。可见，企业应根据所在行业的竞争情况、企业承担风险的能力和客户的资信情况进行权衡，确定合理的信用标准。

2. 确定应收账款最佳持有额度并对客户使用奖惩政策

确定企业应收账款的最佳持有额度是在扩大销售与控制持有成本之间的一种权衡，企业信用管理部门要综合考虑企业发展目标，以确定一个合理的应收账款持有水平。为了促使客户尽早付清欠款，企业在对外赊销和收账时要奖罚分明。即对于提前付清的要给予奖励，对于拖欠付款的要区分情况，给予不同的惩罚。

3. 建立应收账款坏账准备制度

不管企业采用怎样严格的信用政策，只要存在着商业信用行为，坏账损失的发生总是不可避免的。因此，企业要遵循稳健性原则，对坏账损失的可能性预先进行估计，建立弥补坏账损失的准备金制度，以促进企业健康发展。

4. 实施应收账款追踪分析

赊销企业有必要在收款之前，对该项应收账款的运行过程进行追踪分析，重点要放在赊销商品的变现方面。企业要对赊购者的信用品质、偿付能力进行深入调查，分析客户现金的持有量与调剂程度能否满足兑现的需要。应将那些挂账金额大、信用品质差的客户的欠款作为考察的重点，以防患于未然。

5. 认真对待应收账款的账龄

客户逾期拖欠账款时间越长，账款催收的难度越大，成为呆坏账的可能性越高。企业必须要做好应收账款的账龄分析，密切注意应收账款的回收进度和出现的变化。

6. 企业内部对应收账款的动态管理

在中小企业，应收账款的规模较小，企业的财务部门通常只向业务员提示应收账款即将到期或已经逾期的期限，并为业务员提供业务发生的有关原始单据，供业务员催款使用。大集团公司，财务部门设立专人负责应收账款管理，协助有关部门制定收回欠款的奖励制度，加速逾期账款回收。

7. 定期分析应收款账龄以便及时收回欠款

逾期时间越长，越容易形成坏账。应定期分析应收账款账龄，向业务部门提供应收账款账龄数据及比率，催促业务部门收回逾期的账款。财务部门和业务部门都应把逾期的应收账款作为工作的重点，分析逾期的内容有：客户的信用品质发生变化还是因为市场变化，客户赊销商品造成库存积压、客户的财务资金状况因什么原因恶化，等等。考虑每一笔逾期账款产生的原因，采取相应的收账方法。

在向客户催收货款时，必须讲究方式才能达到目的，催收应收账款的方式如下：

【应收账款周转率】

应收账款在流动资产中具有举足轻重的地位。公司的应收账款如能及时收回，公司的资金使用效率便能大幅提高。应收账款周转率反映了公司应收账款周转速度的比率。它说明一定期间内公司应收账款转为现金的平均次数。用时间表示的应收账款周转速度为应收账款周转天数，也称平均应收账款回收期或平均收现期。它表示公司从获得应收账款的权利到收回款项、变成现金所需要的时间。

计算公式：

应收账款周转率(次) = 赊销收入净额 ÷ 平均应收账款

应收账款周转天数　　= 计期天数 ÷ 应收账款周转率

　　　　　　　　　　= (平均应收账款 × 计期天数) ÷ 销售收入

注：平均应收账款 = (期初 AR + 期末 AR)/2

其中，平均应收账款根据×××年注会《财务管理》第二章，强调了应收账款周转率公式的分母"平均应收账款"是资产负债表中"应收账款"和"应收票据"的期初、期末金额的平均数之和。

第六课　如何从应收款发现营销机会

【应收账款周转率意义】

应收账款周转率越高越好，表明公司收账速度快，平均收账期短，坏账损失少，资产流动快，偿债能力强。

应收账款周转天数越短越好。如果公司实际收回账款的天数越过了公司规定的应收账款天数，则说明债务人拖欠时间长，资信度低，增大了发生坏账损失的风险；同时也说明公司催收账款不力，使资产形成了呆账甚至坏账，造成了流动资产不流动，这对公司正常的生产经营是很不利的。

【营销建议1】

银行处理合格应收账款有两种方法：第一种方法，提供应收账款质押融资，以合格的应收账款质押，银行提供授信；第二种方法，提供应收账款保理服务，将合格的应收账款转让给银行，银行提供保理服务。

保理业务告诉我们，企业有多种多样的需要，不一定需要融资。有时候，企业会美化报表，企业对银行的需求可能多种多样，需要我们去挖掘。

【营销建议2】

应收账款改造为应收商业承兑汇票。

企业本身有应收账款，银行可以引导企业倒签商业承兑汇票，由下游核心企业承兑后，企业持商业承兑汇票向银行申请贴现或质押。

采取倒签商业承兑汇票的方式，可以将应收账款的账期锁定，同时，将下游核心企业的付款路径锁定，极大降低银行的授信风险。

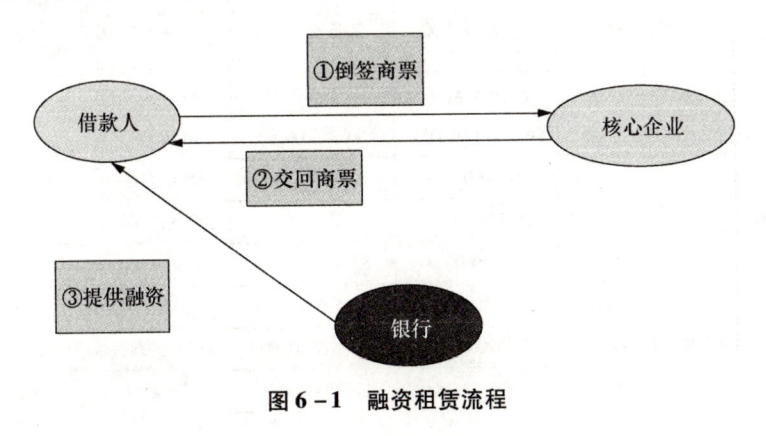

图 6-1　融资租赁流程

> 央行颁布《应收账款质押登记办法》，将征信中心作为应收账款质押登记机构，此举填补了我国动产担保登记的空白，为担保交易提供服务。
>
> 我国的GDP在32万亿元左右，而资产规模达到96万亿元，其中动产为70万亿元左右。在动产中，有15万亿元是企业的应收款。这对银行而言，是巨大的市场机会。

表6-3 中兴通讯（000063）资产负债表　　　　　　　　　单位：元

报表日期	××××年3月31日	××××年12月31日	××××年9月30日	××××年6月30日	××××年3月31日
流动资产					
货币资金	14187600000.00	15383200000.00	9432720000.00	12545800000.00	9501800000.00
交易性金融资产	32248000.00	123365000.00	71335000.00	77776000.00	39447000.00
应收票据	3214660000.00	1289880000.00	2444720000.00	2358790000.00	2710120000.00
应收账款	22268700000.00	17563900000.00	17179000000.00	16478800000.00	18119600000.00
预付款项	600820000.00	449664000.00	532616000.00	459159000.00	385737000.00
其他应收款	1546530000.00	1389780000.00	1375230000.00	1320400000.00	855666000.00
存货	14052600000.00	12103700000.00	13656000000.00	11345800000.00	11047400000.00
其他流动资产	—	—	—	—	—
流动资产合计	70653200000.00	65528100000.00	60382100000.00	58711500000.00	55781300000.00
非流动资产					
可供出售金融资产	364305000.00	342706000.00	268636000.00	257908000.00	253760000.00
长期应收款	530670000.00	567444000.00	944484000.00	950355000.00	362904000.00
长期股权投资	994048000.00	917989000.00	908903000.00	902027000.00	441752000.00
固定资产原值	—	9979300000.00	—	8194830000.00	—
累计折旧	—	3455800000.00	—	3075680000.00	—
固定资产净额	6651590000.00	6523510000.00	5314360000.00	5032150000.00	4725380000.00
在建工程	1278770000.00	1146740000.00	1694390000.00	1705840000.00	1615760000.00
无形资产	886311000.00	891290000.00	640697000.00	646465000.00	607547000.00
开发支出	1612990000.00	1466500000.00	1294400000.00	1142540000.00	932,427000.00

第六课　如何从应收款发现营销机会

续表

报表日期	××××年3月31日	××××年12月31日	××××年9月30日	××××年6月30日	××××年3月31日
非流动负债					
长期待摊费用	36519000.00	50032000.00	54040000.00	5889000.00	8098000.00
递延所得税资产	676664000.00	655245000.00	515779000.00	524496000.00	687192000.00
其他非流动资产	1390090000.00	1090090000.00	846304000.00	856912000.00	608190000.00
非流动资产合计	19348600000.00	18624300000.00	15769600000.00	15345500000.00	13084400000.00
资产总计	90001700000.00	84152400000.00	76151700000.00	74057000000.00	68865700000.00
流动负债					
短期借款	12399600000.00	6578410000.00	5594670000.00	5423150000.00	4103430000.00
交易性金融负债	8694000.00	40139000.00	15046000.00	—	—
应付票据	10509900000.00	10056500000.00	7494260000.00	7047460000.00	7434230000.00
应付账款	14356200000.00	15441200000.00	14364500000.00	14054500000.00	11099000000.00
预收款项	4141440000.00	2744690000.00	3186420000.00	3148380000.00	2647820000.00
应付职工薪酬	2596930000.00	3097930000.00	2115380000.00	1558540000.00	2339340000.00
应交税费	-684844000.00	-321345000.00	-650359000.00	-259858000.00	-102370000.00
应付股利	147024000.00	136302000.00	127514000.00	128143000.00	133378000.00
其他应付款	2564230000.00	2976330000.00	2681960000.00	2699490000.00	2475710000.00
预计流动负债	267660000.00	260693000.00	193828000.00	202371000.00	195640000.00
递延收益	58982000.00	91256000.00	104491000.00	226474000.00	103639000.00
一年内到期的非流动负债	864776000.00	1322820000.00	3030870000.00	3556200000.00	2804570000.00
流动负债合计	53732800000.00	48214100000.00	44448300000.00	43423800000.00	38690600000.00
长期借款	2009770000.00	1719310000.00	1810710000.00	1319180000.00	2075910000.00
应付债券	3763560000.00	3755790000.00	3716910000.00	3678020000.00	3639140000.00
递延所得税负债	69572000.00	89167000.00	6083000.00	3551000.00	2650000.00
其他非流动负债	388070000.00	439232000.00	360590000.00	347478000.00	370637000.00
非流动负债合计	11157600000.00	10976200000.00	9181930000.00	8669120000.00	8929710000.00
负债合计	64890400000.00	59190400000.00	53630200000.00	52092900000.00	47620300000.00
所有者权益					
实收资本（或股本）	2866730000.00	2866730000.00	2866730000.00	2866730000.00	1911150000.00
资本公积	9087770000.00	9070970000.00	9473810000.00	9434160000.00	9936710000.00

续表

报表日期	××××年3月31日	××××年12月31日	××××年9月30日	××××年6月30日	××××年3月31日
所有者权益					
盈余公积	1537510000.00	1537510000.00	1505200000.00	1505200000.00	1505200000.00
未分配利润	9349680000.00	9222390000.00	8207170000.00	7723240000.00	6963550000.00
拟分配现金股利	841297000.00	841297000.00	—	—	552425000.00
外币报表折算差额	-183229000.00	-168765000.00	-334435000.00	-355033000.00	-190368000.00
归属于母公司股东权益合计	23223500000.00	23093900000.00	21427900000.00	20883700000.00	20231400000.00
少数股东权益	1887870000.00	1868130000.00	1093610000.00	1080370000.00	1013950000.00
所有者权益（或股东权益）合计	25111400000.00	24962000000.00	22521500000.00	21964100000.00	21245400000.00
负债和所有者权益（或股东权益）总计	90001700000.00	84152400000.00	76151700000.00	74057000000.00	68865700000.00

通过中兴通讯的报表可以看出：企业有大量的应收账款，由于应收账款的买方都是三大电信公司，考虑到三大电信公司实力非常强，商业信誉较佳，所以应收账款质量较好。

【消除应收账款的方法】

表6-4 优良的公司

房地产	家电	工程机械	日用品	一般设备
按揭贷款	保兑仓	工程机械按揭贷款	买方信贷	买方信贷
开发商阶段性担保+房本抵押	厂商回购	厂商回购	核心企业担保或专业担保公司担保	核心企业提供担保
万科、保利	格力、九阳	中联重科、三一重工	伊利、雏鹰农牧。	宁波思进

【案例】

消除应收账款的方法

买方信贷，就是在公司提供担保的前提下，合作银行向客户发放专项贷款用于设备款项的支付，如客户未按期足额还款，则公司将履行连带担保责任代其向银行偿还相关款项。通过买方信贷的方式，宁波思进将大额应收账款消化，减少了坏账计提准备。

招股书显示，宁波思进自2014年起大力发展买方信贷业务，2016年，买方信贷占主营业务收入比例已达到27.74%的较高水平。

伊利股份关于授权下属担保公司2018年为产业链上下游合作伙伴提供担保的公告：

为有效促进公司主业发展、提升公司产业链竞争力，内蒙古惠商融资担保有限公司（简称"担保公司"）为公司产业链上优秀的上下游合作伙伴提供融资担保，解决其经营中的融资难、融资贵问题。

担保公司为公司产业链上下游合作伙伴提供担保，具有担保客户分散、单笔担保金额小、担保笔数多、办理频繁的特点。为提高工作效率，优化担保手续办理流程，根据《中华人民共和国公司法》《中华人民共和国担保法》《上海证券交易所股票上市规则》《关于规范上市公司对外担保行为的通知》《融资性担保公司管理暂行办法》及《内蒙古伊利实业集团股份有限公司对外担保管理制度》的相关规定及要求，现申请公司股东大会对担保公司2018年担保业务做如下授权：

（1）担保公司2018年为公司产业链上下游合作伙伴提供担保责任余额不超过30亿元，依据为《融资性担保公司管理暂行办法》中规定，融资性担保公司的融资性担保责任余额不得超过净资产的10倍；

（2）担保公司对单个被担保人提供的融资性担保责任余额不得超过3000万元，依据为《融资性担保公司管理暂行办法》中规定，融资性担保公司对单个被担保人提供的融资性担保责任余额不得超过净资产的10%。

做客户经理不可过于"犟"。一家银行的信贷文化、风险价值观经多年积累而形成，非常坚固，有时是与生俱来的，根本无法改变。就如同喜马拉雅山之巅的冰峰，根本不可能融化，在银行，应顺势而为。

第七课 如何发现其他应收款和其他交易性金融资产的营销机会

一、如何发现其他应收款的营销机会

【概念】

其他应收款是企业应收款项的另一重要组成部分。其他应收款科目核算企业除买入返售金融资产、应收票据、应收账款、预付账款、应收股利、应收利息、应收代位追偿款、应收分保账款、应收分保合同准其他应收款备金、长期应收款等以外的其他各种应收及暂付款项。其他应收款通常包括暂付款，是指企业在商品交易业务以外发生的各种应收、暂付款项。

正常情况下，这个科目核算的项目数额都不大，因此，该科目的余额应该较小。但现实中，许多企业的其他应收款往往很大。但请记住，如果企业该科目的余额巨大，与应收款、预付款余额不相上下甚至超过这些科目的余额，是不正常的。

【分析】

其他应收款也被戏称为"垃圾箱"科目。许多企业把一些不好列支或需要掩盖真实用途的资金放在其他应收款科目中。银行客户经理要能够根据其他应收款的分布情况，掌握申请人与其他企业之间的资金往来情况，判断信贷资金被其他关联企业占用的可能性，如上市公司大股东占款情况，判断清欠的难易程度，可能形成的损失等。

【营销建议】

银行客户经理首先要看其他应收款在流动资产中占的比例如何，一些投资管理型公司的主要流动资产就是短期投资和其他应收款，因此对这类企业的贷款就要格外关注其实际用途；其次看其他应收款的单位构成是否为公司的关联企业，股东是否存在长期通过其他应收款占用公司的资金，是否存在"虚假注资或增资"的情况，公司是否将长期投资和固定资产投资用其他应收款进行核算，如果需要则进一步分析其他应收款形成的时间和原因。

其他应收款与待摊费用，通常是经营性流动资产的主要不良资产区域，其规模将直接影响企业的经营活动的成效，为此该部分不应该存在金额过大或波动过于剧烈等异常现象。

提醒：正常情况下，其他应收款的期末余额不应过大。

表7-1 应收款

工程质量保证金	质保金	履约保证金	安全生产保证金
施工企业	知名品牌经销商	旅行社、施工企业	煤炭、化工、爆破等行业
中新、中建、北新路桥等	宝马、奔驰、宝洁经销商	中旅	中煤、煤矿企业

【案例】

新疆北新路桥集团股份有限公司关于深圳证券交易所 2016年年报问询函的回复公告

行业惯例，施工企业与业主签订的工程合同一般约定工程完工后的2年左右为工程质量保证期，并保留工程价款5%~10%作为工程质量保证金。业主在每期支付工程计价款时，扣除结算金额的5%~10%后支付给公司。随着公司业务规模的扩大，质保金余额会相应增加。截至2008年12月31日，工程质量保证金余额为1.47亿元。

公司的主营业务系从事公路工程、桥梁工程、隧道工程和市政交通工程等公共交通基础设施的施工，因而应收账款主要来自业主结算，业主按照工程进度分期计量，扣除质量保证金、农民工保证金等后根据业主资金情况支付工程款。2014~2016年，公司应收账款信用政策未发生变动。

根据行业惯例，施工企业与业主签订的工程施工合同一般约定工程完工后的2~5年时间为工程质量保证期，并保留工程价款5%~10%作为工程质量保证金。业主在每期支付工程计价款时，扣除结算金额的5%~10%后支付给公司，待工程完工质保期结束后将工程质保金支付给公司，报告期末，应收账款中因工程项目暂未交验的工程质量保证金比重超过30%。

二、何谓交易性金融资产发现营销机会

【概念】

交易性金融资产是指企业为交易目的所持有的债券投资、股票投资、基金投资等交易性金融资产，持有的目的是近期出售，以便在价格的短期波动中获利。

【读懂交易性金融资产技巧】

第一，关注交易性金融资产的数量变化。交易性金融资产金额应该是经常变动的。若交易性金融资产跨年度不变且金额又很整齐，极有可能是长期投资。企业通过将长期投资划为交易性金融资产以改善其流动比率。

第二，核查投资收益情况。交易性金融资产收益具有盈亏不定、笔数较多的特点，而长期投资收益一般具有固定性、业务笔数较少的特点。

第三，分析交易性金融资产的构成。债券和基金的风险相对股票较小。

第四，通过交易性金融资产的变化还可以看出企业的经营风格和投资趋向。

【营销建议】

银行客户经理见到企业有大量的交易型金融资产，说明企业有理财需要，应积极营销短期银行的理财产品。

表7-2　金融资产

股票质押贷款	质押式回购
银行	券商
40%~60%	30%~40%
可以提供贷款、开立银票、保函、国内证等	仅能提供贷款

> 客户经理最大的财富就是时间，宁可做10个有确定可能的中型客户，也不要在一个明显不可能的大客户身上耗时耗力，懂得放弃不失为一种明智的选择。

第八课　如何从存货中发现营销机会

> 对于蒸蒸向上的企业，存货是粮草、是武器，不断帮助企业取得新成绩；对于日薄西山的企业，存货是无效的枯枝，不断消耗大树身体的血液。

【概念】

存货是指企业在日常活动中持有以备出售的产成品或商品、处在生产过程中的在产品、在生产过程或提供劳务过程中耗用的材料、物料等。

存货区别于固定资产等非流动资产的最基本的特征是，企业持有存货的最终的目的是出售，不论是可供直接销售（如企业的产成品、商品等），还是需经过进一步加工后才能出售（如原材料等）。

存货对于很多中小企业而言是最有价值的资产，对于银行而言安全性甚至比房产抵押更好。银行客户经理看见企业报表中有存货，要首先看存货产生的原因，如果是正常准备销售而产生的存货，可以营销动产融资业务。

尤其是很多流通型企业，如钢铁经销商、汽车经销商、煤炭经销商有大量的存货资源，这较为正常。例如汽车经销商必须保留足够的备用车，以备销售；煤炭经销商必须保留煤炭，以便淡储旺销。针对这些企业可以提供动产融资。

【提示分析】

企业可以通过存货周转率、存货周转天数、营业周期三个指标对存货进行流动性分析，即从不同的角度和环节上找出存货管理中的问题，使存货管理在保证生产经营连续性的同时，尽可能少占用经营资金，提高资金的使用效率，增强企业短期偿债能力，促进企业管理水平的提高。

1. 存货周转率

存货周转率有两种计算方式：一是以成本为基础的存货周转率，即存货周转率是一定时期主营业务成本与存货平均余额的比率，它主要用于流动性分析；二是以收入为基础的存货周转率，即存货周转率是企业一定时期的主营业务收入与存货平均余额的比率，它主要用于获利能力分析。其计算公式如下：

成本基础的存货周转率＝营业成本/存货平均余额

收入基础的存货周转率＝营业收入/存货平均余额

其中，存货平均余额＝（期初存货＋期末存货）/2

在计算存货平均余额时应注意：如果企业的营业具有较大的季节性，根据期初和期末存货简单平均容易造成假象（有可能期末、期初存货偏低或偏高），解决的方法是采用各月月末的数字进行平均。这对于企业内部分析研究者来说容易做好，而对于外部分析者则很难做到。

存货周转率是衡量和评价企业从购入存货、投入生产到销售收回等各环节管理状况的综合性指标。该指标越高，说明存货占用水平越低、流动性越强，存货转换为现金或应收账款的速度越快，企业便会有良好的现金流量与较高的经营效率；反之，该指标越低，说明存货周转越慢，存货储存过多，占用资金越多。但是，存货周转率并不是越高越好，过高的存货周转率，可能导致其他费用（如保管费用）的增加，还可能导致存货不足和发生缺货的现象，引起停工待料等问题。因此，分析一家企业存货周转率高低应结合同行业的存货平均水平和企业过去的存货周转情况。

2. 存货周转天数

存货周转天数是指存货周转一次所需要的天数，即存货转换为货币资金或应收账款所需要的天数。

计算公式如下：

存货周转天数＝计算期天数/存货周转率

或

成本基础的存货周转天数＝计算期天数×存货平均余额/营业成本

收入基础的存货周转天数＝计算期天数×存货平均余额/营业收入

该指标越小，存货周转速度越快。

【存款的特点和作用】

存货具有三个特点：

（1）在制造类、经销商类企业中，占流动资产的比例较大，占用资金多；

（2）对企业资金结构合理性的影响较大；

（3）影响资产的计价，对企业利润的计量作用较大。

存货作用：

（1）适当存货有利于组织均衡生产；

（2）储备必要的原材料，可保证生产原料供应；

（3）储备必要的产成品，有利于销售；

（4）可防止意外事故造成的停产损失。

存货资产过多所带来的不利影响有二：

（1）增加存货，则存货成本增加；

（2）存货占用资金多，市场风险增大，因此，存货也存在着一个合理的数量问题。

对存货分析，我们要把握以下六点如表8-1所示。

表8-1 存货分析

对存货质量分析	如商业企业的商品是否完好无损，是否存在过时；制造业的产成品质量是否符合相应的等级要求，产品属于定制产品，不存在销路问题
存货时效分析	如食品是否超过保质期，出版物的内容是否过时，工业产品的技术是否落伍
存货品种构成分析	盈利产品占企业品种构成的比例及市场发展前景和产品抗变能力
存货跌价准备计提是否充分	存货披露是否遵循成本与市价孰低法，存货有无相应的所有权证
存货的计价问题	各种不同的存货计价方法会使存货数额产生极大的差异，关键是要了解存货的变现价值
存货的日常管理分析	存货的日常管理。只有恰当保持各项存货的比例和库存周期，材料存货才能为生产过程消化，商品存货才能及时实现销售，从而使存货顺利变现

【分析】

存货属于企业的重要流动性资产，包括企业的原材料和产成品。对银行而言，最好是原材料多些，而产成品少些。

存货与固定资产相同的地方：都会产生现金流，存货在较短时间内产生现金流，而没有折旧；固定资产需要在长时间内产生现金流、需要不断计提折旧。

存货是企业重要的流动资产，一般比重为50%，主要包括分布在储备、生产、成品形态上的资产。从总量的比重上应分析是否符合企业生产经营的特点；

57

从结构上应分析各类存货能否保证供、产、销环节顺利进行；从增量上应分析是否与生产经营规模扩大相适应；从质量上应分析是否存在超储积压，特别是成品是否具有市场竞争力。

【存货质量分析】

表8-2　存货质量分析

原材料	合同整体质量	对方款实力	
产成品	是否有订单	有安全的付款条件	有较高保证金、定金

【分类】

1. 第一种分类

（1）制造业存货：原材料、委托加工材料、包装物、低值易耗品、在产品及自制半成品、产成品。例如水泥生产企业有大量的煤炭库存，钢铁生产企业有大量的铁矿石库存，这些都是生产的必需品，为优质存货。

如果是企业生产的滞销品，如汽车厂商生产的滞销品牌汽车、电脑厂商生产的滞销电脑等都为质量较差的存货。

（2）商品流通企业存货：商品、材料物资、低值易耗品、包装物等。例如家电经销商苏宁电器和国美电器都有大量的存货，用于企业的日常门店销售。

（3）其他行业（一般是指服务业）存货：各种少量物料用品、办公用品、家具用品等。影响存货入账价值的因素：购货价格、购货费用、税金、制造费用。

2. 第二种分类

外购的存货。原材料、商品、低值易耗品等通过购买而取得的存货的初始成本由采购成本构成。存货的采购成本，包括购买价款、相关税费、运输费、装卸费、保险费以及其他可归属于存货采购成本的费用。

1）购买价款是指企业购入材料或商品的发票账单上列明的价款，但不包括按规定可以抵扣的增值税进项税额。

2）相关税费是指企业购买、自制或委托加工存货所发生的消费税、资源税和不能从增值税销项税额中抵扣的进项税额等。

3）其他可归属于存货采购成本的费用，即采购成本中除上述各项以外的可归属于存货采购成本的费用，如在存货采购过程中发生的仓储费、包装费、运输途中的合理损耗、入库前的挑选整理费用等。这些费用能分清负担对象的，应直接计入存货的采购成本；不能分清负担对象的，应选择合理的分配方法，分配计入有关存货的采购成本。分配方法通常包括按所购存货的重量或采购价格的比例进行分配。

3. 通过进一步加工而取得的存货

通过进一步加工而取得存货的成本由采购成本、加工成本以及为使存货达到目前场所和状态所发生的其他成本构成。

（1）委托外单位加工的存货。委托外单位加工完成的存货，以实际耗用原材料或者半成品、加工费、运输费、装卸费等费用以及按规定应计入成本的税金，作为实际成本。其在会计处理上主要包括拨付加工物资、支付加工费用和税金、收回加工物资和剩余物资等几个环节。

（2）自行生产的存货。自行生产的存货的初始成本包括投入的原材料或半成品、直接人工和按照一定方式分配的制造费用。制造费用是指企业为生产产品和提供劳务而发生的各项间接费用，包括企业生产部门（如生产车间）管理人员的薪酬、折旧费、办公费、水电费、机物料消耗、劳动保护费、季节性和修理期间的停工损失等。

【存货计量】

1. 存货期末计量原则

资产负债表中，存货应当按照成本与可变现净值孰低计量。存货成本高于其可变现净值的，应当计提存货跌价准备，计入当期损益。其中，可变现净值是指在日常活动中，存货的估计售价减去至完工时估计要发生的成本、估计的销售费用以及相关税费后的金额；存货成本是指期末存货的实际成本。如企业在存货成本的日常核算中采用计划成本法、售价金额核算法等简化核算方法，则成本应为经调整后的实际成本。

2. 存货期末计量方法

（1）存货减值迹象的判断。存货存在下列情况之一的，表明存货的可变现净值低于成本：

1）该存货的市场价格持续下跌，并且在可预见的未来无回升的希望。

2）企业使用该项原材料生产的产品的成本大于产品的销售价格。

3）企业因产品更新换代，原有库存原材料已不适应新产品的需要，而该原材料的市场价格又低于其账面成本。

4）因企业所提供的商品或劳务过时或消费者偏好改变而使市场的需求发生变化，导致市场价格逐渐下跌。

5）其他足以证明该项存货实质上已经发生减值的情形。

存货存在下列情形之一的，表明存货的可变现净值为零：

1）已霉烂变质的存货；

2）已过期且无转让价值的存货；

3）生产中已不再需要，并且已无使用价值和转让价值的存货；

4）其他足以证明已无使用价值和转让价值的存货。

（2）可变现净值的确定。

1）企业确定存货的可变现净值，应当以取得的确凿证据为基础，并且考虑持有存货的目的、资产负债表日后事项的影响等因素。

2）产成品、商品和用于出售的材料等直接用于出售的商品存货，其可变现净值为在正常生产经营过程中，该存货的估计售价减去估计的销售费用和相关税费后的金额。

3）需要经过加工的材料存货，用其生产的产成品的可变现净值高于成本的，该材料仍然应当按照成本计量；材料价格的下降表明产成品的可变现净值低于成本的，该材料应当按照可变现净值计量。其可变现净值为在正常生产经营过程中，以该材料所生产的产成品的估计售价减去至完工时估计将要发生的成本、销售费用和相关税费后的金额。

4）为执行销售合同或者劳务合同而持有的存货，其可变现净值应当以合同价格为基础计算。

企业持有的同一项存货的数量多于销售合同或劳务合同订购数量的，应分别确定其可变现净值，并与其相对应的成本进行比较，分别确定存货跌价准备的计提或转回金额。超出合同部分的存货的可变现净值，应当以一般销售价格为基础计算。

提醒：有些客户账上有大量的存货，就必须分析这些存货的原因，比如已经存放的时间、存货与市场上同类可比商品的价值比较等，以综合判断这些存货的价值。有些客户，存货已经没有任何价值，仍然放在报表中"充数"，银行要防止这部分风险。

【营销建议】

如果看到企业报表中有大量的存货，银行就可以直接提供动产质押融资。要分析存货的质量，最好是存货资产，包括如煤炭、钢铁、石油、纸浆、有色金属、大宗粮食、纸品、畅销汽车等。

我们来分析两个案例。

我们培训的洛阳的一家银行。一家汽车生产企业生产转动轴，这个企业以转动轴作为质押，该银行提供了融资。这家银行就是否能够以转动轴作质押进行了激烈的讨论，我们提供了建议：银行企业提供融资，不是看中货，银行不是当铺，不是你有货，就提供融资。

结论：可以采用存货质押的方式融资，只要这些货对这个企业非常重要。

在福建泉州，一家生产罐头的企业，这家企业生产蘑菇罐头，还有6个月才准备出口，企业希望拿这些罐头提供给银行质押。罐头能否提供质押？这批罐头准备出口，这就非常有价值，我们就可以提供融资。

结论：泉州这家银行提供了2000万元的流动资金贷款，帮助企业盘活了固定资产。

一个很通俗的比喻，有存货并不见得是坏事，看谁有存货，如果是贵州茅台有存货，这是天大的好事，是在不断增值；如果是一家不出名的酒厂有存货，是可怕的坏事，属于滞销的产品。

存货 → 应收账款 → 应收票据 → 现金

图8-1　存货资产的迁移流程

企业存货金额较大，可以为银行营销动产融资提供机会。很多行业产品销售属于淡储旺销，淡储的存货可以作为质押，银行提供融资，企业获得贷款后用于原材料的采购。

（1）资产负债表中的存货数额不是企业库存物资的实际数额，而是存货项目下各科目的期末借方余额合计，减去"存货跌价准备"科目计提的存货跌价准备期末余额后的净额。

当存在下列情况之一时，应计提存货跌价准备：

第一，市价继续下跌，并且在可预见的未来无回升的希望。

第二，企业使用该项材料生产产品的成本大于产品的销售价格。

第三，企业因产品更新换代，原有库存原材料已不适应新产品的需要，而该原材料的市场价格又低于其账面成本。

第四，企业所提供的商品或劳务过时，或消费者偏好改变而使市场的需求发生变化，导致市场价格逐渐下跌。

第五，足以证明该项存货实质上已经发生减值的情形。

（2）当存在以下一项或若干项情况时，应将存货账面余额全部转入当期损益：

第一，霉烂变质的存货。

第二，已过期且无转让价值的存货。

第三，生产中已不再需要，并且已无转让价值的存货。其他足以证明已无使用价值和转让价值的存货。

（3）高估存货是最常见的粉饰手段，虚构存货会使公司的账户失去平衡，如与前期相比。

第一，销售成本显得过低，而存货和利润显得过高。

第二，存货的增长快于销售收入的增长。

第三，存货占总资产的百分比逐期增加。

第四，存货的周转率逐期下降。

第五，存货的增长快于总资产的增长。

第六，销售成本占销售收入的百分比逐期下降。

说明：存货是一项差异化分析的指标，存货过多或过少都不能定好坏，要因客户而异，比如，对于一个贸易型企业，如果经营的是煤炭、成品油，在淡季进行大量储油、储煤，在中国南方11月、12月大量储煤，在当年年底，资产负债表反映存货大量增加，现金流量表中，经营活动的现金流出大量增加，现金流入减少，报表反映较为难看。在来年，炎热季节，煤炭价格上涨，4~6月大量销售出货，在6月底，半年报，存货大量减少，现金流入大幅增加。

企业的三张报表高度关联，损益表检验资产负债表，资产负债表的质量靠损益表检验；现金流量检验损益表质量靠现金流量表检验。

通过分析损益表分析企业的资产到底有多少是有效资产，盈利能力如何。有些大型制造企业总资产规模甚是庞大，但盈利能力却很一般，而有些中小流通企业，总资产规模不大，但盈利能力惊人，比如家电流通企业国美电器、苏宁电器。就笔者个人而言，更喜欢流通企业，不喜欢制造企业。

【案例1】

客户经理张凯在审查一户家电公司的年报时发现，年报中与经营活动有关的信息为：主营业务收入较上年增加15%，应收票据较年初下降51%，应收账款较年初增加37%，存货较年初增加43%（其中，原材料较年初增加73%，产成品较年初增加30%），并使存货占总资产的比重由年初的35%上升到年末的

49%。张凯感觉有问题，立即与客户沟通。客户对此的解释是：应收票据比年初减少，是因为上年年底有大量分公司汇入在途资金；应收账款增加，是本期销售规模扩大，年底赊销较上年有所增加；原材料增加，是由于年底购入较多原材料储备，产成品增加；是由于分支机构的大规模扩展，铺底占用的产成品较多。

讨论：对于客户的上述解释，你是否认同？张凯应该做什么？

【案例2】

货押业务调查报告

一、申请方案

申请人：天津星舰汽车销售服务中心有限公司

质物：奔驰品牌进口汽车

出质人：天津星舰汽车销售服务中心有限公司

业务模式：现货质押+未来货权质押

授信品种：银行承兑+流动资金贷款+法人账户透支

供货方：梅赛德斯—奔驰（中国）汽车销售有限公司

货权形式：动产

仓库位置：天津市朝阳区京顺路

监管人：中国外运天津公司

监管模式：动态

监管合同：标准合同

厂、商、银合作协议：非标准合同正报批

取值方法：购入增值税发票价格与奔驰中国官方网站孰低

盯市渠道：太平洋汽车网 http://www.pcauto.com.cn/与奔驰中国官方网站 http://www.mercedes-benz.com.cn/content/china/孰低

保证金比例：30%

质押率：70%

赎货期：现货质押4个月，未来货权质押6个月

回购/担保安排：无回购，由亚之杰汽贸有限公司提供担保

二、货押业务方案流程描述（或流程图）

未来货权质押模式：出质人天津星舰汽车销售服务中心有限公司与银行向供

货方梅赛德斯—奔驰（中国）汽车销售有限公司（以下简称"奔驰中国"）发出通知函，要求其将从银行转账资金或开立的银行承兑汇票所购车辆及相关单证交接给出质人与银行共同认可的两个代理人，奔驰中国在收到通知函后回复确认，在收到从银行转账资金或开立的银行承兑汇票后60天内，向出质人与银行共同认可的两个代理人交付等值车辆及相关单证，并承诺未获银行同意，不予补办车辆相关单证，如未能在承诺期限内交付车辆及相关单证，则在5个工作日内退还未发出车辆及相关单证所对应的款项记入奔驰中心在银行的保证金账户，奔驰中心与银行签发的"通知函"及奔驰中国回复的"确认函"具有与银行《厂商银协议》相当的效力（报分行法律合规部审核中），能够保证银行在约定的期限内收到等值车辆及相关单证。车辆到库后，转入现货质押流程，由中国外运天津公司提供监管服务，所有质押车辆相关单证由主办经营单位入库保管，出质人付款入保证金账户赎车及对应单证，要求120天完成赎货。

现货质押模式：出质人奔驰中心将库存车辆及相关单证质押给银行，由中国外运天津公司提供监管服务，银行参照70%的质押率为其核定额度，办理融资放款，质押过程中出质人付款记入保证金账户赎车及对应单证，120天完成赎货。

三、申请人情况

（一）基本情况

1. 上游供货商基本情况

注册资本：3亿元

主营业务：天津奔驰—戴姆勒·克莱斯勒汽车有限公司、梅赛德斯—奔驰（中国）汽车销售有限公司授权品牌汽车销售；汽车技术咨询；承办展览展示；广告策划；汽车租赁；汽车维修技术培训；货物进出口、技术进出口、代理进出口。

奔驰中心开业要求库存车辆不低于160辆，从价值18万元起步的车型SMART，到C级、E级、S级、R级、ML级，直至价值1000余万元的迈巴赫，要求所有车型各种颜色齐全，对外营业后，正常库存在200~240台，经奔驰中国、北汽等权威机构评定并预测，奔驰中心2009年销量约1860台，2010年销量约2980台，××××年销量约3440台，初期存货周转约为4个月，随着品牌及市场推广的逐步深入，销售量有望稳步攀升，预计至××××年存货周转期能缩短至2个月。

2. 与申请人合作关系

奔驰中国关于在中国建立全球第10家奔驰中心的规划提出，要选择天津地区资金实力雄厚、行业经验丰富、企业架构科学的企业为合作伙伴，采取招标方式进行筛选，参与投标的包括百得利汽车销售公司、亚之杰企业集团等天津地区排名前

10 的知名企业，通过多方考核评定，最终亚之杰企业集团得以胜出。选择与鹏龙汽贸的合作，主要是看重鹏龙汽贸母公司北汽控在天津地区汽车生产、销售、服务领域的垄断地位，及与奔驰中国的良好关系。另外，鹏龙汽贸出于对奔驰中心未来发展的坚定信心，及可预期的丰厚利润，双方于 2007 年 1 月签署合作协议。从公司注册成立至今 2 年多的时间内，奔驰中心与奔驰中国在项目建设方面合作顺利，奔驰中国从宣传、设计、规划、运作模式等方面均给予了极大的支持，目前双方已步入营业前准备阶段，从奔驰中国为奔驰中心至银行申请融资，主动提供通知函、确认函格式，可以肯定奔驰中国积极配合的态度和双方良好的合作关系。

3. 交易情况

双方于年初商定本年度销售计划，具体各款车型可按实际需求进行调整，先款后货，收款后 60 日内奔驰中国将车发至指定仓库，货物运输采用专用挂车。

四、质押货物情况

（一）货物描述

奔驰全系列约 20 款车型，均由德国工厂生产，海运方式至中国，所有车辆经我国海关检验，出具进口汽车商检单，达到在中国的销售标准，可以投放市场。物理特性稳定，无包装及特定储藏要求。

（二）价格分析

1. 近期供需状况

市场供需基本稳定，第一季度全国销售同比有超过 10% 的增长，市场需求温和放大，面向中国市场投放的车辆基本能够保证正常销售，不会出现积压、滞销的情况。

2. 市场价格

太平洋汽车网定期发布指导价及实际成交价，具有一定的参考性，同时奔驰中国官方网站在奔驰汽车定价方面享有权威性，通过比较两者报价，可以得出较为公允的市场价格。目前价格十分稳定，无降价销售行为，价格波动幅度极小，顶级品牌基于自己品牌定位和产品形象制定的销售策略从来不将降价作为刺激销售、提升份额的手段。

五、监管库情况

仓库位于奔驰中心所在地，天津市朝阳区京顺路，自有产权，库容超过 400 辆，进出车辆顺畅，易于对车辆的监管，能够满足监管方的要求。

六、风险点及控制措施

（1）一旦出现车辆销售不畅，库存持续增加的局面，即刻采取措施要求降低市场利润,加快销售,按期偿还融资款。

(2) 考虑到奔驰中国的销售策略,基本不会出现货物跌价超过平仓警戒线、要求变卖车辆的风险。

(3) 主办经营单位严格执行车辆相关单证的入库要求,凭分行货押中心提货、换货通知书出库。

(4) 在已核定货值的范围内,出质人办理换货提车需向主办经营单位提出申请,提交车辆相关单证,经货押中心核对车辆身份无误,并确认为初次出质后,货押中心出具车辆入库及出库通知书,通知书明确标注入库车辆型号、车架号、颜色及出库车辆型号、车架号、颜色,以传真方式通知监管方中国外运天津公司及主办经营单位,由监管方协助完成车辆入库、出库,由主办经营单位办理车辆单证入库、出库。初次出账时,建立质押车辆出入库登记台账,出质车辆自入库之日起120天内需完成赎货或换货,严格甄别防止出现二次出质情况。

(5) 为质押车辆办理库存期间的保险,保险第一受益人为中国银行天津安定门支行,提供保单原件。投保险种应包括但不限于火灾险和盗窃险,保险期限1年,保险金额不低于银行授信要求的质押物总额。

七、收益分析

融资执行基准利率,按额度金额的0.6%收取货押业务管理费,预计可带动对公存款5000万元,中间业务收入50万元,并可带动相关零售条线理财、个贷等产品营销,业务合作空间广阔,奔驰中心在2年内将成为全国最大的奔驰汽车销售商,通过本次授信业务合作可奠定银行主合作行的地位。

【案例3】

山西石横特钢集团有限公司货押业务调查报告

一、申请方案

申请人:山西石横特钢集团有限公司。

质物:铁精粉、钢坯。

出质人:山西石横特钢集团有限公司。

业务模式:现货质押。

授信品种:银行承兑汇票。

供货方:自有。

货权形式：非标准仓单。
仓库位置：山西省肥城市石横镇。
监管人：太原中远物流仓储配送有限公司。
监管模式：输出监管。
监管合同及厂、商、银合作协议：标准合同。
盯市渠道及取值方法：中华商务网。
保证金比例：40%。
质押率：70%。
赎货期：3个月。

二、货押业务方案流程描述（或流程图）

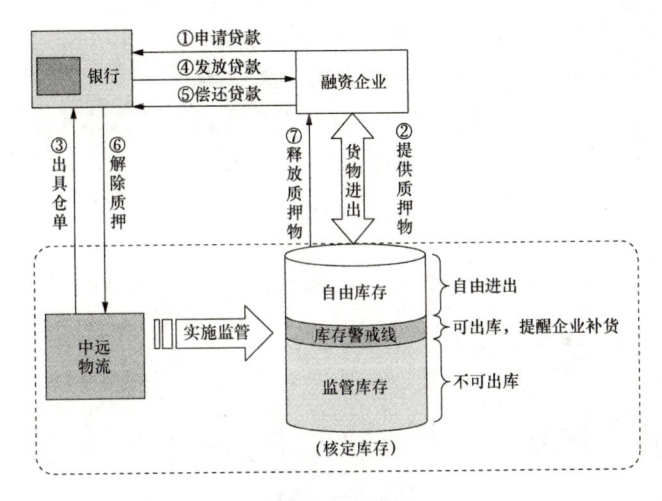

图8-2 流程

要求授信企业在监管仓库保有一定的最低库存量，入库自由；实际库存量如果高于最低存量，多余部分可以自由出库；最低存量临界点以下的货物出库，必须补足相应的保证金。

监管库存：该库存与银行的授信额度相匹配，处于监管之下，未经太原银行开发区支行解押禁止出库。在不低于监管库存的情况下企业可以出库。

警戒库存：该库存数量为监管库存的100%~110%，警戒库存线为监管库存的110%，当库存量接近警戒线时，中远物流监管人员及时通知企业补货，并同时报告运作经理和太原银行开发区支行相关人员。

自由库存：该库存高于库存警戒线，在中远物流知情的情况下，企业可以自由出库。

（1）质物入库：山西石横特钢集团有限公司向银行提供铁精粉、钢坯等库存材料清单，银行根据清单，核实质押物的数量、价格和质押的价值，并填写质押物清单。

（2）出质确认。太原中远物流仓储配送有限公司会同银行和山西石横特钢有限公司的相关人员按照《质物交付清单》进行质物清点，待质物核实准确无误后，要求太原中远相关人员对《查询及出质通知书》进行确认，履行对质物的监管职责，并出具仓单。

（3）质方应出具被监管货物的合法证明，如购货发票、供销合同、运输清单等可以证明质物所有权属于出质方的材料。

（4）中远物流待质物核实准确无误后，出具《仓单》，并对质物进行监管，《仓单》直接背书给太原银行开发区支行。

（5）货押中心核价、核库、出账审查。主要核实质押标的物总量、质量、规格、品种与物权单据描述是否相符；货物监管方式、出入库手续等是否符合监管协议及操作方案要求，并开始进行盯市。

（6）质物入库后的银行和太原中远的过程管理。

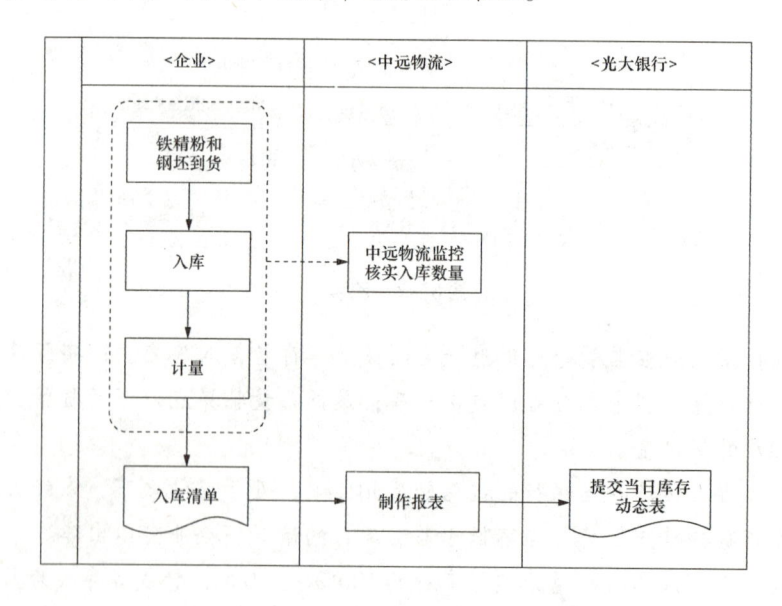

图 8-3 过程管理

1）太原中远物流实时对入库铁精粉和钢坯的数量进行监控。检查进货凭证，核实进仓单与质物（检查货物是否相符，还有重量、规格、进仓日期等）；

2) 经销商每次将铁精粉和钢坯入库清单等文件提供给中远物流，中远物流对质物来源进行审查，并按照入库清单对入库铁精粉和钢坯数量进行核实，在入库记录表上登记入库货物相关信息，并制作库存动态报表，报给太原分行货押中心和太原分行开发区支行。

3) 监管区质物出库管理。

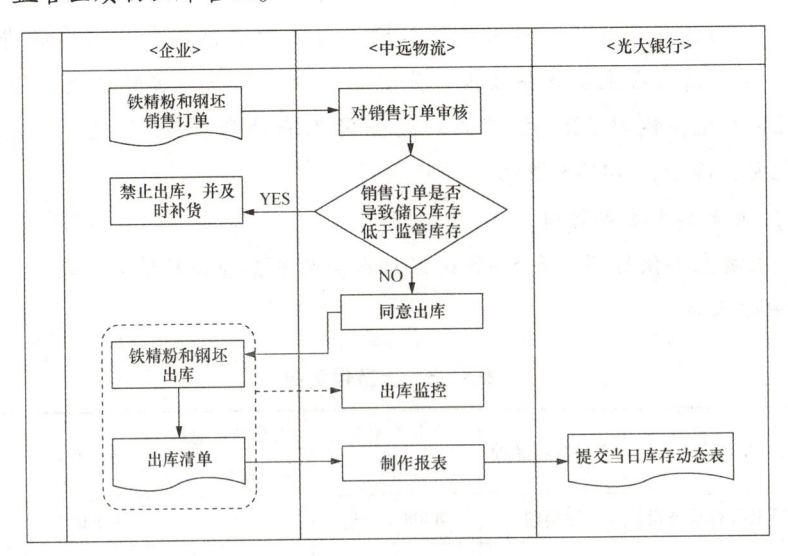

图 8-4　出库管理

4) 山西石横的经销商定期向中远物流提供铁精粉和钢坯销售计划，由中远物流对其审核，判断其销售计划是否会导致储区库存低于监管库存。如果高于监管库存，同意铁精粉和钢坯出库，否则禁止其出库，并通知太原分行开发区支行和太原分行货押中心，按照太原分行跌价补偿制度及时补货。

5) 经销商铁精粉和钢坯出库必须在中远物流知情的情况下方可出库，否则中远物流将追究其责任，并通报太原银行开发区支行。

6) 中远物流对铁精粉和钢坯出库进行实时监控，并制作库存动态报表提交给太原银行开发区支行。

(7) 提货和赎货的审核：

1) 经销商偿还太原银行开发区支行全部或部分贷款，待太原银行开发区支行确认偿还资金到位后，出具《提货通知书》，通知中远物流解除质押或部分解除质押。

2）中远物流根据《提货通知书》，解除质押或释放部分监管库存对未解除质押的库存继续履行监管职责。

三、申请人情况

（一）基本情况

山西石横特钢有限公司实收资本累计达到10亿元。主营业务：炼钢、钢工业加工、钢材销售；炼铁，对工业的投资，进出口资格证书范围内的进出口业务。上年经营情况及主要财务数据：截至××××年末，实际产铁139.9万吨、钢192.25万吨、钢材226.55万吨。该公司已有总资产41.9亿元，销售收入66.59亿元，净资产14.73亿元。

（1）上下游主要供货商。

1）上游主要供货商。表8-3是经双人查验发票原件后填列，其中一人必须是货押中心人员。

表8-3 上游供货商

供货商名称	交易货物品种	上年交易量（吨）	占申请人总购买额比重（%）	合作年限	备注
山西润晨工贸有限公司	铁精粉	400876.73	19	3年以上	
莱芜博岳物质有限公司	铁精粉	187338.77	8.9	3年以上	
鲁中冶金矿用集团公司	铁精粉	66311.79	3.14	3年以上	
东阿金华钢铁有限公司	生铁水	375364.02			

2）下游主要客户。

表8-4 下游供货商

下游客户名称	交易货物品种	上年交易量（吨）	占申请人总销售额比重（%）	合作年限	备注
莱芜百成贸易有限公司	钢材	120154	16.2	3年以上	
泰安恒诺贸易有限公司	钢材	112050	15.00	3年以上	
五矿钢铁	钢材	78881	10.6	3年以上	

（2）存货明细及存货周转情况。企业年底存货余额为7.71亿元，企业存货

周转天数为39天，低于行业平均水平。存货中原材料为3.9亿元，占存货量的50.28%。企业的原材料主要有主要是矿粉和焦炭，是企业为保证生产正常储备。企业的存货全部为原材料和产成品，价值比较稳定，未提取跌价准备，存货周转速度逐年加快。

（3）应收、应付账款明细及应收账款周转情况。应收账款余额208万元，应收账款周转天数3天，公司注重销售回款情况，把应收账款控制在较低的水平。其他应收账款为1.1亿元，主要是银行保证金。

（二）资信情况

（1）银行信用记录：无不良资产。

（2）与银行的合作情况：山西石横特钢集团有限公司是太原开发区支营销的客户，经总行北部审批中心审批批复，向企业提供4000万元（敞口2800万元）的进口开证及押汇贸易融资授信额度。过去两年合作，企业充分使用该授信额度，在银行共开立3700万美元的进口信用证业务，1406.41万美元的进口押汇和836万美元的全额人民币质押贷款业务，为银行创利380万元（结算手续费收入、外汇价差收益和利息收入）。企业每笔业务均能积极配合并及时偿还银行的融资，无任何不良记录，资信等级由BBB级升为A级，双方合作良好。

四、本次业务基础交易背景（未来货权业务模式适用，现货质押业务可不填列）

（一）上游供货商情况

（1）企业类型。

（2）主营业务及经营状况。

（3）资产规模。

（4）行业地位。

（5）商业信誉。

（二）与申请人合作关系

（1）合作年限。

（2）上年交易额。

（3）履约记录。

（三）交易情况

（1）合同类型（是否长期合同）长期合同。

（2）付款条件、期限、方式：出卖人货到买受人后3个月内，凭买受人的磅单及检验开发票结算，买受人以银行承兑汇票付款。价格随行就市。

(3) 交货方式：车板交货。

(4) 货物运输和保险：汽车运输。

五、质押货物情况

(一) 货物描述

铁精粉：天然矿石（铁矿石）经过破碎、磨碎、选矿等加工处理成矿粉叫精矿粉。

精矿粉按照选矿方法的不同分为多种精矿粉，如磁选、浮选、重选等精矿粉。在理论上来说，凡是含有铁元素或铁化合物的矿石都可以叫作铁矿石，但是，在工业上或者商业上来说，铁矿石不但是要含有铁的成分，而且必须有利用的价值才行。

(1) 品种、规格、等级；铁精粉；TFE；65%。

按65%的价格执行盯市。

钢坯：150×150　165×165。

(2) 生产厂家：铁精粉主要是国内各主要生产铁精粉的矿山。

钢坯主要是石横特钢自产。

(3) 物理特性、包装及储藏条件。

(4) 质量标准：执行 O/STBY39—2004 标准。

$TF2 \geq 65\%$，$SIO2 \leq 7\%$，$S \leq 0.4\%$，$P \leq 0.15\%$（以上是铁精粉）。

钢坯：市场比较标准的钢坯。

(二) 价格分析

(1) 近期供需状况：由于河北地区和山西地区市场价格有一定差距，河北地区的贸易商到山西地区采购铁精粉，带动山西地区市场比较活跃，邯郸局价格再次上调带动山西地区矿山计划上调价格。山西地区市场价格暂时保持平稳，金岭65%、鲁中64%、铁精粉出厂价格为1630元/吨，淄博地区小矿65%铁精粉出厂价格在1580~1600元/吨，莱芜地区小矿65%铁精粉出厂价格为1590~1610元/吨（湿基、不含税），枣庄地区65%铁精粉出厂价格在1400元/吨左右（湿基、含税）。

(2) 市场价格获取渠道：中华商务网。

(3) 目前价格：铁精粉为1580~1620元/吨。

(4) 近期价格波动状况及趋势。

钢坯市场价格分析：近期，由于钢厂调价，建材涨价，下游轧材企业采购积极,推动钢坯市场价格顺势飞涨,涨幅较大。华东钢坯市场受建材价格快速上涨影响,轧才企业采购积极性较强。现上海地区普炭方坯市场报价为4650元,低合金150方坯市场报价为4750元,与前期相比价格分别涨了200元、150元。

六、监管人情况

（一）基本情况

（1）名称：太原中远物流仓储配送有限公司。

（2）企业类型：国有企业。

（3）经营资质和主要服务项目。

（4）股权结构：市内配送服务、零担货物运输、整车货物运输、仓储保管服务、运输服务网。

（5）主要管理人员状况：融资物流中心主任郝丹曾经为多家银行的货押业务实施过监管,其领导的货押业务监管团队,监管经验丰富,认真负责,在货物监管上没出过任何问题。

（二）经营情况

（1）行业地位：是太原仅有的成熟监管网络物流监管企业之一。其业务和监管网络的电子化建设在业内领先。

（2）主要经营数据：每年为各家国有银行、股份制银行监管的货值达50亿元。

（3）货押业务监管制度和监管经验：货押业务监管制度健全,有比较先进的全国联网的监管系统,覆盖了中国各主要城市,信息传递快捷,和深圳发展银行等银行合作多年,监管经验丰富。

七、监管库情况

（1）仓库类型：企业厂内的堆厂。

（2）仓库位置：山西石横特钢的堆厂。

（3）库容（仓储面积）：2000平方米。

（4）经营资质：有。

（5）作业能力：1000吨/天。

（6）所有权人：山西石横特钢厂。

（7）仓库分析：储存条件良好,可独立堆放。

八、风险点及控制措施

（1）质押合法性和质物价格波动风险：监管方会向银行提供非标准的仓单作为质押凭证，使银行质押担保合法有效。另外，银行通过质押率的设定，加大了企业违约成本，在协议中设置跌价补偿条款有效防范了质押物价格下跌对银行授信带来的风险。该方案银行对货物价值把关严格，并通过多种信息渠道交叉论证，从而设定合理的质押率，回避价格下跌风险，加大客户的违约成本。

（2）监管风险：银行和该公司以及上述有实力的监管公司签订三方《仓储监管协议》，仓库按银行出具的《提货通知书》发货，并对仓储风险负赔偿责任，银行定期监管方符合总行对监管人的准入标准，以防范监管方的道德风险和监管能力风险。

（3）变现风险：由于国内对铁精粉和钢坯的需求量逐渐增大，也由于河北地区和山西地区市场价格有一定差距，河北地区的贸易商到山西地区采购铁精粉，带动了山西地区市场的活跃，山西地区的铁精粉价格呈现上涨的趋势。另外，生铁价格的持续上涨，使得钢坯的价格也在不断地上涨。因此，即使变现，银行的风险也较小，而且，莱钢、日钢、青钢都是银行的客户，银行的变现渠道比较畅通。

（4）授信主体的履约风险：公司已达到产铁 110 万吨、钢 240 万吨、材 250 万吨的生产规模。该公司已有总资产 28.47 亿元，销售收入 74.53 亿元，净资产 11.27 亿元。属于当地主要经济支柱企业。

从山西省钢铁企业的产品结构看，逐渐形成了莱钢以 H 型钢为主，济钢以板材为主，青钢以高线为主，特钢以锚杆、螺纹、线材为主的格局，从而使特钢公司在日趋激烈的竞争中有了稳固的立足点和发展空间。

（5）操作风险：银行已成立货押中心，对货押业务实行专业化、集约化的管理，建立了与业务审查、出账审核、出入库和赎货管理、贷后检查等功能相适应的岗位设置，货押业务的操作、控制流程均集中在分行货押中心，在组织架构上实现对货押业务操作风险的控制，银行应规范操作，在货押的调查、审批、出账、授信后管理等业务环节上严格把关，规范操作。

九、其他管理措施

（1）放款环节的措施：严格按照批复条件落实，保证签署的各项合同规范有效，严格要求资金的使用用途。

(2) 贷后检查的措施：将坚持每月不定期到公司实地进行贷后检查，并认真分析公司报表，关注公司效益情况、成本变化情况。密切关注公司的资金流，保证银行信贷资产的安全，是信贷资产能够及时足额收回。加强与公司的沟通及联系，进行效益跟踪，大力拓展其中间业务，提高银行效益。

(3) 预警指标及报告措施：密切关注公司的发展，发现公司出现可能对银行信贷资产造成风险的前期，及时报告上级部门，同时采取措施，保全银行的信贷资产，尽可能地减少银行的贷款风险。

十、收益分析

山西石横特钢有限公司申请综合授信1亿元，用于开立银行承兑汇票（保证金比率35%）比率不超过40%，预计年进出口结算量在20000万元左右。为客户安装银行的网上银行和网上开证系统，预计网银交易量为2亿元，累计银行的中间业务收入、贸易融资收入可达到50万元以上，派生存款及其他存款日均5000元。银行与之合作，风险较小，收益较高。

十一、本项目的优、缺点

优势一：保证金的比例较高。客户向银行申请的授信品种是银行承兑汇票，保证金的交存比例是40%，比例较高，对银行到期付款保证性较高。

优势二：监管方的监管经验丰富，信誉好。监管方是银行与中远签订总对总监管协议名单上的企业，与多家银行有监管上的合作，积累了丰富的监管经验，并在企业设有监管小组，监管措施得当。

优势三：质押货物的价格优势。该公司提供的质押物铁精粉和钢坯随着近期生铁价格的上涨，正处在价格上升的通道上，对银行的融资保证性较好。

既然做了客户经理，就要一直拉存款，让自己喜欢上数字游戏，如同穿上红舞鞋，只要在台上，就一直跳到最后。客户经理也疯狂。力争做客户经理中的皇帝。我们不会累死、不会苦死，只要坚持下去，总有绽放的一天。

今天我们的业绩不行，说明我们努力还不够。

第九课　如何从长期投资中发现营销机会

> 企业长期股权投资，必须与企业本身的现有主业有协同，这样才会不断彼此成就。不能总是简单地投资金融机构，这类投资就是理财，没有实际意义。

【概念】

长期投资是指不满足短期投资条件的投资，即不准备在一年或长于一年的经营周期之内转变为现金的投资。

企业管理层取得长期投资的目的在于持有而不在于出售，这是与短期投资的一个重要区别。

长期投资是企业对自己发展所需要的关联板块资源的长期投入、为了保证企业的长远发展，保证企业的长久利益。争取的长期投资对企业非常重要。例如我们对自己的子女教育投资就属于典型的长期投资，保证家族的长远发展，保证儿女的未来可以平平安安发展。

【如何分析长期投资合理性】

```
                    阿里巴巴

                     淘宝

        支付宝      菜鸟物流      阿里小贷
```

图 9-1　长期投资的逻辑分析

从大的逻辑分析，阿里的投资非常合理，淘宝作为核心主业，就是进行商品的交易，而支付宝确保了交易的安全，提供结算服务；菜鸟物理提供物流服务，确保交易后商品的交付；阿里小贷提供融资服务，确保了小企业的流动资金需求。完整的投资都是围绕淘宝这棵大树，确保淘宝的效率最高。

【分类】

长期投资按其性质分为长期股票投资、长期债券投资和其他长期投资。长期股票投资是购买并持有其他公司的普通股、优先股。以现金取得时，按取得时的计价成本（包括买价、佣金和税费等）；以非现金交易取得时，按照交易物品或取得股票的公允市价计价。

【作用】

长期投资式分为两种，如表9-1所示。

表9-1 长期投资方式

直接投资	即企业作为投资者创办一个新企业，通过签订协议规定各方权利义务，共享利润、共担风险。可以采用现金和实物资产、无形资产作价投入
间接投资	即长期证券投资，包括长期股权投资、长期债权投资

企业长期投资的作用有二：①出于战略性考虑（如兼并竞争对手、控制原料供应商），形成企业的优势；②通过多元化经营而降低经营风险、稳定经营收益。

对长期投资的分析，要把握：

（1）长期投资要有协同：是否与企业的总体发展目标和经营方针一致，其投资方案是否合理，对现有主业是否有协同、加分的可能。

（2）长期投资要有克制：长期投资应以不影响企业生产资金周转和提高企业资金效益为前提。

（3）长期投资要有收益：关键看能否获得较高收益、是否可分散风险有可能引起企业货币状况的恶化。

【营销建议】

银行客户经理见到长期投资后，应立即分析，该笔长期投资对应的标的物，如果是优质公司股权，银行可以立即营销企业将这部分进行抵押，银行提供融资。

针对长期投资，银行可以营销股权质押贷款。尤其是一些银行的股权（如四大行股权、全国性股份制银行股权、城商行股权)、证券公司股权(如中信证券股权、海通证券股权等)、优质的房地产公司(如万科地产股权、金地地产股权)、电信公司的股权都可以质押。

第一,企业对外投资,体现企业谋求对外扩张或者赚取非主营业务利润的努力。因此,高质量的长期投资,则应该表现为:①投资的结构与方向体现,或者增强企业的核心竞争力,并与企业的战略发展相符;②投资收益的确认导致适量的现金流入量;③外部投资环境有利于企业的整体发展等。

如国美电器收购世纪家电网,有利于企业从线下销售提升到线上销售,提高网络销售能力,对抗苏宁电器;再比如,中国大唐发电集团大唐华银电力股份有限公司在内蒙古收购内蒙古海神煤炭集团锡东能源开发有限公司,有利于降低自身的煤炭采购成本,这些都有利于提升该公司竞争力的长期投资。

第二,作为客户经理,需要高度关注借款企业所投资的领域与公司主业的相关程度,是前向一体化还是后向一体化发展,或者是多元化经营。

提醒:长期投资的价值需要分析看待,其账面价值与其实际收益是有差距的。

【案例1】

某企业准备向银行申请一笔2000万元贷款。申请前,企业先做了一个投资行为。

目的:企业拟贷款。

◆目前企业的负债与所有者权益的比是4:1。

◆企业作为投资方以固定资产对外投资,投资的固定资产实际账面净值为1000万元,投资作价为3000万元。

表9-2 投资前的资产负债表　　　　　　　　　　　　　单位:万元

资产	负债及所有者权益
流动资产　1000	负债　4000
固定资产　4000	所有者权益
	实收资本　500
	资本公积　0
	盈余公积　500
	所有者权益小计　1000
资产合计 5000	负债及所有者权益 5000

投资后的资产负债表：

表 9-3　投资后的资产负债表　　　　　　　单位：万元

资产	负债及所有者权益
流动资产　1000	负债　　　　　　4000
固定资产　3000	所有者权益
长期投资　3000	实收资本　　500
	资本公积　　2000
	盈余公积　　500
	所有者权益小计　3000
资产合计　7000	负债及所有者权益 7000

问题：客户通过对外投资，降低了负债及所有者权益的比率，你觉得可以贷款吗？

提醒：企业长期投资较大时，需重点分析对外投资是否影响企业正常的生产经营活动，是否在经营活动资金有较大缺口的情况下还在对外投资。

【银行产品机会】

并购贷款：

所谓并购贷款，即商业银行向并购方企业或并购方控股子公司发放的、用于支付并购股权对价款项的本外币贷款。是针对境内优势客户在改制、改组过程中，有偿兼并、收购国内其他企事业法人、已建成项目及进行资产、债务重组中产生的融资需求而发放的贷款。并购贷款是一种特殊形式的项目贷款。普通贷款在债务还款顺序上是最优的，但如果贷款用于并购股权，则通常只能以股权分红来偿还债务。

【如何分析企业长期投资是否为优质】

1. 深圳地铁受让万科股权

恒大所持万科股权的资金中 175 亿元来自银行贷款。此次受让恒大所持万科股权的总额为 292 亿元，而该支付资金来源于自有及自筹资金，不存在利用此次受让股份向银行等金融机构质押取得融资的情形。除自有资金外，剩余部分通过银行贷款方式筹集，贷款规模达 175 亿元、期限不超过 5 年、利率为五年期贷款基准利率。深圳地铁同时表示未来 12 个月内暂无继续增持万科的计划，没有处置已拥有权益股份的计划。

点评： 毫无疑问，深圳地铁投资万科属于优质投资，深圳地铁有着极为优质充沛的土地资源，万科有着极强的开发能力。标准的强强联合，豪门联姻。

2. 碧桂园长期股权投资分析

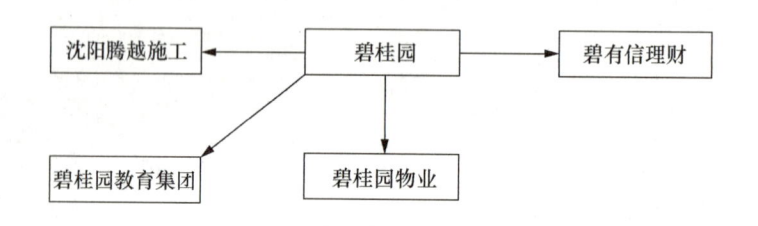

图 9-2 碧桂园长期投资

碧桂园所有的周围投资，都牢牢依托碧桂园开发、碧桂园物业，提升碧桂园品质；碧桂园教育集团，为高端子女提供私人教育；沈阳腾越，自己的工程自己施工，质量有保证；碧有信理财，服务自己的高端业主。

【案例2】

天津京港集团股权质押融资

天津京港集团是一家涉营钢材流通、矿业、地产开发、基础设施、金融投资等行业的跨领域、多元化发展的大型企业集团，集团控股京闽两地多家企业，控股单位的注册资本总额为 4.5 亿元。其中钢材流通业，已连续多年成为天津地区建筑钢材销售冠军企业；集团在发展战略上流通与实业并举，目前已投资几亿元进行市政管道燃气建设，并与中国海洋石油总公司合作建设福建天然气 LNG 地区项目，集团还在华北地区进行矿产、房地产开发，整体经营地域跨及华北与东南沿海地区。

该公司与某股份制银行合作较好，该公司准备参股天津银行增资，购入天津银行 5000 万元股权。某股份制银行行长建议该公司购买天津银行股权，拿到股权证后，立即在该股份制银行办理的质押，银行提供了一年期贷款。

存款是坚持的结果，在你山重水复疑无路的时候，请再坚持最后一公里。存款属于能够坚持到最后的人。

客户经理最重要的品质就是意志顽强，百折不挠。长路献给远方，玫瑰献给爱情，存款献给能够坚持的人。看看史玉柱的传奇，我们比他最惨的时候强多了，还有什么可怕的。

第十课　如何从固定资产中发现营销机会

【概念】

固定资产是指企业使用期限超过1年的房屋、建筑物、机器、机械、运输工具以及其他与生产、经营有关的设备、器具、工具等。不属于生产经营主要设备的物品，单位价值在2000元以上，并且使用年限超过2年的，也应当作为固定资产。

固定资产是企业的劳动手段，也是企业赖以生产经营的主要资产。从会计的角度划分，固定资产一般被分为生产用固定资产、非生产用固定资产、租出固定资产、未使用固定资产、不需用固定资产、融资租赁固定资产、接受捐赠固定资产等。

折旧：固定资产在使用过程中因损耗而转移到产品中去的那部分价值的一种补偿方式，叫作折旧，折旧的计算方法主要有平均年限法、工作量法、年限总和法等；固定资产在物质形式上进行替换，在价值形式上进行补偿，就是更新；此外，还有固定资产的维持和修理等。

【银行产品机会】

固定资产是提供大额贷款的优质工具，固定资产使用不断创造现金流，同样，固定资产不断使用，不断提取折旧，降低企业纳税成本。

表10-1　固定资产

	航空公司	船运公司	运输公司
主要固定资产	飞机	船舶	客车
提供融资工具	飞机租赁融资	船舶抵押贷款	汽车抵押贷款
登记机构	民航局登记	航道局登记	车管所登记

第十课　如何从固定资产中发现营销机会

【作用】

固定资产特点：

（1）长期拥有并在生产经营中发挥作用；

（2）投资数额大，风险也大；

（3）反映企业生产的技术水平、工艺水平；

（4）对企业的经济效益和财务状况影响巨大；

（5）变现能力差。

固定资产在经营中的作用：

（1）提高劳动生产率；

（2）改善工作条件；

（3）扩大生产经济规模；

（4）降低生产成本。

与固定资产相联系的项目为在建工程，它是企业进行的与固定资产有关的各项工程，包括固定资产新建工程、改扩建工程、大修理工程等。资产负债表中的在建工程项目，反映了企业期末各项未完工程的实际支出和尚未使用的工程物资的实际成本，反映了企业固定资产新建、改扩建、更新改造、大修理等情况和规模。

对固定资产的分析，要把握六点：

（1）它是企业长期偿债能力的直接物资保证。长期负债物资保证的绝大部分为固定资产。固定资产的数量、结构、完整和保值都制约着企业的长期偿债能力。

（2）识别判断企业固定资产投资是战略性投资还是战术性投资。战术性投资不涉及企业的发展前途，投资金额小，见效快，以实际需要和经验为依据。战略性投资则涉及企业的转产或产品结构的调整，投资额大，回收期长，以预期收益为依据，决策风险大。

（3）其质量好坏在于看它是否能给企业带来未来的经济利益。这种增值，或是由特定资产的稀缺性（如土地）引起，或是有特定资产的市场特征表现出较强的增值特性（如房屋、建筑物等）而引起。

（4）资产负债表列示的累计折旧项目，仅仅代表企业已认定的已经转移到其他资产（如在产品、产成品等）或费用（如管理费用、销售费用）的固定资产价值量。

在企业折旧政策多样化的条件下，固定资产累计折旧不代表企业固定资产的实际贬值程度。固定资产原值与净值之间的对比也不能反映其新旧程度，更不能反映固定资产的使用效能。

（5）固定资产原值在年内的变化可以在一定程度上反映其质量的变化；各类固定资产在某会计期间的变化，不外乎增加、减少（投资转出、清理、转移）。但是，由于特定企业生产经营状况的特点，企业对各类固定资产的结构有不同的要求。

【分析】

通常都是流通型企业，固定资产量极少，资产负债率极高，而制造型企业都是固定资产量较大，资产负债率适中。例如家电经销商、钢铁经销商基本没有任何的固定资产，但这并不意味着这类客户风险大，反而，因为这类客户现金流量极大，如果成功使用票据，会给银行带来非常可观的存款；如大型的石化炼厂、电厂、商业地产开发商等固定资产量极大，资金周转速度较慢，银行就是提供了较大额的信贷，如果方案不合理，也不会带来什么存款。

通常好的制造类企业应当具备这类特征，拥有巨额的固定资产，每年从固定资产中可以带来非常稳健的现金流。

一般而言，处于新建、扩建或迅速成长阶段的生产型公司，可能会在固定资产上进行大量投资。分析固定资产科目时，需关注：

第一，固定资产结构是否合理。关注非生产用固定资产、闲置固定资产在整个固定资产中的占比。对于大型制造类企业而言，固定资产意义重大。比如一个火电厂，固定资产在总资产中比重较大，已经建成的火电厂保证企业在将来经营过程中，可以源源不断地发电，产生经营现金流。

第二，固定资产的价值是否合理。不同渠道取得的固定资产，其价值构成不同。如接受投资的固定资产，有可能存在价值高估的情况。

第三，固定资产的质量是否优良，固定资产是否具有增值潜力。如土地是稀缺性资产，它的市场价值特征决定其属于增值型的固定资产，但在报表中不能完全体现。同样，房屋、建筑物也具备一定的增值特性，如果客户这些资产占的比重较大并且是真实、合法的，说明客户未来发展的基础是雄厚的。但企业的资产若主要是机器设备，你就应该关注其价值的贬值速度，特别是无形价值贬值。

第四，固定资产折旧是否足够。如果这些资产的实际损耗与贬值的速度大于其折旧速度的话，当最终要对这些设备更新换代时，就要付出比预期更高的价值，这同样会减少当前实际的盈利数字。

第五，主要固定资产是否设定抵押，以此评价企业经营的风险性和可融资的潜力。比如，一个企业如果主要资产是一条高速公路，而该条路已经被抵押，将影响企业的再次融资能力。

第六，在建工程项目可行性、总投资、已到位资金情况，后续建设资金安排。由此判断企业未来的经营趋势。

【营销建议】

针对一些有巨额固定资产的公司的营销思路，帮助客户降低固定资产，有效实现轻资产。在资本市场，欢迎轻资产的公司，公司固定资产量较小，利润较高，现金流较好。为了帮助企业实现成为这样的公司，银行可以积极营销企业在银行办理回购型租赁业务。中国很多企业都希望上市，希望上市，就必须按照上市公司的要求来完善自身的报表。

银行客户经理营销的出发点应当是帮助企业改善报表，针对企业的长期发展战略，采取正确的融资方式。有时候，简单的低成本，并不是最正确的融资方式，有时候，短期融资虽然成本降低，但可能影响企业的长期战略，这就得不偿失了。

通过办理回购型租赁业务，企业将固定资产出售给租赁公司，租赁公司将应收租赁款转让给银行，从而实现对企业的融资。

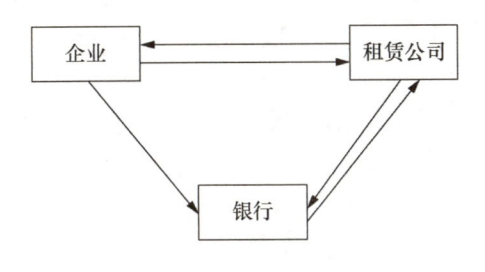

图 10-1　回购型租凭

【案例】

中国华能集团的船舶融资租赁

中国工银租赁有限公司与华能集团、中船集团签署《船舶租赁项目合同》。

根据合同，工银租赁将为华能出资新建12艘散货船，项目总金额53亿元，其中8艘5.3万吨散货船由中船澄西船厂建设。

中国工银租赁有限公司将"工银1号"轮船交付中国华能集团旗下能源交通产业控股有限公司承租运营。这是国内第一艘以融资租赁方式建造的万吨级以上散货船（CCS级）。

所谓融资租赁，是由承租人指定设备及生产厂家，委托出租人融通资金购买并提供设备，由承租人使用并支付租金，租赁期满由出租人向承租人转移设备所有权的一种租赁形式。

在工银租赁和华能这个项目中，工银租赁作为出租房出资建造"工银1号"轮船，华能能交作为承租方租用该轮船并向工银支付租金。

在完成和工银租赁的合同之后，华能集团将拥有自身的航运船队。

在未来10年的租赁期内，"工银1"轮计划将航行于"秦皇岛—海南"航线上，为华能海南东方电厂新建机组的运行提供电煤运输服务。

通过金融租赁这一创新融资方式，不仅改善了承租方的资产负债表，而且规避了船舶价格波动风险。

银行客户经理忠告：即使你的兜里只有一毛钱，已经一天没吃饭了，饿得肚子发疼，这时，你也要很体面，找个没人的地方，把头发弄干净，在客户面前，表现得像个成功人士，像刚打完高尔夫球回来。让别人羡慕你，你才能赚到他的钱，给你100元都嫌少；让别人同情你，你只能赚到一点小钱，给你1元都嫌多。

第十一课　如何从短期借款和长期借款中找到营销机会

> 不同的融资方式，效果一样，但是成本截然不同。就像从北京去上海，汽车、火车、飞机都可以到达，但价格相去甚远，我们应当对不同的客户引导使用。

一、如何从短期借款中找到营销机会

【概念】

短期借款是指企业为维持正常的生产经营所需的资金或为抵偿某项债务而向银行或其他金融机构等外单位借入的、还款期限在一年以下（含一年）的各种借款。

短期借款主要有经营周转借款、临时借款、结算借款、票据贴现借款、卖方信贷、预购定金借款和专项储备借款等。

【分析】

表11-1　短期借款与长期借款

短期借款	成本低、容易借、危险高	对倒贷能力要求较高
长期借款	成本高、借款难、危险低	对倒贷能力要求较低

对于实力强、信誉佳、外部融资渠道畅通的大型公司，短期借款可以多些，甚至短贷长用，危险也还可控。在借款可长可短的时候，短期借款可以多些。

对于实力弱、信誉低、外部融资渠道较窄的中小型公司，长期借款可以多些，要防范短期贷款流动性风险。在借款可长可短的时候，宁可长期借款多些，也要保证自身资金绝对安全。

【分析】

如果企业的报表中有过多的短期借款，可以营销企业转化为银行承兑汇票或商业承兑汇票。在银行贷款规模非常紧张的时候，可以劝说企业减少贷款，转而提供银行承兑汇票，如果借款人非常强势，不能提供较高比例的保证金，则可以劝说企业使用商业承兑汇票。

短期借款＝银行承兑汇票＋买方付息票据＋代理贴现

短期借款＝商业承兑汇票＋买方付息票据＋代理贴现

短期借款＝国内信用证＋买方付息＋代理议付

银行客户经理要能够根据企业的需要、自己当时的贷款规模情况，合理决定使用的授信工具。

短期借款的转移方向一般都是银行承兑汇票，因为银行承兑汇票的成本远远低于贷款融资，因此，企业短期融资一般呈现票据化现象。

长期借款的转移方向一般都是短期化，因为短期借款的成本远远低于长期贷款，因此，很多特殊垄断企业发起的长期固定资产项目，倾向于使用短期资金。例如中国五大发电企业、三大石油公司发起的电厂项目、石化项目，一般都应采取5年期长期贷款，而这些企业一般都采取短期融资方式，甚至采取票据融资方式，对这类特别强势的垄断企业融资，这种融资方式合理。

【分析】

短期贷款是解决企业短期资金紧张和临时业务需要的，因此必须关注贷款用途是否是短期的。短期贷款对于企业就像是给一个人输血，只是解决临时循环的问题，在身体状况好时可以抽出来，基本不会影响个体的状况。一些企业存在短贷长用的情况，这就好比进行了器官移植，移植的器官已经成为他身体的一部分，如果切除势必给他带来极大的痛苦，甚至危及生命。所以一定要关注贷款的实际用途和企业对贷款的计划安排。

通常情况下，短期借款只能用于购买原材料，或用于临时的头寸周转。比如，企业销售产品后，回款有一定的周期，在回款之前，企业还需要备料生产，这时候，需要向银行融资。

【营销建议】

一些短借长用的企业，就应当进行贷款的重整，将企业的短期借款调整为长期借款，拉长客户的债务链条。

二、如何从长期借款中找到营销机会

【概念】

长期借款是指企业向银行或其他金融机构借入的期限在一年以上（不含一年）或超过一年的一个营业周期以上的各项借款。

长期借款一般用于固定资产的购建、固定资产改扩建工程、固定资产大修理工程以及流动资产的正常需要等方面。

通常情况下，长期借款的借款人一定是制造类企业、大规模固定资产投资需要的企业，通过长期贷款购置、建设大型工程、项目等，而这些项目未来一定要产生持续、稳定的现金流。

【营销建议】

适于长期借款的企业一般都必须有较为稳定的现金流，企业经营稳定，现金流较为平稳，企业短期偿债能力较差，但长期偿债能力较好。例如高速公路项目、电厂项目、飞机场项目等。适用长期借款的借款人就如同我们个人的住房按揭贷款，我们在购买个人住房时，用个人的工资收入归还贷款，工资收入就是长期稳定的经营现金流，而个人住房按揭贷款就是一笔长期的固定资产贷款。

银行客户经理应当正确分析企业的融资情况，帮助企业找出最合理的融资方案。切忌，不要提供标准化的融资产品，应当提供是融资方案。

最合理的融资方案高度一定与企业的经营情况吻合，有效支撑企业的长远发展和近期发展，融资成本适度，融资成本最低的方式不是最好的融资方案，适合企业、能够支撑企业长远发展的融资方案才是最好的。

如大型水力电站建设项目、大型电站建设项目、大型机场建设项目、大型公路建设项目、大型的飞机采购、大型轨道客车采购、大型医疗设备采购等，这些项目产生现今流的时间最长超过了10年，本应当借入5~10年的中长期项目贷款，但因为长期贷款利率偏高，而这些项目的投资主体实力又非常强劲，是各家银行追捧的明星级队员，融资渠道非常畅通，加上有已经建成的其他项目可以带来充裕的现金流,因此,可以采用票据作为日常采购的支付工具。在融资组合中加入票据的最大作用在于,降低客户的融资产品一篮子组合的加权融资成本。

中小银行的客户经理应当秉持如下竞争策略:对于如电力、电信等王牌客户的大型新建项目,大型银行一般提供大额贷款,中小银行应重点提供票据,通过票据去切大银行的存款蛋糕,中小银行的授信一定要起到"画龙点睛"的作用,能够"四两拨千斤"。

使用相对合理的融资性票据的客户通常都是特大型客户,其一般具有以下操作方式的特点:

(1) 基础交易时间较长,票据结算截取其中一段时间,有接力票据的问题,但政策性风险不大,这种操作方式突破了当初中国人民银行开办银行承兑汇票的初衷。

(2) 由于票据结算与融资功能完美合一,而票据相对于贷款的利率优势催生客户产生此类需求,是企业"两利选其重、两害取其轻"选择的结果。

(3) 操作上较为麻烦,需要接力出票,需要以企业日常资金池中的资金不断解付汇票,但对于一些超强的垄断型客户,获得源源不断的资金易如反掌。

目前,国内的大型企业非常重视降低财务费用,票据使用量上升很快。银行应当认识到,利用票据贴现利率较低的便利,进行低成本的融资已经成为必然的选择。对于大企业的这些需求,应当重视研究,根据其资金需求特点,提供量体裁衣式的票据融资方案。银行必须注意:这类票据客户必须是实力极强、资金流非常强劲的特大型集团客户。

第十二课　如何从应付票据中发现营销机会

> 既然来到这个世界，就要有自己的梦想，就要打拼出一片天下，成就一番事业。一个人不会苦死，不会累死，只会窝囊死。既然做了客户经理，就一定要做最好，立志做最伟大的商业银行客户经理。

【概念】

应付票据是指企业在商品购销活动和对工程价款进行结算，因采用商业汇票结算方式而发生的，由出票人出票，委托付款人在指定日期无条件支付确定的金额给收款人或者票据的持票人，它包括商业承兑汇票和银行承兑汇票。

【分析】

企业的各种付款工具，可以对应地替代组合金融工具。

表 12 – 1　各种付款工具

现金付款	银票 + 买方付息票据
银票付款	商票 + 保贴付款
商票付款	商票保押
商票保押	商票 + 自行寻找贴现行

【分类】

应付票据包括商业承兑汇票和银行承兑汇票。

按承兑人的不同分为商业承兑汇票和银行承兑汇票。如承兑人是银行，则为银行承兑汇票；如承兑人为企业，则为商业承兑汇票。

企业保持合理的应付票据，可以减少对贷款的依赖，可以有效降低企业的财务费用。

【承兑汇票办理】

银行承兑汇票的承兑人为企业的开户银行。企业在签发银行承兑汇票时，首先持汇票和购货合同向开户银行申请承兑，经银行同意并缴纳手续费后，持汇票进行材料物资的采购。票据到期前，企业将款项交存银行，以便票据到期时及时付款。如果购货单位在票据到期日存款不足、无力支付，则承兑银行负有向收款人或收款人的贴现银行即持票人无条件支付票款的责任，银行将支付的金额计入对企业的短期贷款，执行扣款并按日加收罚息。

商业承兑汇票的承兑人为汇票的付款人，不通过开户银行办理承兑，因此，在汇票到期时，如果付款人无力支付票款，则银行不承担付款责任，由收付款双方自行协商解决。同时，付款方开户银行对付款方处以票面金额一定比例，或以一定金额为起点的罚款。

现在，很多银行研发了商业汇票的创新产品，对商业汇票的使用范围也进行了极大的创新。

（1）商业承兑汇票的创新产品：商业承兑汇票保押和商业承兑汇票保贴。通过对商业承兑汇票附加一定的银行信用，保证了商业承兑汇票的流通，非常受市场欢迎。

（2）银行承兑汇票的创新产品：

1）银行承兑汇票（在机场、医院、公路等客户的使用）。

2）全额保证金银行承兑汇票（大量使用于经销商群体）。

3）准全额保证金银行承兑汇票（大量使用于经销商群体）。

4）票易票（钢铁经销商）。

5）卖方付息票据贴现业务（适用于各类收票客户）。

6）买方付息票据贴现业务（卖方处于强势地位）。

7）回购式贴现（贴现申请人资金有潮汐现象）。

8）协议付息票据贴现（关联企业之间使用）。

9）集团贴（集团客户适用）。

10）代理贴现（合作密切企业之间适用）。

11）放弃部分追索权贴现（外资企业适用）。

12）票据池（票源丰富的集团客户适用）。

13）票易票（多笔票据短变长）。

14）票易票（一笔短票据变多笔长票据）。

15）票易票（单笔票据长变短）。

16）票易票（单笔长票据变多笔短票据）。

17）票易票（单笔长大票变多笔长小票）。

18）商票变银票（短变长）。

19）商票变银票（长变短）。

20）短银票变保贴长商票（存款）。

21）银票 + 保理。

22）银行承兑汇票 + 代理贴现 + 买方付息 + 放弃部分追索权贴现。

23）银行承兑汇票 + 代理贴现 + 买方付息。

24）票据信托（"多对一"或"一对一"）。

25）委托贴现（一对一）。

26）短银票→长银票→变短票。

27）长银票→短银票→长银票。

28）长银票→短银票→长商票。

29）银票套餐（前置保证金 + 后置保证金）。

30）银票套餐（前置保证金 + 后置票据）。

31）银票套餐（前置票据保证金 + 后置存款保证金）。

【营销建议】

银行看到企业有大量的应付票据，说明企业在其他银行签发有大量的银行承兑汇票或企业自行签发了大量的商业承兑汇票。

如果这些强势客户签发的是商业承兑汇票，例如宝钢股份、中国移动等公司签发了大量的商业承兑汇票，针对这些强势的公司，银行可以以这些强势公司的上游客户为目标客户，提供商业承兑汇票保押业务，帮助这些客户供应商将商业承兑汇票置换为银行承兑汇票。

如果这些企业签发的是银行承兑汇票，例如上海西本钢铁有限公司针对上游签发了大量的银行承兑汇票，银行可以营销这些企业的上游企业在银行办理银行承兑汇票置换业务，或者是银行承兑汇票贴现业务。而针对上海西本钢铁有限公司可以营销这个客户在本行办理敞口银行承兑汇票，只要保证金比例稍低，或者办理银行承兑汇票的效率稍高，或者担保方式稍微灵活，都可以服务这类客户。

票据委付保押方案如下。

【产品定义】

票据委托付款保押是指子公司作为商业承兑汇票的出票人，委托其集团公司作为付款人进行承兑后，向其供应商进行交付，银行在集团公司的授信额度内为供应商办理商业承兑汇票置换银行承兑汇票，票到期由集团公司进行兑付的一种业务行为。

【操作规则】

1）为了提高银行的综合收益，银行要求供应商配比一定的定期存款保证金。

如1000万元6个月的商业承兑汇票，应当要求客户额外存入至少500万元的存款，帮助供应商转换为1500万元的银行承兑汇票。

2）尽可能办理短商业承兑汇票置换长银行承兑汇票，为银行留下一定的制造存款空间。

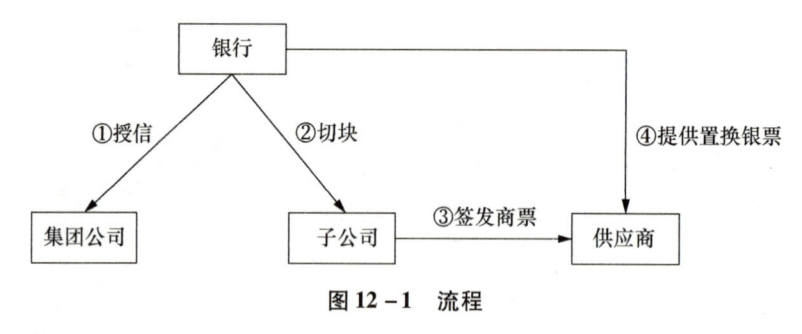

图 12-1 流程

【目标客户】

采取总子公司管理模式的集团公司，集团公司实力较强，执行资金的集中管理职能；下属子公司作为具体的经营主体，有对外的采购需要。例如电力公司（五大发电集团、地方发电企业）、大型煤矿（新汶矿业集团、陕西煤业集团）、大型施工企业（中国中新工程、中国铁建股份、浙江广厦集团、天津建工集团）、房地产公司（万科地产、中粮地产）、食品公司（蒙牛乳业）。

【产品优势】

1. 银行益处

（1）银行风险控制有段有效，集团公司对下属公司签发的商业承兑汇票提供担保，可以有效地控制银行的风险。

（2）银行可以实现关联营销，借助集团公司关联营销其众多的子公司。
2. 客户益处
票据委托付款贴现业务的使用效果：
（1）满足集团类客户授信资源共享、财务集约化管理的需要；
（2）子公司可依托集团公司的扶持，加大票据对外支付，降低融资成本。

【所需资料】
（1）有关证明交易真实性的资料。
需要说明：银行承兑汇票质押开立银行承兑汇票，客户需要提供拟质押银行承兑汇票所对应的商品交易合同、增值税发票资料，同时需要提供新签发银行承兑汇票所对应的商品交易合同资料。
（2）低风险授信所需常规资料：营业执照、法人代码证书、税务登记证、贷款卡等一般资料。

【业务流程】
（1）下属子公司提交购销额合同，并与银行签订《商业承兑汇票协议》，出票人签发商业承兑汇票，加盖印鉴。
（2）下属子公司将办理好的商业承兑汇票交付给供应商。
（3）供应商持商业承兑汇票在银行办理质押，银行为供应商办理商业承兑汇票置换银行承兑汇票业务，供应商持银行承兑汇票用于采购。
（4）商业承兑汇票到期，集团公司将商业承兑汇票的兑付资金划入银行账户。
（5）银行使用商业承兑汇票兑付资金用于兑付银行承兑汇票。

【案例1】

安徽铁良粮油股份有限公司小行银票变大行银票

一、企业基本情况

安徽铁良粮油股份有限公司注册资金2500万元，从事油料收购加工、粮食烘干储备及贸易的民营企业，坐落于繁昌县孙村镇工业园，占地面积10万平方米，资产为13500余万元，农产品产值为3亿元以上。

1. 公司上游客户

资金用途：收购油菜籽。其中：本地农户收购菜籽，必须使用现金；从大型粮贸公司收购菜籽，可以支付银行承兑汇票。

2. 下游主要客户

下游客户：重庆粮油集团，下游客户支付大量的银行承兑汇票。

二、银行切入点分析

安徽铁良粮油股份有限公司是当地一家较大的粮食加工企业，公司销售回款基本都是银行承兑汇票，而公司采购部分需要银行承兑汇票，部分需要现款，针对这一特点，银行与企业协商选定了"票据拆分"。

三、银行合作情况

××银行提供如下服务：

（1）安徽铁良粮油股份有限公司提供1200万元银行承兑汇票，期限6个月，交付给某银行。

（2）银行对质押的银行承兑汇票完成票据真伪鉴别，并完成票据查询手续后，银行与安徽铁良粮油股份有限公司签订《质押协议》。银行为客户办理期限6个月，金额为1000万元的银行承兑汇票，并提供950万元的贷款。

（3）2000万元质押的银行承兑汇票到期，银行办理托收，将托收回来的1000万元资金存入保证金账户，用于兑付面额为1000万元的银行承兑汇票。另外1000万元资金用于归还到期贷款。

【案例2】

南京银行丰城支行票据宝业务案例

1. 业务背景

南京某电子科技有限公司因贸易结算，手中持有大额银行承兑汇票，期限在3个月以内，该公司上游为电子原件供应企业，可接受3～6个月的银票，但金额较小。据了解，该客户全年预计有近1亿元的银票可以办理票据宝业务。

2. 银行切入分析

该企业手持大额银行承兑汇票，但支付下游金额较小，如果到银行办理贴现，客户承担的财务费用会增加，银行客户经理向其营销票据宝业务，避免客户承担较高的财务费用，延长付款期限，同时取得定期存款利息。

3. 银企合作

客户将手中持有的到期日为×××年8月23日及×××年8月30日的三张银票金额290万质押我支行，×××年6月23日，我支行累计为其签发17张小额银行承兑汇票，累计金额为290万元，其中：到期日为×××年12月23日的银票12张240万元，×××年9月23日到期的银票5张50万元。

4. 银行收益分析

我支行可获得4个月期保证金存款240万元、1个月期保证金存款50万元及1450元的手续费收益，同时满足了客户的结算需要，还为客户节省了财务费用。通过开展该项业务，还可引进该公司的其他结算存款。

【案例3】

广州市某汽车贸易有限公司"汇票套餐"业务

1. 业务背景

广州市某汽车贸易有限公司向厂家采购汽车，厂家接受银行承兑汇票。该贸易有限公司为完成上半年厂家下达的提车任务，须6月底交款200多万元，但该客户在银行的银承敞口授信额度已用完。

2. 银行切入分析

汽车厂家接受银票，但暂不接受国内信用证，如果客户通过现金汇款，对客户没有任何收益，根据该情况银行广州分行为客户推荐银行新开展的票据业务——"汇票套餐"业务（即客户在银行承兑汇票到期前，提前缴足保证金填满银行承兑汇票敞口，银行为客户循环签发银行承兑汇票的一种票据业务操作形式。），既可以满足客户结算的需要，同时让客户获得一部分存款利息收益，客户接受此方案。

3. 银企合作

该汽车贸易有限公司于6月27日将91万元的保证金存入银行，提前填满两笔9月到期的银票182万元，再存入91万元保证金循环签发银票，同时个人存入40万元6个月定期存款，在银行办理质押，银行为其开出一张182万元和一张40万元期限为6个月的银行承兑汇票。满足其结算的要求，同时为客户取得一部分存款利息收益。

4. 银行收益分析

通过银行承兑汇票套餐业务，银行获得182万元的保证金存款和40万元的6个月定期存款的收益，同时获得1110元的手续费收益。

> 真正能够控制风险的关键不是担保和抵押，而是对客户经营情况的了解能深入"骨髓"，客户是做什么的，客户的盈利模式，客户拿我们的信贷资金做什么生意，这单生意能否赚钱，你要用商人的思维来评价。如果换成你，你是否愿意做这笔生意？

第十三课　如何从应付账款中发现营销机会

> 对上游供应商，金额适度、期限合理的拖欠，反而给银行留下了供应链融资的营销机会。核心企业获得利益，是银行推广供应链融资的关键。

【概念】

应付账款是指因购买材料、商品或接受劳务供应等应付但未付而发生的债务。这是买卖双方在购销活动中由于取得物资与支付贷款在时间上不一致而产生的负债。

【分析】

一、原来的模式

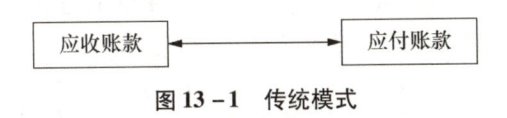

图 13-1　传统模式

原来账期为 3 个月，属于核心企业与供应商的结算规律。

二、可以改造的模式

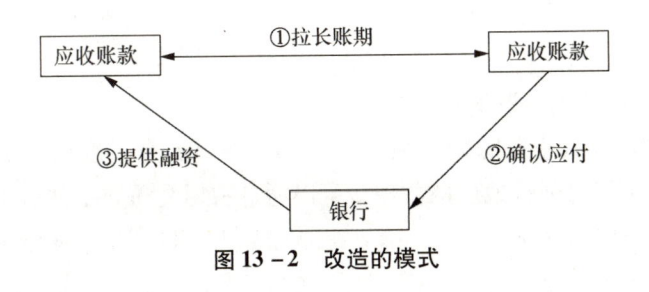

图 13-2　改造的模式

银行客户经理应当做企业的财务顾问，企业现在账期为5个月，属于核心企业与供应商的最新结算模式。由于有核心企业提供应付账款确认，银行有了风控抓手，融资可以合理介入。供应商也会接受账期被拉长带来的成本。

【基本规定】

应付账款核算：企业购入材料、商品等验收入库，但货款尚未支付，根据有关凭证（发票账单、随货同行发票上记载的实际价款或暂估价值），记入应付款科目。

应付账款的入账时间应以与所购买物资所有权有关的风险和报酬已经转移，或劳务已经接受为标志。

处理：

（1）在物资和发票账单同时到达的情况下。应付账款一般待物资验收入库后，才按发票账单登记入账。这主要是为了确认所购入的物资是否在质量、数量和品种上都与合同上订明的条件相符，以免因先入账而在验收入库时发现购入物资错、漏、破损等问题再进行调账。

（2）在物资和发票账单未同时到达的情况下，由于应付账款需根据发票账单登记入账，有时货物已到发票账单要间隔较长时间才能到达，但这笔负债已经成立，应作为一项负债反映。为在资产负债表上客观反映企业所拥有的资产和承担的债务，在实际工作中采用在月份终了将所购物资和应付债务估计入账待下月初再用红字予以冲回的办法。因购买商品等而产生的应付账款，应设置"应付账款"科目进行核算，用以反映这部分负债的价值。

应付账款一般按应付金额入账，而不按到期应付金额的现值入账。如果购入的资产在形成一笔应付账款时是带有现金折扣的，应付账款入账金额的确定按发票上记载的应付金额的总值（即不扣除折扣）记账。在这种方法下。应按发票上记载的全部应付金额，借记有关科目，贷记"应付账款"科目；获得的现金折扣冲减财务费用。

【分析应付账款的一些实用技巧】

（1）应付账款是企业赊购产品时欠下的债务，拥有适度应付账款是企业在市场竞争中处于相对强势地位的体现，可以通过占用交易对手的资金来实现自己收益最大化。但应付账款不能超出企业的负债能力，特别是不能把通过应付账款占用的资金用到固定资产投入，这是一个相当危险的举动。如果应付账款金额过大、账龄较长，说明客户还款压力较大。

一个最通俗的理解就是，可以欠供应商钱，但欠款应用于短期资金周转，比如用于购进新商品，或者用于国债投资、银行存款等，博取一定的利息收益。欠的钱千万不要用于长期投资，比如房地产投资等，很容易导致资金链出现问题。

> 一个钢铁生产企业有大量的应付账款，就意味着其对上游的铁矿石供应商、焦炭企业有大量的拖欠货款，银行就可以积极营销，要求钢铁生产企业给银行介绍铁矿石供应商和焦炭企业，银行提供保理融资。

（2）在应付账款与存货两项账目的百分比变化基本上应遵循着同样的轨迹。当存货数量下降或上升时，应付账款数额也相应地下降或上升。如果情况并非如此，就应调查什么原因导致了这种反常现象。

企业应付账款上升，意味着企业对上游客户产生了一定的赊欠，赊欠后购买了一定的货品，产生了存货；存货下降，意味着存货出售，存货出售应产生现金回款，支付对上游的欠款，保证整个产业链的顺畅运行。

（3）银行贷款和应付账款性质一样，都是欠钱，一个欠银行的、一个欠供应商的，一刚一柔，前者到期是一定要偿还的，后者到期时比较容易延期。但相对于银行，应付账款的权利人往往信息更灵通，如果企业出现变化，他们采取的措施比银行更为果断而有效，这是客户经理值得学习和借鉴的。

对一家准备提供贷款的银行而言，企业应付账款可以多一些，现有贷款最好少一点，这样银行从心里可以更好地接受。

【营销建议】

银行看到某大型企业有大量应付账款，意味着可以对这个大型企业营销 1 + N 保理业务，由这个大型企业向银行提供供应商名单，由银行对供应商提供保理融资。

如何营销大型企业向银行推荐供应商呢？特大型企业可以得到以下利益：

1. 可以拖延账期

由于可以给中小企业提供融资，解决了这些中小企业的资金问题，缓解了它们的资金压力，因此，对这些中小企业可以延长账期。

拖延账期对于一些需要美化报表的公司非常重要。例如一些施工类的企业，以中国中新股份有限公司为例，中新股份有大量的分包商和材料供应商，到了年底，必须要给分包商和材料供应商支付工程款等，而中新股份是上市公司，需要美化报表，年底必须保留大量的现金，以应付投资者的需要。这时候，就可以引入应付账款融资这个概念，核心企业（中新股份）介绍供应商给银行，由银行给这些分包商、供应商提供融资。

2. 可以获得一定的融资安排费

特大型企业向供应商收取一定的融资安排费，由于供应商都属于小企业，在银行融资困难，如果特大型企业提供应收账款名单，提供指定账户付款承诺，并配合办理应收账款转让，那么这些中小供应商可以非常容易地获得融资。因此，特大型企业可以向这些小企业收取一定的融资安排费。

【授信方案】

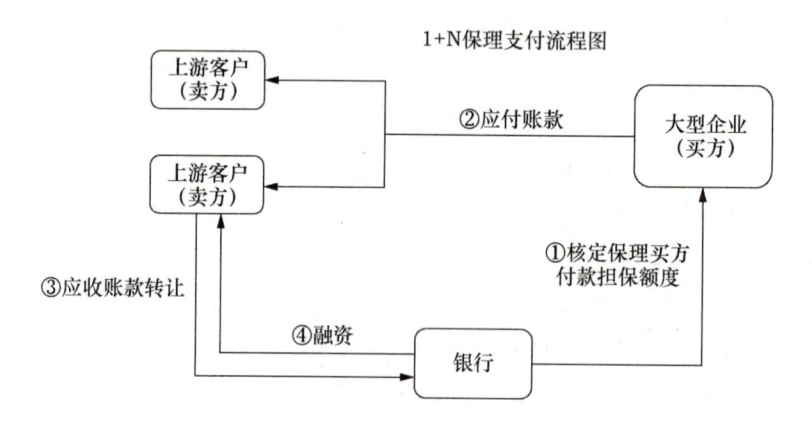

图 13-3 1+N 保理支付流程

【案例 1】

武汉世纪机械制造有限责任公司国内有追索权保理业务操作方案

业务类型：国内有追索权保理。

协议文本：银行标准《国内有追索权保理业务协议》

《国内有追索权保理业务协议（适用于表外融资)》

《委托收款及账户质押协议》。

第十三课　如何从应付账款中发现营销机会

批复到期日：卖方授信额度到期日。

销售商品：电器零部件。

买　　方：格美电器（武汉）有限公司。

融资比例：合格应收账款的 80%（不含质保金、违约金等）。

付款期限及条件：最长不超过增值税发票日后 120 天（以实际基础交易合同为准）。

应收账款通知时间：融资前通知。

应收账款债权转让通知方式：由银行邮寄《应收账款债权转让通知书》和《商业发票》。

融资方式：表内融资或开立银行承兑汇票。

银承保证金比例：零。

买方付款方式：电汇监管账户、银行承兑汇票。

其他要求：

（1）应严格按照总行有关保理业务操作的相关规定处理具体业务。银行应在融资前对卖方提交的相关单据进行认真审核，务必确保贸易背景及相关单据的真实性。

（2）卖方办理应收账款转让时，应提交《商业发票》及相应快邮收据，快邮收据必须加盖邮局业务印章、卖方签章和邮寄日期，并在邮寄内容一栏注明"武汉世纪精信机械制造有限责任公司（卖方）与格美电器（武汉）有限公司（买方）××合同项下第×××号《商业发票》"（载有应收账款债权转让条款）；首次办理时，还应提交《应收账款债权转让通知书》及相应快邮收据。

（3）银行应要求卖方根据基础交易合同确定付款期限，并将付款期限和到期日明确显示在银行标准格式的《商业发票》上。

（4）银行应严格执行信审机构的有关决议并落实相关授信条件，在额度内为卖方办理保理业务。

（5）银行应要求卖方将其针对买方的应收账款整体转让给银行，并确保转让给银行的应收账款为合格应收账款，严禁逾期及不合格的应收账款叙作保理业务并提供融资。

（6）鉴于该笔业务中存在多种保理融资方式（包括表外融资），银行应对卖方融资额度进行台账登记，定期与系统进行对账，严格控制融资额度。

（7）鉴于该笔业务中存在多种保理融资方式（包括表外融资），银行应努力提高贸金项下保理业务综合收益。

（8）卖方申请保理融资时，除提交保理制度要求的单据外，还应提交以下单据的原件或复印件：

1）买、卖双方签署的有效期内的基础交易合同。

2）增值税发票。

3）买方相关人员签字确认的送货单。

（9）为防范重复融资的风险，银行客户经理须监督卖方客户在增值税发票原件上加注"此发票项下应收账款已转让给银行武汉分行"；若提交单据为复印件，须与原件进行核对，确定真实性后由客户经理在复印件上签署"与原件核对相符"字样。

（10）银行在申请授信额度时，可申请国内保理业务额度，并须在申请中具体注明"可串用为银行承兑汇票额度，且该额度限定专项用于保理表外融资业务"。

（11）银行应在审核上述单据无误的基础上，根据合格应收账款的金额，确定开立银承的金额和期限；分行贸金部须在出具的《授信使用审批意见表（保理表外融资业务专用）》中明确注明开立银行承兑汇票的风险敞口不超过合格应收账款金额的80%，并通知分行放款中心。

（12）银行为卖方开立银行承兑汇票或国内证时，到期日应至少晚于应收账款到期日30天，用于卖方向其上游供应商进行原材料采购。

（13）银行应按照开立银行承兑汇票的操作流程及相关规定办理开立手续；在应收账款到期日收到买方付款后，需立即将款项转入相应的保证金账户，在到期日连同保证金一并对外兑付。

（14）银行应密切监控买方付款情况，如买方采用电汇方式支付货款，但未将货款付至监管账户的，应立即暂停对卖方融资；如买方采用银承付款，须由银行客户经理到买方上门取票并在银行办理贴现；贴现后的资金须直接划归银行保理专户，及时补足银承保证金敞口，直至银承到期一并向外兑付；若发现买方以其他方式回款或在不通知银行的情况下直接将银承交由卖方，银行应立即停止融资并采取相应的风险防范措施，确保银行资金安全。

（15）银行应根据实际情况，定期、不定期地对企业发货、验收、付款等过程进行检查，确保物流和资金流相匹配，经营单位客户经理应定期与买、卖双方对账，防止间接回款的发生。

备注：

（1）本保理业务方案中，以零保证金开立银行承兑汇票；

（2）鉴于买方采用银承方式回款，须落实具体措施防范间接还款风险，建议以卖方作为第一还款来源。

【案例2】

广州伟达电子有限公司上游供应商发票融资业务案例

一、案例摘要

广州伟达电子有限公司是电子行业的龙头企业，其全年进出口量在当地一直保持在前两位，银行与广州伟达电子有限公司的合作进入了历史高峰期，广州伟达电子有限公司全年完成结算量15亿美元，年末留存存款13.5亿元，日均达6.62亿元。因广州伟达电子有限公司每月对外支付人民币货款高达1.5亿元，美元付款近1亿美元，其供应商境内外约600家，银行在和广州伟达电子有限公司展开全面合作的同时，也开始关注其供应链资源的情况，并提出了基于广州伟达电子有限公司供应链项下的贸易融资的设想。该产品基于广州伟达电子有限公司是银行的核心客户，在银行以及社会上的良好信用，对银行的较大贡献，向其供应商提供应收账款质押融资。

该产品对于企业来讲，进入的门槛较低、融资成本相对也较低、办理手续较简单方便；对于银行来讲，拓宽了客户资源，优化了融资结构，降低了融资风险；同时为银行带来了较为可观的中间业务收入和利息收入；通过对广州伟达电子有限公司上游客户的介入、维护，可客观地了解广州伟达电子有限公司的经营状况，有助于银行更好地判断与广州伟达电子有限公司的合作方向，并且做大这项业务，可有效地控制广州伟达电子有限公司每月的货款流失，增加银行对公存款和对公结算的收入。

二、业务背景

（一）企业基本情况

广州伟达电子有限公司注册资本规模总计近20000万美元，主要产品有各类设备用电源供应器、电源转换器、高效能电子安定器，投影电视、数位前投式投影机、磁性元件、车用电子零组件、风扇、马达和大容量光盘、磁盘存储器等。股票市值接近375亿元，资金实力雄厚。台湾T公司有较强的新产品开发实力，

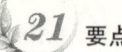

长期从事电源供应器、光电子元器件、显像设备的制造、研发等工作，有超过50年的行业经验，在技术方面具有较强竞争优势。该公司是全球大型开关电源供应商之一，其中：电源供应器、胶壳转换器在世界市场占有率约为35%；同时也是电子及通信产品零组件、视讯和网络产品的全球主要供应商，全系列均通过相关国际认证。

（二）近三年在银行业务情况

银行自广州伟达电子有限公司成立以来一直与其有往来，自××××年开始银行与广州伟达电子有限公司的合作开始增多，××××年广州伟达电子有限公司在银行回笼外币货款7亿美元，完成国际结算14亿美元，在银行本外币日均存款3.16亿元。

（三）广州伟达电子有限公司主要上下游企业情况

1. 采购链分析

广州伟达电子有限公司采购链主要分为人民币采购方式和美元采购方式。人民币采购方式下的供应商有近500家，F地区约有300家，金额较分散，每月货款金额超过100万元的约有25家。

美元采购方式下因受我国外汇管理政策的影响，大部分境外供应商通过母公司在澳门设立的离岸公司办理采购，境内结转以及部分境外公司约有130家由公司自行办理，其中金额超过50万美元的供应商有17家。

2. 销售链分析

公司下游客户美元货款回笼统一归集在集团母公司，再由母公司分配下划；人民币货款回笼主要通过广州设立的子公司转入。

（四）业务需求及设计过程

通过对广州伟达电子有限公司付款名录的分析，并对本地供应商进行上门调查发现，大部分供应商与广州伟达电子有限公司的货款结算期长达4个月，对广州伟达电子有限公司的应收账款几乎侵占了其所有的营运资金，并且多数供应商的生产厂房是租赁的，向银行申请融资困难。得知这一市场需求，银行积极开始行动，设计对应融资产品。

广州伟达电子有限公司对银行的综合贡献较大，在银行资质较好，并已认定为银行的核心企业。针对其供应商多为境内企业、对广州伟达电子有限公司应收账款账期长达4个月、无自有土地厂房、资金周转困难有较大融资需求的基本情况，银行首先便想到了基于核心企业供应链下的国内贸易融资业务。因主要涉及应收账款业务，所以银行初步确定了国内发票融资和国内保理两个融资业务。在实际操作中，银行在办理该项业务是以不给广州伟达电子有限公司财务增加任何工作量为前提的，由于保理业务管理要求涉及应收账款转让，需向广州伟达电子有限公司书面确认与通知，因此操作较为困难。银行在对广州伟达电子有限公司长期维护中得知其有一套非常完善的原料采购系统，每一个供应商都必须成为这一系统的会员，才可以与广州伟达电子有限公司进行交易，系统中详细准确地记录着每一个供应商的订单情况、应收账款情况等，每个供应商可通过自己的口令进行报价接单、发票录入、应收账款查询等操作。银行可利用该系统有效地核实发票所对应的应收账款的真实性，并可准确确定应收账款的金额和到期日，对供应商的货款回笼进行有效监管。另外，广州伟达电子有限公司也同意在收到其供应商递交的与银行有融资业务的证明文件以及修改收款账号的申请后，会积极协助调整供应商收款账号，大大减少了该业务的风险。

三、业务方案

经过实际操作，该业务最后确定为：以对银行核心客户广州伟达电子有限公司的应收账款作为质押的国内发票融资业务，业务方案为：

（1）对象：广州伟达电子有限公司境内供应商。

（2）特点：融资门槛低、融资成本低、融资速度快。

（3）企业申请融资流程：①在银行开户；②企业认定，建立信贷关系；③评级；④按具体应收账款余额确定授信额度并完成授信；⑤提交借款申请及应收账款对应的发票；⑥提供广州伟达电子有限公司采购系统口令核实发票对应的应收账款；⑦签订国内发票融资业务合同（两方协议）、质押合同、应收账款监管协议、借据等；⑧质押登记、签批流程并放款；⑨向广州伟达电子有限公司提交更改收款账号申请；⑩监管货款回笼，待融资对应收款项到账，立即归还贷款。

四、业务成效

该业务推广以来，扩大了银行信贷业务范围，提高了银行中小企业市场竞争优势，降低了中小企业借款门槛，受到了广大中小企业的好评，同时也推动了银行资产业务结构的合理化转型，有效地降低了银行资产业务风险。银行已与7家中小企业达成了合作意向，已有6家公司在银行开户，四家公司完成了在银行的评级授信，3家公司每月与银行发生融资业务，两家公司在银行申请开立了100%保证金关税保函。通过对这几家公司的融资支持，银行获得了这几家公司对广州伟达电子有限公司的稳定的货款回笼，目前这几家公司在银行存款余额一直保持在1000万元左右，同时带动了银行其他业务产品的发展，如企业网上银行、代发工资、法人理财等，增加了银行的中间业务收入。

五、讲师点评

该业务的推广有效地丰富了银行的国内融资方式和手段，有效调整了融资结构，有效提升了与同行业之间的竞争能力，有效降低了融资风险，有效扩展了业务市场与范围，有效带动了一大批企业成为银行业务的忠实客户。

建立个人的品牌。不管是在行内，还是行外。我们每个人都应该打造自己的核心竞争力，让审批人员认为你办事可靠。让客户认同你，觉得你办理有序，愿意与你交往。

银行是替客户管理资金业务的生意人，取得行内和行外的信任是做成生意的第一前提。

第十四课　如何从预收账款中发现营销机会

> 真正的好企业，从下游经销商那里获得融资，而不是从银行获得融资。只要给下游经销商适度补贴，下游客户就会不断提前打款。海尔、贵州茅台等强势企业无不是要求企业提前付款，从下游获得类融资。

【概念】

预收账款指企业按照合同规定或交易双方之约定，而向购买单位或接受劳务的单位在未发出商品或提供劳务前支付的账款。一个企业的强大和快速发展，并不是由企业产品质量决定的，而是由企业的商业模式决定的，商业模式决定成败。

【分析】

应收销售 ⇒ 现款结算 ⇒ 预收销售

图 14-1　预收账款

表 14-1　结算

现款结算	既定的现行价格政策
预收结算	核心企业需要提供价格折扣；核心企业产品本身属于名牌产品

【分析】

我们举个培训中经常使用到的例子：

"你认为蒙牛厉害，还是三元厉害？"

我们的培训学员都一口同声说，"蒙牛厉害"。

"那么，你认为，是蒙牛的质量好，还是三元牛奶的质量好？"

这回，学员没有回答，都在错愕。

是的，蒙牛的商业模式远远强于三元牛奶，所以蒙牛远远比三元强势。因此，蒙牛用10年的时间成为一代乳业之王。

而蒙牛的强大商业模式由有效的广告、市场推广策略、销售模式、金融资源运用等策略组成，这里面有银行的强大功劳。

预收账款有时候不是企业特别强势的原因产生，而是由企业的商业模式决定。我们一直认为，银行客户经理不应成为一个信贷员，简单地为企业提供一些信贷业务的经办，而应真正担当企业的财务顾问，能够为企业提供经营模式诊断、金融资源使用策划、商业模式设计等服务，体现真正融资之外的含金量，提高银行服务的附加值。

【分析】

交易是有风险的，特别是在首次与不熟悉的客户进行交易或认为客户的信用状况不佳、存在拒付风险的交易事项时，企业往往采取先款后货的交易方式。先款后货通常有几种方式：一是全额先款后货，即通常的收多少钱，发多少货。二是先预收一定比例的款项，收到头款后发货，待客户收到货后再收尾款或依其他约定方式收款。是先收款还是先发货，往往取决于交易双方的信任以及标的物的紧俏程度，即要看这个交易是处于买方市场还是卖方市场。预收的款项可能还具有定金或保证金的性质，这要看双方在合约中如何约定。采取预收方式销售物品或提供劳务是最安全的交易方式，因为这不会产生坏账，但企业也可能会因此而失去一些业务拓展的机会。

【预收账款与应收账款关系】

预收账款与应收账款的共同点是：两者都是企业因销售商品、产品、提供劳务等，应向购物单位或接受劳务单位收取的款项。不同点是：预收账款是收款在先，出货或提供劳务在后，而应收账款是出货或提供劳务在先，收款在后，预收账款是负债性质，应收账款是债权类资产性质。

【哪些客户有预收账款】

产品畅销，企业对下游企业处于强势地位的客户都会有大量的预收账款，例如白酒行业中的贵州茅台、五粮液，钢铁企业中的宝钢股份、鞍钢股份等企业，家电企业中的格力电器、美的电器等公司。

这类公司的商业模式一般都是"生产厂商+经销商"模式，生产企业对经销商处于绝对强势地位，经销商按照厂商的销售政策，必须向厂商支付预付款，因此，厂商产生了大量的预收账款。

【如何帮助企业制造预收账款】

保住核心厂商制造预收账款最有效的工具是未来货权融资产品，包括保兑仓和未来货权质押融资（厂商银），通过这类融资，会给银行带来非常可观的存款收益。

银行客户经理应积极引导客户使用我们的保兑仓和未来货权质押产品。切记，营销中应当注意顺序，首先营销保兑仓产品，这个产品对银行的保障程度最好；如果客户不接受回购条件，再营销未来货权质押这个产品。要从对银行最有利的方式去营销银行产品。

【案例】

唐山冀东水泥股份有限公司关于开展保兑仓业务

本公司及董事会全体成员保证公告内容的内容真实、准确、完整，没有虚假记载、误导性陈述或者重大遗漏。

一、担保情况概述

为促进公司产品的销售与回款，公司拟与客户、华夏银行、兴业银行合作开展保兑仓业务，××××年度拟为保兑仓业务提供不超过21000万元的担保，其中，为本次保兑仓业务提供13440万元的担保。并授权董事长代表公司签署有关的合作协议。

保兑仓业务模式实质上是客户按融资总额的一定比例向银行存入保证金，银行将全部融资额以承兑汇票形式交付给公司，公司为客户提供银行承兑汇票保证金以外差额部分的融资担保。本次办理保兑仓业务，公司为客户提供了13440万元的连带责任保证。具体为客户提供担保额度如下：

表14-2 担保额度

序号	客户名称	担保金额（万元）
1	天津住总商品混凝土中心	1750.00
2	天津城建九混凝土有限公司	1400.00
3	天津京辉混凝土有限公司	1400.00
4	天津滨涛混凝土有限公司	1400.00
5	天津市中凝佳业混凝土有限公司	1400.00
6	天津欣洲万隆商贸有限公司	1400.00
7	天津盛和诚信混凝土有限公司	700.00
8	天津双良混凝土有限公司	700.00
9	天津铁建永泰新型建材有限公司	700.00
10	唐山昌坤商贸有限公司	700.00
11	天津宏瑞混凝土有限公司	700.00
12	天津华跃基业混凝土有限公司	700.00
13	天津看丹合力混凝土有限公司	490.00
合计		13440.00

鉴于保兑仓业务同时属于公司对外担保业务，为了保证本公司的合法权益，保兑仓客户为本次对外担保提供了相关资产抵押、第三方反担保。本公司授权期限为×××年年度股东大会通过之日到×××年年度股东大会召开之日。

上述公司开展保兑仓业务的议案经公司第六届董事会第三十三次会议审议通过，鉴于公司对外担保累计总额已经超过公司最近一期经审计净资产的50%，上述担保尚需经公司×××年年度股东大会审议通过。

二、被担保客户基本情况

（一）天津住总商品混凝土中心

注册地点：天津市朝阳区十里堡壁板厂1号北段。

法定代表人：段伯强。

注册资本：2562.54万元。

经营范围：生产混凝土、建筑材料。销售混凝土、建筑材料、土建试验。

截至×××年12月31日，天津住总商品混凝土中心资产总额为40612万元，负债总额为35083万元，资产负债率为86.4%，净资产为5529万元，××××年度，实现营业收入达46901万元，实现净利润360万元。

该公司与本公司不存在任何关联关系。

（二）天津城建九混凝土有限公司

注册地点：天津市海淀区什邡院甲1号。

法定代表人：施亚兵。

注册资本：2000万元。

经营范围：制造混凝土、混凝土防冻剂、混凝土高效减水剂。

截至×××年12月31日，天津城建九混凝土有限公司资产总额为10242万元，负债总额为7362万元，资产负债率为71.9%，净资产为2880万元，××××年度，实现营业收入达16517.9万元，实现净利润8.3万元。

该公司与本公司不存在任何关联关系。

（三）天津京辉混凝土有限公司

注册地点：天津市丰台区花乡白盆窑村南1号乙。

法定代表人：汤国辉。

注册资本：2000万元。

主营业务：货物专用运输；专业承包；销售建筑材料、装饰材料、金属材料、机械设备、电气设备、混凝土添加剂（国家有关部门另需审批的项目除外）；建筑机械设备租赁。

截至×××年12月31日，天津京辉混凝土有限公司资产总额为29838万元，负债总额为15714万元，资产负债率为52.7%，净资产14124万元，××××年度，实现营业收入15945万元，实现净利润1281万元。

该公司与本公司不存在任何关联关系。

（四）天津市滨涛混凝土有限公司

注册地点：宝坻区尔王庄乡西杜庄。

法定代表人：杜兴来。

注册资本：2000万元。

主营业务：预拌商品混凝土；普通货物运输；建筑材料、民用钢材、汽车配件、五金、交电、化工产品（危险品、易制毒品及含金银产品除外）、纺织品（批发兼零售）；室内外装饰；与建筑工程设施配套的线路、管道、设备的安装；

混凝土预制构件制造；土石方工程（国家规定许可证资质证或有关部门审批的项目经营资格及限期以证或审批为准）。

截至×××年12月31日，天津市滨涛混凝土有限公司资产总额为35375万元，负债总额为31071万元，资产负债率为87.8%，净资产为4304万元，×××年度，实现营业收入达36600万元，实现净利润达991.2万元。

该公司与本公司不存在任何关联关系。

（五）天津市中凝佳业混凝土有限公司

注册地点：天津市西青区中北镇雷庄村内。

法定代表人：郭向英。

注册资本：2000万元。

经营范围：商品混凝土制造、销售。

截至×××年12月31日，天津市中凝佳业混凝土有限公司资产总额为21259万元，负债总额为16653万元，资产负债率为78.3%，净资产为4672万元，×××年度，实现营业收入达35826万元，实现净利润达766万元。

该公司与本公司不存在任何关联关系。

（六）天津欣洲万隆商贸有限公司

注册地点：塘沽区好望角商界A区-8。

法定代表人：刘宏伟。

注册资本：2000万元。

经营范围：水泥制品、建筑材料、机电产品批发兼零售；土石方工程；建筑安装；国内货运代理服务。国家有专营专项规定的按专营专项规定办理。

截至×××年12月31日，天津欣洲万隆商贸有限公司资产总额为6066万元，负债总额为1757万元，资产负债率为28.9%，净资产为4890万元，×××年度，实现营业收入达26865万元，实现净利润达499万元。

该公司与本公司不存在任何关联关系。

（七）天津盛和诚信混凝土有限公司

注册地点：天津市朝阳区孙河乡北甸村和平构件厂院内。

法定代表人：司光明。

注册资本：2500万元。

经营范围：制造、加工商品混凝土、小型混凝土构件、轻体转。

截至×××年12月31日，天津盛和诚信混凝土有限公司资产总额为12192万元，负债总额为5330万元，资产负债率为43.7%，净资产为4362万元，××××年度，实现营业收入达23565万元，实现净利润达1499万元。

该公司与本公司不存在任何关联关系。

（八）天津双良混凝土有限公司

注册地点：天津市朝阳区双桥路9号。

法定代表人：牛明群。

注册资本：2150万元。

经营范围：制造、加工商品混凝土。

截至××××年12月31日，天津双良混凝土有限公司资产总额为10300万元，负债总额为5941万元，资产负债率为57.7%，净资产为4359万元，××××年度，实现营业收入达7362万元，实现净利润达467万元。

该公司与本公司不存在任何关联关系。

（九）天津铁建永泰新型建材有限公司

注册地点：天津市通州区张家湾镇三间房村村委会北1500米。

法定代表人：朱慧。

注册资本：1000万元。

经营范围：加工制造商品混凝土。

截至××××年12月31日，天津铁建永泰资产新型建材有限公司资产总额为6159万元，负债总额为4184万元，资产负债率为67.9%，净资产为1941万元，××××年度，实现营业收入达9042万元，实现净利润达1572万元。

该公司与本公司不存在任何关联关系。

（十）唐山昌坤商贸有限公司

注册地点：唐山路北区学院路23号。

法定代表人：王纪柱。

注册资本：600万元。

经营范围：钢材、铜铝材、通用及专用设备、办公设备、文具用品、五金、果菜批发、销售；建筑工程机械租赁、维修。

截至××××年12月31日，唐山昌坤商贸有限公司资产总额为7788万元，负债总额为2452万元，资产负债率为31.5%，净资产为5335万元，××××年度，实现营业收入达8752万元，实现净利润达671万元。

该公司与本公司不存在任何关联关系。

（十一）天津宏瑞混凝土有限公司

注册地点：塘沽区闸南路（大东化工厂院内）。

法定代表人：张淑华。

注册资本：2000万元。

经营范围：预制商品混凝土生产、销售、泵送；混凝土试验；建筑材料批发兼零售。国家有专项专营规定的按规定执行。

截至××××年12月31日，天津市宏瑞混凝土有限公司资产总额为14185万元，负债总额为7781万元，资产负债率为54.8%，净资产为3924万元，××××年度，实现营业收入达23754万元，实现净利润达1432万元。

该公司与本公司不存在任何关联关系。

（十二）天津华跃基业混凝土有限公司

注册地点：天津开发区第二大街27号A座203室。

法定代表人：霍跃华。

注册资本：1200万元。

经营范围：预制商品混凝土泵送、生产、销售；混凝土制品销售；混凝土外加剂生产销售；基础、市政建筑工程。

截至××××年12月31日，天津华跃基业混凝土有限公司资产总额为7402万元，负债总额为4400万元，资产负债率为69.2%，净资产为3002万元，××××年度，实现营业收入达8232万元，实现净利润达802万元。

该公司与本公司不存在任何关联关系。

（十三）天津看丹合力混凝土有限公司

注册地点：天津市丰台区看丹村看杨路。

法定代表人：耿辉。

注册资本：2000万元。

经营范围：货物运输（罐式）；预拌商品混凝土专业贰级；建筑设备租赁；销售建筑材料、装饰材料。

截至××××年12月31日，天津看丹合力混凝土有限公司资产总额为10300万元，负债总额为3673万元，资产负债率为35.7%，净资产为6663万元，××××年度，实现营业收入达9004万元，实现净利润达905万元。

该公司与本公司不存在任何关联关系。

三、被担保客户为本公司提供的反担保情况及担保合同内容情况

1. 反担保情况

表14-3 反担保情况

客户名称	客户反担保情况
北京住总商品混凝土中心	北京市住宅建设设备物资公司提供担保
北京城建九混凝土有限公司	提供房产及车辆抵押登记、提供天津翰林伟业投资有限公司担保
北京京辉混凝土有限公司	天津泓辉典当行、鄯善鑫益铁业公司提供担保
天津滨涛混凝土有限公司	天津怀友房地产有限公司提供担保
天津市中凝佳业混凝土有限公司	东兆长泰投资集团有限公司提供担保
天津欣洲万隆商贸有限公司	天津欣洲万通混凝土有限公司、天津志达混凝土搅拌有限公司、唐山新诚运输有限公司及刘宏伟个人提供担保
北京盛和诚信混凝土有限公司	提供车辆抵押登记
北京双良混凝土有限公司	提供房产及车辆抵押登记
北京铁建永泰新型建材有限公司	提供车辆抵押登记
天津宏瑞混凝土有限公司	天津市第五建筑工程有限公司、天津泰富置业有限公司、天津永信担保咨询有限公司提供担保
天津华跃基业混凝土有限公司	中冶天工建设有限公司提供担保
唐山昌坤商贸有限公司	唐山市金马启新水泥有限公司提供担保
北京看丹合力混凝土有限公司	提供车辆及房产抵押登记

2.《担保合同》的主要内容由公司、客户及银行三方共同协商确定

四、董事会意见

公司办理保兑仓业务是为了促进公司产品的销售与回款。天津住总商品混凝土中心等13家客户与本公司合作都在三年以上，每年年末的货款回收率均为100%，上述客户对本公司的产品需求量大，供需关系稳定且客户为本次担保提供了资产抵押、第三方反担保。鉴于以上情况，董事会同意开展保兑仓业务，并为其提供担保。

五、累计对外担保数量及逾期担保的数量

公司实际担保金额为695196万元，占公司最近一期经审计净资产807949万

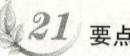

元的 86.04%。其中公司为子公司实际担保金额达 687461 万元，开展保兑仓业务对外担保金额为 7735 万元。

> 银行客户经理就是商人，我们首先出售自己的人品，客户接受我们的人品，愿意购买；其次出售银行的产品。人品成交在前，产品成交在后。

第十五课　如何阅读实收资本

> 实收资本是股东对企业看好最有力的证明，做企业就像一场只能赢不能输的游戏，只有股东敢玩这个游戏，银行等玩家才敢介入。

分析实收资本的实用技巧：

第一，核查入资的真实性。要求企业提供公司章程、合同、批件，对照法律法规检查是否合法合规。提供验资报告，重点检查客户"实收资本"入账金额与所附原始凭证是否一致。对于货币资金出资，应检查开户银行的进账单缴款凭证或转账支票，金额币种是否与合同、章程规定一致。对于非货币资金出资，应检查实物的发票、产权日期、财产移交证明、验收手续以及评估报告等。

第二，核查入资的合法性。检查客户筹资的方法、手段和金额是否符合国家的有关法律、法规和政策的规定。

第三，核查无形资产的有用性和有效性。如在检查投资者投入的专利权时，看是否提供专利证书、注册证书，价值是否评价合理。

实收资本是企业永久性的资金来源，它是保证企业持续经营和偿还债务的最基本的物质基础、是企业抵御各种风险的缓冲器。实收资本越充足，企业承担各种风险的实力就越强。从银行分析的角度，实收资本越大越好。

实收资本也存在缺陷，而降低了企业的杠杆比率，会影响股东的回报。

【风险控制】

很多企业的造假方法，在前期股东提供资金完成验资后，企业采取在其他应收款列支方式，将验资资金采取委托贷款等方式划拨给股东方，等于注册了一个空壳公司。然后，在当地银行贷款，使用银行贷款完成项目。很多知名的民营房地产公司、民营公司多采取这种方式。银行客户经理要注意防范这类风险。

【分析】

银行给企业提供信贷资金，就等于参与了企业的商业运作游戏，必须非常清楚游戏规则，而企业股东投入的实收资本等于投入商业游戏的本金，只有股东方有信心，银行才会有信心。

【营销建议】

对于一些优质的项目，当股东方资金实力不足时，银行可以采取与信托公司合作的方式，为项目筹集资本金。信托计划的退出方式是股东到期的回购信托计划，这类信托计划作为项目资本金的过桥融资。

【案例】

华夏幸福基业股份有限公司关于下属子公司九通投资、蒲江鼎兴拟签署《股权收购协议》的公告

交易内容：华夏幸福基业股份有限公司（以下简称"公司"）全资子公司九通基业投资有限公司（以下简称"九通投资"）、蒲江县鼎兴园区建设发展有限公司（以下简称"蒲江鼎兴"）拟与深圳平安大华汇通财富管理有限公司（以下简称"平安大华"）签订《股权收购协议》，九通投资拟收购平安大华持有的蒲江鼎兴 45.45% 股权，股权转让价款为 1048697867.61 元。本次交易未构成关联交易。

本次交易无须提请公司股东大会批准。

一、交易概述

经公司 2017 年 8 月 17 日召开的第六届董事会第二十次会议审议批准，九通投资、蒲江鼎兴与平安大华签署《增资协议》，约定平安大华以其设立的专项资产管理计划项下委托财产向蒲江鼎兴增资不超过 10 亿元，其中 5 亿元用于增加蒲江鼎兴的注册资本，剩余部分计入蒲江鼎兴的资本公积。本次增资完成后，平安大华持有蒲江鼎兴 45.45% 的股权（详见公司 2017 年 8 月 18 日刊登在上海证券交易所网站（www.sse.com.cn）上的公告，公告编号为临 2017－237）。

根据上述的《增资协议》，平安大华向蒲江鼎兴实际增资 9.9976 亿元，其中，5 亿元计入注册资本，剩余部分计入资本公积。现经各方友好协商，九通投

资拟收购平安大华持有的蒲江鼎兴 45.45% 股权。

二、交易决议情况

公司于 2018 年 4 月 27 日召开第六届董事会第四十次会议，审议通过了《关于下属子公司九通投资、蒲江鼎兴拟签署的议案》，同意九通投资、蒲江鼎兴与平安大华签署《股权收购协议》（以下简称"本协议"）。

三、交易对方的基本情况

公司名称：深圳平安大华汇通财富管理有限公司。

法定代表人：罗春风。

注册资本：20000 万元。

注册地址：深圳市前海深港合作区前湾一路 1 号 A 栋 201 室。

成立日期：2012 年 12 月 14 日。

经营范围：特定客户资产管理业务和中国证监会许可的其他业务。

股东情况：平安大华基金管理有限公司持股 100%。

四、交易标的情况

（一）本次交易的标的：蒲江鼎兴 45.45% 股权

（二）蒲江鼎兴的基本情况

公司名称：蒲江县鼎兴园区建设发展有限公司。

成立日期：2017 年 2 月 28 日。

注册地址：成都市蒲江县寿安镇迎宾大道 88 号 1 栋 1-4 层。

法定代表人：赵威。

注册资本：110000 万元。

经营范围：园区基础设施建设与管理；园区产业服务；招商代理服务；土地整理。

股权结构：九通投资持有蒲江鼎兴 54.55% 股权，平安大华持有蒲江鼎兴 45.45% 股权。

五、股权转让协议的主要内容

（一）交易各方

甲方（转让方）：深圳平安大华汇通财富管理有限公司。

乙方（受让方）：九通基业投资有限公司。

确认方：蒲江县鼎兴园区建设发展有限公司。

（二）平安大华将其拥有的蒲江鼎兴 45.45% 的股权（即标的股权）转让给九通投资。

（三）标的股权的转让价格及支付期限

标的股权转让价款为 1048697867.61 元。九通投资应于 2018 年 5 月 19 日将股权收购价款支付至平安大华。

（四）标的股权交割

平安大华应于收到全部股权转让对价后，配合九通投资和蒲江鼎兴办理工商变更登记手续。

六、本次股权收购对公司的影响

本次股权转让系九通投资、平安大华和蒲江鼎兴签订的《增资协议》的后续事项，平安大华的增资为蒲江鼎兴补充了流动资金，推进了蒲江鼎兴旗下项目开发建设进度。本次股权收购完成后，平安大华将不再持有蒲江鼎兴的股权，蒲江鼎兴将成为九通投资全资子公司。

说明：以上案例选自公开网站。

> 人进入职场，就如身入江湖，必须一往无前，与其像个无名小卒一样落寞地老去，不如奋不顾身杀出一片江湖。客户就是"江湖"，授信产品就是"手中剑"，既然选择江湖，就需要仗剑走天涯，杀出一片天地。

第十六课　如何从表外负债发现营销机会

> 好企业，应当从表内负债向表外负债发展，适度加杠杆，争取更多资源；
> 差企业，应当从表外负债向表内负债发展，适度收缩，先活下来再说，再图将来。

【概念】

资产负债表外融资是指不需列入资产负债表的融资方式，即该项融资既不在资产负债表的资产方表现为某项资产的增加，也不在负债及所有者权益方表现为负债的增加。

表外融资是一种很隐性的融资方式，可以采取很隐蔽的方式帮助企业筹集大量的资金，而这种融资方式，并不体现在资产负债表中，可以帮助企业的资本市场继续融资。很多具备激情的企业（例如上市公司、拟上市公司、大型民营企业）往往对这种表外融资方式非常感兴趣。

【分析】

表 16-1　表外融资

表内负债	表外负债	隐性表外负债
借款	隐性担保	带回购性质股权融资
发债	（保兑仓、回购）	强制分红条款权益
银行承兑汇票	国内信用证	投票权授予第三方负债
委托贷款	融资租赁	永续债
	资管计划	

【表外负债的种类】

1. 保兑仓回购担保项下的负债

核心厂商对经销商在银行提供的融资提供回购担保，这种融资，由核心厂商提供回购担保，核心厂商承诺一旦经销商违约不能归还银行贷款，由核心厂商归还。这种融资等于是核心厂商的隐性负债。这类融资由于不需要对外披露，所以有很强的隐蔽性，银行应高度注意。由于保兑仓项下的回购担保，核心厂商和经销商及银行签订了《三方合作协议》，因此，保兑仓项下，对核心厂商的约束力非常大，仅次于连带责任担保。

2. 对外的担保

担保项目的时间长短不一，有的涉及企业的长期负债，有的涉及企业的短期负债。在分析企业长期偿债能力时，应根据有关资料判断担保责任带来的潜在长期负债问题。

3. 企业签发的国内信用证

企业签发的国内信用证属于企业的标外融资项目，具备很强的隐蔽性，这类融资对于企业而言属于刚性负债，到期必须兑付。银行必须对这类融资高度注意。国资委对旗下监管的中央企业提出的负债率不得超出一定比例的要求，因此，很多中央企业都采取了使用国内信用证的手段，以降低负债总额，避免直接使用贷款或签发银行承兑汇票被计入表内，达到既使用了银行授信，同时又不引起资产负债率的上升。

4. 融资租赁项下负债

一些企业出现危机往往是因为表外负债，比如一些企业购置长期固定资产，不向银行贷款，而通过租赁公司进行经营性资产的租赁方式获得资产等。通过这种方式，规避在资产负债表中反映过多银行贷款。但是，在超出自身偿债能力基础之上过度融资，很容易导致资金链断裂。

因此，一个明显需要大规模固定资产的企业，其固定资产极少，此时要分析企业真实融资的意图，如果企业通过租赁公司大量租入设备，减少银行贷款，那么因为自身是上市公司，为满足监管要求，或者配股、增发等要求，这种理由可以接受。比如，中国在海外上市的公司（中国移动、中国神华等），如果要向银行贷款，需要董事会通过，贷款的规模要符合证交所的监管规定等，这些红筹公司购置大型设备的时候，一般采取租赁方式。如果企业采取租赁方式，降低现有贷款规模，是为了获得更多的银行贷款，则一定要小心。

以上保兑仓回购担保项下的负债、对外的担保两项或有负债属于自然发生项目，可能会给企业带来收益或损失，但现在还无法肯定发生的项目。或有项目的特点是现存条件的最终结果不确定，对它的处理方法取决于未来的发展。或有项目一旦发生就会影响企业的财务状况，因此企业不得不对它们予以足够的重视，在评价企业长期偿债能力时也要考虑它们的潜在影响。

国内信用证、融资租赁项下负债为企业的真实负债，只是目前因为企业报表的项目限制，还只能放在标外项目，但这些负债一定会发生。例如国内信用证到期必须解付，租赁的设备等到期必须支付租金，属于刚性负债，这两个指标对企业的现金流影响极大，必须高度重视。

【企业的动机】

企业之所以想方设法把某些负债从资产负债表上抹去，主要是出于以下一些考虑。

1. 可以规避借款合同的限制

很多银行对一些负债较高的借款人往往提出特殊要求，借款合同往往对借款人增添债务明确规定的各种限制，如规定不得突破某一资产负债比率。于是，借款人便设法置债务于表外。然而拟定借款合同的债权人也越来越精明，他们也逐步对表外融资因素加以考虑，将其与表内债务同等看待。这种压力同时又进一步"催生"了新的、更富有创造精神的融资方式。

2. 美化报表的要求

一家企业若负债比率较高，就会引起债权人的关注，若企业同时将等量资产和负债从资产负债表中抵消，就能降低负债比率。同时，从资产负债表中抵消，就能降低负债比率。另外，可能的原因是企业与现行的债权人订有必须限制负债水平的协议，表外融资就可作为绕过这一限制的手段。

【营销建议】

一个优秀的银行客户经理必须清楚每项银行产品能够给企业带来哪些利益，要切实分析清楚企业最关心什么，从企业最关心的利益入手营销银行产品。

表外融资对于一些希望上市的公司、已经上市的公司都非常适用，银行客户经理要清楚这些产品的营销要点。

【案例1】

融资租赁

天津市保税区管委会、天津渤海租赁有限公司、银行天津分行三方代表共同签署总额为36亿元的天津空客厂房融资租赁创新项目合作协议，这是天津市金融创新以来完成的最大一笔基础设施融资租赁业务。

天津港保税区投资30亿元建设空客厂房租赁给空客公司，保证了空客飞机工厂的顺利交付。通过此次融资，不但可以进一步扩大投资规模，保证重点项目的进展，而且对滨海新区的开发开放起到了积极的拉动作用。

天津空客厂房融资租赁项目的完成，创新了我国基础设施租赁的商业模式，开拓了国内租赁业的经营领域，推动政府基础设施投资的创新。

【案例2】

中国新华铁路物资有限公司国内信用证

中国新华铁路物资有限公司是一家特大型国有企业，银行评价为A级，注册资金4.7亿元。公司前身是铁道部上海物资办事处，是国务院国有资产监督管理委员会直接管理的中国铁路物资总公司的全资子公司，总部设在上海，是集国内外贸易、仓储物流于一体的现代商贸流通企业。

在中国新华铁路物资有限公司负债中，应付票据高达21.5亿元，占其负债总额的60%以上，主要原因是公司主要采用银行承兑汇票结算方式，这直接导致了企业资产负债率高达90%。而自××××年央企启动绩效考核体制后，将E/A（单位资产收益率）及资产负债率情况作为了考核的重要指标之一。因此，公司对于改善报表需求强烈。此外，市场票据贴现利率的持续攀高，也大大增加了企业整个业务链条的财务费用支出。基于客户年度审计前较为迫切的财务报表改善意愿及持续的融资需求，银行向公司重点推介了国内信用证融资方案，该方案基于中国新华铁路物资有限公司稳定的产业交易链条，利用中国新华铁路物资有限公司核心企业地位，为其向上游供应商进行采购提供国内信用证结算方式来取代传统银行承兑汇票结算方式。

第十六课 如何从表外负债发现营销机会

中国新华铁路物资有限公司原在银行有3.5亿元银行承兑汇票额度，公司将1亿元银行承兑汇票额度串用为国内信用证开立额度，在××××年11月，中国新华铁路物资有限公司在一个月内在银行开立国内信用证4笔，累计开证金额达8859万元，实现中间业务收入40多万元。

```
中国新华铁路物资有限公司与B公司订立购销合同，约定的付款期限为中国新华铁
路物资有限公司出具货物收据后180天，以国内信用证作为结算方式
                            ↓
依据双方贸易合同，中国新华铁路物资有限公司向银行申请开立国内信用证
受益人：B公司
付款期限：货物收据签发后180天
要求单据：B公司出具的增值税发票正本一份；中国新华铁路物资有限公司为B公
司出具的货物收据等
                            ↓
银行根据中国新华铁路物资有限公司申请，开立国内信用证，信用证付款期限为签发
货物收据后180天，并向B公司通知国内信用证
商品名称：钢材
                            ↓
B公司根据收到的国内信用证后制作单据，包括正本增值税发票、收货凭证等
                            ↓
银行向中国新华铁路物资有限公司提示单据，中国新华铁路物资有限公司确认后，向
B公司承兑
                            ↓
B公司获得承兑后，与银行签署《议付协议》《议付申请书》、基础交易合同、授信
人基础资料、贷款卡信息等融资放款需要的材料，银行审核材料后议付融资放款
                            ↓
信用证到了付款日，中国新华铁路物资有限公司向银行支付信用证款项，该款项直接
归还B公司议付融资款项
```

图16-1 操作流程

> 帮助客户赚钱是维护客户的最好方法，客户赚到钱了，存款自然会滚滚而来。授信产品是银行产品"百花园"中的牡丹，为王中之王，是客户扩大生意的本钱。要利用授信产品去开拓客户，千万不要迷失在银行纷繁芜杂的产品花园中。

第十七课　如何阅读资产负债表

> 资产负债表就是一张静态照片，你是帅哥还是美女，一目了然。如果你喜欢表面的"高富帅""白富美"，一观便可。

【概念】

资产负债表是反映企业某一特定日期财务状况的会计报表。

它是根据资产、负债和所有者权益之间的搭积木结构，按照一定的分类标准和一定的顺序，将企业在某一特定日期的资产、负债和所有者权益各项目予以适当排列。

它反映的是某一会计期间经营活动静止后企业拥有和控制的资产、需偿付的债务及所有者权益的金额，它是一张静态的时间报表。

资产负债表是企业对外提供的主要会计报表之一，用以反映企业在某一特定日期（一般是在月末、季末、年末）财务状况的会计报表。它表明企业在这一特定时日所拥有或控制的经济资源、所承担的现有及潜在的义务和所有者对净资产的要求权。通过对该表分析，可识别该企业拥有或控制的经济资源的规模及构成、资产质量状况、企业的偿债能力、企业所有者权益构成及财务稳健性和弹性、企业资本金保全及增值情况，等等。

【分析】

银行客户经理要高度注意：资产规模不是越大越好，而是越有效越好。我们评价企业要看资产是否有效、能否给企业带来足够的现金流。

例如，很多经销商资产规模较小，但是这类客户持有的商品变现性极好，为煤炭、汽车、钢材、铁矿石、石油、粮食、橡胶等企业制造现金流的能力非常强劲，这类客户就非常具备营销价值。

第十七课　如何阅读资产负债表

很多特大型制造类企业，资产规模虽然庞大，但制造现金流的能力较差，资产多为无效的机器和设备、厂房等，这类客户不要碰。

【分析】

负债企业借入的资源，资产是资源凝结后的成果。

负债就如同稻谷、小麦，资产就如同馒头、面包，企业经营者就如同加工师傅，加工师傅的能力决定了产出的是馒头还是面包。同样是钢板+橡胶，有些车厂造出来的是奔驰、宝马；有些车厂造出来的就是平庸的汽车。

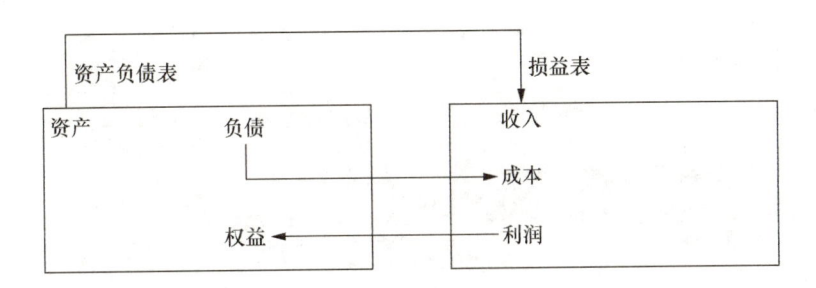

图 17-1　资产运用

资产运用会产生收入；使用负债，需要支付成本；经营结果产生的利润属于股东的权益。

【资产负债表作用】

（1）了解企业拥有或控制资源，分析、预测企业的短期偿债能力。企业的短期偿债能力主要反映在资产的流动性上。所谓流动性是指资产转换成现金，或负债到期清偿所需的时间，也指企业资财及负债接近现金的程度。企业的流动资产，除现金及银行存款可随时偿还负债外，其余流动资产变现越快，其流动性越强，偿债能力也越强。一般来讲，有价证券投资的流动性较应收票据和应收账款强，而应收账款又较存货变现能力较强。可见，通过对企业流动资产构成的分析，可以识别企业的短期偿债能力。短期偿债能力低，进而影响其长期偿债能力，所有者的投资报酬也没有保障，投资安全性也会受到威胁。

（2）了解企业资本结构，分析识别企业的长期偿债能力及稳健性。企业资本结构是指权益总额中负债与所有者权益相对比例、负债总额中流动负债与长期负债相对比例、所有者权益中投入资本与留存收益相对比例、负债与所有者权益相对比例的大小，直接关系到债权人和所有者的相对投资风险，以及企业的长期偿债能力。负债比重越大、债权人的风险越大，企业的长期偿债能力也越弱。相反，负债比重越小，企业长期偿债能力越强、债权人风险越小，企业财务越稳定。可见通过资本结构分析，可以识别企业的长期偿债能力及企业财务稳定性。

要学会坚强，学会百折不挠，学会适应在江湖中的挣扎。

第十八课　如何阅读利润表

> 利润表是一个企业经营能力的表现，西瓜就是比桃大，桃就是比杏大。对于利润不断连年攀升的企业，表明企业经营能力增强，需要不断外围资源，银行可以考虑不断追加贷款投放。你能够长大，我就不断给你浇水施肥。

【概念】

利润表又称损益表或收益表，是反映企业一定时期内经营成果的会计报表。它是把一定期间的营业收入与其同一会计期间相关的营业费用进行配比，以计算出企业一定时期的净利润（或净亏损）。由于利润是企业经营业绩的综合体现，又是进行利润分配的依据，因此利润表是会计报表体系中的主要报表。

【如何评估盈利质量】

衡量一家企业盈利质量很重要的指标是经营性现金净流量和净利润的比较。在极端条件下，假设公司的收入都是纯现金收入（或者银行入账），所有的成本都是现金（或者银行）付款，这种情况下净利润等于经营性现金净流量。

经营性现金净流量反映的是日常经营活动带给企业的现金净流量，是经营性现金流入和经营性现金流出的净值反映。净利润从损益的角度回答了企业本期是否盈利的问题，是所有收入抵减成本费用以及税金后的净利。

衡量一个企业盈利质量很重要的指标是经营性现金净流量和净利润的比较。在极端条件下，假设公司的收入都是纯现金收入（或者银行入账），所有的成本都是现金（或者银行）付款，这种情况下净利润等于经营性现金净流量。

1. 收入非现金收入，比如存在应收账款

应收账期越长，占用企业资金越多，对于企业都是一项成本，相当于企业为客户提供无息商业贷款。很多企业为了增加收入首先想到的办法就是放长账期，降低商务条件。

2. 支出属于预付支出

采购支出属于预付账款支出，会导致企业现金流急剧留出。

3. 营运资金模式

营运资金占用包括预付以及预收等款项。首先，一家企业是否有预收和预付与企业的商业模式是有关的。比如游戏行业的腾讯，典型的模式是充值，因此预收账款的变动反映了企业未来增长空间，因为预收款项会在服务提供的时候全部变成收入。预收款项的多少以及它们转化成收入的速度直接反映了企业未来收入。因此，游戏行业对预收款项的收取以及预收款的转化率管理是对企业收入管理的核心。

如果一个企业的经营性现金净流量能够满足他的资本性支出，说明企业可以自己造血以维持企业的发展。如果一个企业的净利增长大幅超过经营性净现金流增长，必须了解企业的资金回笼周期，因为如果没有外部融资支持，资金回笼出现问题时，任何一个风吹草动都会导致企业立即死亡。

【分析】

（1）单纯谈收入没有实际意义，必须看企业消耗了多少资源，包括显性的资源（包括原材料、贷款等）和隐性的资源（人工时间支出等）。

（2）银行一定要回避这样的客户：企业销售额很大，但现金流很差。这类企业销售基本都是赊销模式，而对应收账款没有科学有效的管理，导致企业出现大量的坏账，最终拖垮企业。

开办企业是为了赚钱，如果没有利润，再多的资产也是无济于事的。因此，对企业经济效益的分析显得尤为重要。企业的利润表恰好能够满足我们的要求，它记载了企业的收入和费用，揭示了企业的未来前景是否有能力为投资者创造财富。

【作用】

利润表的作用主要表现在以下几个方面。

1. 可据以正确评价企业各方面的经营业绩

利润表反映了企业在一定期间内的各种收入和成本费用的发生情况及其最终的财务成果状况。通过对利润表的分析可以确定企业在这一会计期间是取得了利润还是发生了亏损，同时，通过不同环节的利润分析，可准确地说明各环节的业绩，这有利于准确评价各部门和各环节的业绩。

2. 可据以及时、准确地发现企业经营管理中存在的问题

企业的损益是各项工作的收益与耗费的集中表现，企业的各项工作无不发生收益和费用，无不通过收益与费用的比较表现出来，企业的损益是反映企业生产经营情况的综合性指标。因此，通过对利润表的分析，可发现企业在各环节存在的问题，这有利于促进企业全面改进经营管理，不断提高管理水平。

3. 可据以分析和预测企业发展趋势和收益能力的重要依据

利润表提供企业营业利润、投资净收益和营业外收支等企业损益的明细情况，据此可以分析企业损益形成的原因，了解企业利润的构成。通过对利润表的分析，可以预测企业损益的发展变化趋势，预测企业未来的收益能力。

【收入的分析】

收入是企业在销售商品、提供劳务和让渡资产使用权等日常经营活动中产生的经营利益的总流入。在市场经济条件下，企业只有不断地增加收入、扩大利润，才能提高其偿债能力，筹集更多的资金，以扩大生产经营规模，提高其市场竞争力。

一是分析经常性收入比重。全部收入包括营业收入、投资收入和营业外收入，它有经常性业务收入和非经常性业务收入之分。经常性收入主要是营业收入，其一般具有持续发展能力，而基于偶发事项或间断性的业务引起的非经常性收入，即使在性质上是营业性的，其也是不稳定的。因此，对企业来说，经常性收入要始终保持一个较高的比例，可以通过其分析企业持续经营的能力大小。

二是有效收入比重。会计上的收入是依据权责发生制的原则来确认的。有可能出现这样一种情况：收入已经确认或体现在报表上了，但货款未收到甚至出现了坏账。这种收入，实际上就是无效收入。无效收入不仅不能为企业带来实际经济利益，而且会给企业带来经济损失。

【期间费用项目的分析】

1. 销售费用分析

销售费用的增减变动与营业收入的增减变动从长期看应该是方向相同、速度

相近。当营业收入的增速超过了销售费用的增速时，销售费用会显现出其必要性和一定的规模效应。

2. 管理费用分析

对于管理费用的分析我们应结合企业的总资产规模和销售水平进行。销售的增长会使相应的应收账款和存货规模扩大，资产规模的扩大会增加企业的管理要求，比如设备的增加、人员扩充等，从而增加管理费用。

3. 财务费用分析

财务费用是企业为筹集生产经营所需资金等而发生的费用，包括利息支出（减利息收入）、汇兑损失（减汇兑收益）以及相关的手续费等。其中，经营期间发生的利息支出构成了企业财务费用的主体。企业贷款利息水平的高低，主要取决于三个因素：贷款规模、贷款利息率和贷款期限。

（1）贷款规模。概括地说，如果因贷款规模的原因导致计入利润表的财务费用下降，则企业会因此而改善盈利能力，但是，我们还应该看到，企业可能会因贷款规模的降低而影响发展。

（2）贷款利息率和贷款期限。从企业融资的角度看，贷款利息率的具体水平主要取决于以下几个因素：一定时期资本市场的供求关系、贷款规模、贷款的担保条件以及贷款企业的信誉等。在利率的选择上，可以采用固定利率、变动利率或浮动利率等。可见，贷款利率中，既有企业不可控制的因素，也有其可以选择的因素。在不考虑贷款规模和贷款期限的条件下，企业的利息费用将随着利率水平而波动。从总体上说，贷款期限对企业财务费用的影响主要体现在利率因素上。

企业的利率水平主要受一定时期资本市场的利率水平的影响。我们不应对企业因贷款利率的宏观下调而导致的财务费用降低给予过高的评价。

财务费用是由企业筹资活动而发生的，因此在进行财务费用分析时，应将财务费用的增减变动和企业的筹资活动联系起来，分析财务费用增减变动的合理性和有效性，发现其中存在的问题，查明原因，采取对策，以期控制和降低费用，提高企业利润水平。

【利润质量分析】

利润质量是指公司利润的形成过程及其利润结果的质量。利润质量的高低可以从利润的持久稳定性、风险性以及收现性等方面衡量。

高质量的利润应该表现为公司运转良好，公司利润的实现主要靠营业利润，同时，利润的实现能力为公司带来较强的支付能力，即能按时足额地缴纳税金、支付利息和股利等；反之，低质量的利润往往表现为公司运转不灵，公司利润的实现不是靠营业利润，公司利润对应的支付能力较差，利润的变动风险大。

下面我们从利润构成的角度分析利润的质量。

1. 营业利润

现行制度，营业利润是企业营业收入减去营业成本、营业税金及附加、销售费用、管理费用、财务费用、资产减值损失，再加上公允价值变动收益和投资收益后的余额。

营业利润是公司通过正常的营业活动创造的利润，非营业利润是营业活动以外形成的利润。营业利润的多少，代表企业的总体经营管理水平，从预期利润的持久性、稳定性角度看，营业利润质量通常应高于非营业利润的质量。营业利润的比例越高，总体利润的质量越高；反之，非营业利润的比例越高，总体利润的质量越低。

此外，还可以进一步分析营业利润中经营性业务利润与偶然业务利润之间的比例，经常性业务利润的比例越大则总体利润的质量越高，反之则越低。

衡量营业利润应与费用规模、管理水平、营销与产品质量、债务与筹资费用等方面相结合，进行综合分析。

2. 利润总额和净利润

企业的利润总额是由营业利润加上营业外收支净额等非营业利润组成的。净利润的数额等于利润总额减去所得税后的余额。

企业的非营业利润都是较少的，所得税也是相对稳定的，因此，只要营业利润较高，利润总额和净利润也会较高。当一个企业利润总额和净利润主要是由非营业利润获得时，则该企业利润实现的真实性和持续性应引起银行客户经理的重视。

（1）企业的利润总额是由营业利润、投资收益和营业外收支差额三个主要部分构成的。

营业利润越大越好。在企业有较大规模经营活动下，其正常经营期间的营业利润应该是企业利润的主要来源，营业利润持续、稳定地增长，意味着企业具有较好的盈利前景。当然，对于一些存在垄断经营企业，比如电厂、水厂、石油企业等，由于上游价格原材料上涨，而下游销售价格受到管制，导致经营性亏损仍可接受，只要这些企业经营现金流不断即可。

投资收益比例和变化应该与投资规模的变化及投资项目的效益性相连。投资收益不应占企业利润总额的过高比重。

至于营业外收支差额则是由偶发性的业务带来的，正常情况下不应作为利润的主要构成部分。

(2) 企业利润恶化有以下信号：

第一，应收账款规模不正常增加、应收账款平均收账期的不正常变长。产生这种现象，有可能是企业为增加其营业收入而放宽信用政策的结果。放宽信用政策，可以刺激企业营业收入立即增长。但是，企业也面临未来大量发生坏账风险。一个企业必须具备强大应收账款管理能力，能根据下游客户信誉状况，适度放账期。

第二，企业存货周转过于缓慢。企业存货周转过于缓慢，表明企业在产品质量、价格、存货控制或营销策略等方面存在问题。存货资金占用过多，将导致资产利用效率降低，引起企业过去和未来利息支出增加，发生过多存货损失及存货保管成本。

第三，企业变更会计政策和会计估计，通过这种人为政策的调整实现账面盈利。

第四，企业扩张过快，扩张的资金大量依靠贷款，又不能迅速实现规模生产，则有可能由于成本过高或者费用过大形成亏损，甚至拖垮企业。

第五，应付账款的规模不正常增加、应付账款平均付账期的不正常延长。如果企业的购货和销售状况没有发生很大的变化，企业的供货商也没有主动放宽赊销的信用政策，则企业应付账款的规模不正常增加、应付账款平均付账期的不正常延长，就是企业支付能力恶化、资产质量恶化、利润质量恶化的表现。

第六，企业业绩过度依赖非主营业务。

第七，企业过度举债。企业过度举债，除了发展、扩张性原因以外，还有可能是企业正常的经营活动，投资活动难以获得正常的现金流的支持。

第八，企业利润表中的经营费用、管理费用等项目出现不正常的降低。

客户经理真没有必要每个行业都做，在任何行业钻研5年就会成为这个行业的专家；钻研10年就会成为这个行业的权威；钻研15年就可能成为这个行业的标准！成为一个行业的专家，营销将事半功倍。

第十九课　阅读企业现金流量表

> 现金流量表是一个企业经营质量的反映，腾讯公司为什么如此受追捧，其现金流量极为惊人。
>
> 没有利润是难受的，没有现金流则是致命的。

对于银行而言，最有价值的分析是现金流量分析。企业靠现金流来偿还贷款，而不是固定资产。

【概念】

现金流量表是以现金为基础编制的，用以反映企业在一定会计期间现金和现金等价物流入和流出情况的会计报表。

只要是所在行业的领头羊，无不是现金流之王。部分企业 2017 年年报经营净现金流，如表 19-1 所示。

表 19-1　净现金流　　　　　　　　　　　　单位：亿元

美的电器	贵州茅台	上海汽车
244	221	243

1. 库存现金

库存现金是指企业持有的可随时用于支付的现金，即与会计核算中"现金"账户所包括的内容一致。

2. 银行存款

银行存款是指企业存在银行或其他金融机构、随时可以用于支付的存款，即与会计核算中"银行存款"账户所包括的内容基本一致。区别在于：如果存在银行或其他金融机构的款项中不能随时用于支付的存款，如不能随时支取的定期存款，则不应作为现金流量表中的现金，但提前通知银行或其他金融机构便可支取的定期存款，则包括在现金流量表中的现金。

3. 其他货币资金

其他货币资金是指企业存在银行有特定用途的资金，如外埠存款、银行汇票存款、银行本票存款、信用卡存款、信用证保证金、存出投资款等。

【分析】

表19－2　现金流分析

一、经营活动现金流	
经营活动现金流入	能力的验证
经营活动现金流出	成本管控能力反映
经营活动净现金流	经营活动综合能力评价
二、投资活动现金流	
投资活动现金流入	
投资活动现金流出	
投资活动净现金流	
三、筹资活动现金流	
筹资活动现金流入	外部融资渠道是否畅通
筹资活动现金流出	还款压力如何
筹资活动净现金流	与销售收入增长对比、与利润增长对比，看是否合理

（1）强大的企业一定是现金流量大，现金流量大的企业不一定是强大的企业。现金流量是一个企业综合实力的反映。美国的文化企业、德国的汽车工业，无不是世界之巅。

（2）其他货币资金是企业的血液，而经营性现金是唯一属于企业自身健康发展的血液，筹资性现金流固然可以输入企业维持生命，但毕竟不具备健康的造血机能，一旦机能失调，企业只能面临清算。富得只有利润而没有现金的富翁，绝不是真正的富翁。

学习现金流量表，首先要理解现金的概念。现金流量表的现金是个广义的概念，它不仅包括库存现金，还包括可以随时用于支付的存款以及现金等价物。

【小案例】

战场上两军对垒，将士们浴血奋战，不少勇士中弹倒下，他们怎么死的？绝大多数都是失血过多后休克而最终导致牺牲，如果能够及时地获救并给予输血，那么这些战士就可以看见胜利的旗帜在阵地上飘扬，对于人体而言，就算你各个器官都健康正常，失血过多也会导致死亡。

【现金流量表作用】

作为反映企业在一定期间内现金的流入和流出情况的会计报表，编制现金流量表具有以下几个方面的主要作用。

1. 能够说明企业一定时期内现金流入和流出的原因

现金流量表将现金流量划分为经营活动、投资活动和筹资活动所产生的现金流量，并按照流入现金和流出现金项目分别反映。

2. 能够说明企业的偿债能力和支付股利的能力

债权人提供短期或长期使用的资金，主要是为了有利可图。盈利是企业获得现金净流量的根本源，而获得足够的现金则是企业创造优良经营业绩的有力支撑。企业获利的多少在一定程度上表明了企业的现金支付能力。

但是，企业在一定期间内获得的利润并不代表企业真正具有偿债能力。在某些情况下，虽然企业利润表上反映的经营业绩比较乐观，但财务可能困难，不能偿还到期债务；有些企业虽然利润表上反映的经营成果并不乐观，但却有足够的偿付能力。

3. 能够分析企业未来获取现金的能力

由于商业信用的大量存在，营业收入与现金流入会有较大的差异，能否真正实现收益，还取决于企业的收现能力。分析企业的现金流量状况，有助于了解企业的收现能力，从而评价企业的资金运用的绩效。

现金流量表从总体上反映了企业在一定期间内的现金流入和流出的全部状况，说明企业现金从哪里来，又运用到哪里去。现金流量表中的经营活动产生的现金流量，代表企业经营活动创造现金流量的能力，便于分析一定期间内产生的净利润与经营活动产生的现金流量的差异；投资活动产生的现金流量，代表企业运用资金产生现金流量的能力；筹资活动产生的现金流量，代表企业筹资获得现金流量的能力。通过现金流量表及其他财务信息，可以分析企业未来获取或支付现金流量的能力。例如，企业通过银行借款筹得资金，从本期现金流量表中反映为现金流入，却意味着未来偿还借款时要流出现金。又如，本期应收未收的款项，在本期现金流量表中虽然没有反映现金的流入，但却意味着未来将会有现金流入。

4. 能够分析企业投资和理财活动对经营成果和财务状况的影响

资产负债表提供企业特定日期的财务状况，它所提供的是静态的财务信息，并不能反映财务状况变动的原因，也不能表明这些资产、负债给企业带来多少现金，又用去多少现金。

利润表反映企业一定期间的经营成果，提供动态的财务信息，但它只反映利润的构成，不能反映经营活动、投资活动和筹资活动给企业带来多少现金，又支付多少现金，而且不能反映投资和筹资活动的全部事项。

现金流量表提供一定时期现金流入和流出的动态财务信息，表明企业在报告期内由经营活动、投资活动和筹资活动获得多少现金，企业获得的这些现金是如何运用的，能够说明资产、负债、净资产的变动原因，对资产负债表和利润表具有补充说明的作用。

现金流量表是连接资产负债表和利润表的桥梁。

【如何进行现金流量分析】

每个客户经理必须非常熟悉企业的现金流量表的解读方法，现金流量表是一个企业的灵魂，就如同身体中的血液，奔腾不息。

现金流量表是一张透视企业血液循环的"X光照片"，它清楚地告诉你这个企业的现状。

现金是企业的血液。企业资不抵债不一定破产，但如果没有现金流，就很有可能破产，这种现象应引起银行的高度关注。另外，在缺乏有效审计的情况下，企业财务欺诈时有发生，但数据作假主要集中在资产负债表和利润表，现金流量表作假难度较大。

企业亏损令人难受，企业没有现金流则是致命的。

随着经济发展，企业间业务往来日益复杂，不确定因素增多，银行在分析时，不能仅看资产负债表和利润表，应更多关注现金流量表，因为只有现金流才是企业的真金白银。另外，在缺乏有效审计的情况下，企业财务欺诈时有发生，但数据作假主要集中在资产负债表和利润表，现金流量表作假的难度较大。

(一) 现金流基本面分析

现金流量表连接着资产负债表和利润表，三张报表间存在着关系，如：

第一，资产负债表中"货币资金期末余额－期初余额"与现金流量表中的"现金及现金等价物净增加额"相等。

第二，利润表中"净利润＋调节项目"与现金流量表中补充资料中的"经营活动产生的现金流量"相等。

第三，现金流量表主表最后一项与附表最后一项"现金及现金等价物净增加额"相等。

（二）现金流趋势分析

1. 经营性现金流趋势分析问题

问题1：若客户连续几年的经营活动取得的现金流入呈稳步上升趋势的，且流入现金主要是靠销售产品、提供劳务取得的，你有何看法？

问题2：如果客户的销售稳定，但购买商品、接受劳务支付现金的数量在逐年减少，可能是什么原因？

2. 投资性现金流的趋势分析

问题：若客户连续几年投资活动产生的现金净流量为正数，说明了什么？

3. 筹资性现金流的趋势分析

问题：如果客户筹资活动现金净流量连续若干年为正数，则意味着什么？

4. 现金及现金等价物净额的趋势分析

问题：如果企业现金及现金等价物净额不断增大，说明了什么？

【小词典】

现金等价物，指企业持有的期限短（3个月以内）、流动性强、易于转换为已知金额现金、价值变动风险很小的投资。现金等价物是变现性最好的资产，同时也是收益最低的资产。

现金量表是以现金为基础编制的，这里的现金是指库存现金、可以随时用于支付的存款，以及现金等价物。

（三）现金流比率分析

1. 偿债能力分析

（1）现金比率：

现金比率 = 现金/流动负债

该指标是衡量企业偿还短期债务能力的一个重要指标。现金包括现金等价物在内。实践证明，它比速动比率反映企业偿债能力更准确。从评价偿债能力看，比率越高越好。但如果过高，说明企业现金在使用方面不够充分，闲置的现金过多。一般认为该比率在40%以上比较理想。

（2）强制性现金支付比率：

强制性现金支付比率 = 现金流入总额/（经营现金流出量 + 偿还债务本息付现）

这一比率反映了企业是否有足够的现金偿还债务、支付经营费用等。在持续不断的经营过程中，公司现金流入量至少应满足强制性支付，即用于经营活动支出和偿还债务。这一比率越大，其现金支付能力就越强。

（3）到期债务本患偿付比率：

到期债务本息偿付比率：经营活动现金净流量／（本期到期债务本金＋现金利息支出）

这一比率用来衡量企业到期债务本金及利息可由经营活动创造现金支付程度。比率越大，说明企业偿付到期债务能力就越强，如果比率小于1，说明企业经营活动产生现金不足以偿付到期债务本息，企业必须对外筹资或出售资产才能偿还债务。

（4）现金偿债比率。

现金偿债比率＝经营现金净流量／长期债务总额

这一比率反映了企业按照当前经营活动提供的现金偿还长期债务的能力。虽然企业可以用从投资或筹资活动中产生的现金来偿还债务，但从经营活动中所获得的现金应该是企业长期现金的主要来源。这一比率越高，企业偿还债务能力越强。

2. 盈利质量分析

盈利质量分析是指根据经营活动现金净流量与净利润、资本支出等之间的关系，揭示企业保持现有的经营水平，创造未来盈利能力的一种分析方法。盈利质量分析主要包含：

（1）盈利现金比率。

盈利现金比率＝经营现金净流量／净利润

这一比率反映了企业本期经营活动产生现金净流量与净利润之间的比率关系。在一般情况下，比率越大，企业盈利质量就越高。如果比率小于1，说明本期净利中存在尚未实现现金的收入。在这种情况下，即使企业盈利，也可能发生现金短缺，严重时会导致企业破产。

（2）再投资比率。

再投资比率＝经营现金净流量／资本性支出

这一比率反映了企业当期经营现金净流量是否足以支付资本性支出（固定资产投资）所需要的现金。比率越高，企业扩大生产规模、创造未来现金流量或利润的能力就越强。如果比率小于1，说明企业资本性支出所需现金，除经营活动提供外，还包括外部筹措现金。

3. 对现金流量的具体分析

通过对现金流量表中的有关数据进行比较、分析和研究，可深入了解企业财务状况，发现财务方面存在的问题，正确评价企业当前及未来的偿债能力和支付能力，评价当期及以前各期取得的利润的质量，预测企业未来财务状况，为授信决策提供充分有效的依据。具体分析时，可从现金流量的结构、流动性、质量等方面入手。

现金流量结构性分析包括流入结构、流出结构和现金净流量结构分析。其中，流入结构是现金流入各组成项目占现金流入总量的比重；流出结构是现金流出各组成项目占现金流出总量的比重；现金净流量结构是经营活动、投资活动、筹资活动及非常项目现金净流量占现金及现金等价物净增加额（简称现金净流量）的比重。

掌握企业各项活动中现金流量变化规律、企业所处经营周期等情况。现金流入结构中，经营活动现金流入比重越高越好；现金流出结构中，非经营活动现金流出比重越低越好；现金净流量结构中，经营活动现金净流量比重越高越好。另外，对流入结构、流出结构和净现金流量结构还可通过列示若干连续年度的数据进行比较分析，以判断企业的发展趋势。

如果企业的现金净流量为正，而且远远大于当期利润，表明企业现金流入能够保证现金流出的需要，借款人具有较强的偿债能力，企业的产品季度畅销。

如果经营活动现金净流量大于或者等于当期债务本息，表明借款人可以用主营业务收入来偿还到期债务本息，具有稳定可靠的还款来源。

如果经营活动现金净流量为正，投资活动现金净流量为正，其还款来源可能是经营活动、投资活动或筹资活动。

如果经营活动现金净流量为正，投资活动现金净流量为负，其还款来源可能是经营活动或筹资活动。

如果经营活动现金净流量为负，投资活动现金净流量为正，其还款来源可能是投资活动或筹资活动。

如果经营活动现金净流量为负，投资活动现金净流量为负，其还款来源可能是筹资活动。这家企业要么属于新设立的项目公司，还没有正常经营活动；要么已经处于极度危险、经营高速衰败中。

4. 流动性分析

流动性是指资产转化为现金能力，表明企业生产经营过程中，动态意义上的偿付能力。根据资产负债表计算流动比率、速动比率等偿债能力指标具有一定的局限性，流动资产中的应收账款有可能会因支付方的信誉、盈利能力、营运能力等发生坏账损失，同时存货转化为现金的能力也存在着很大的不确定性（如存货变质、营销不对路等），且流动资产中还存在着虚资产——待摊费用，所以，常常会出现账面存在大量流动资产，但偿债能力却十分有限的情况。

而现金流量表中的现金净流量反映借款企业的"现实"偿债能力，因此可通过现金流量和债务的比较分析，反映其真实的偿债能力。分别计算经营活动现金净流量与本期到期债务、流动负债、负债合计之比，比值越大，说明借款企业产生的现金流入越快，流量越大，财务风险越小，企业财务基础越牢靠，偿债能力越强。

【分析】

对于一些以票据为主要结算工具的企业，现金流量报表的分析应当考虑票据的期限。比如，企业在本年10月，因为销售收到一张金额为100万元，期限为6个月的银行承兑汇票，准备持有到期，这张银行承兑汇票产生的收入记入当年度年底资产负债表（在资产负债表的应收票据科目），记入当年度年底损益表（在主营业务收入中反映），不记入当年度年底现金流量表（在第二年现金流量表中反映）。

5. 质量分析

利润质量分析即对真实收益能力分析。对利润质量分析主要通过经营活动现金净流量与营业利润之比现金利润率进行，分析经营活动的现金净流量与营业利润的差异程度，当期经营活动实现的净利润中有多少现金作为保证。

分析经营活动流量：

一是要比较经营活动现金流入与主营业务收入比例关系。比值较高，表明企业销售款的回收速度越快，对应收账款的管理越好，坏账损失风险越小。

二是比较经营活动现金净流量与主营业务利润的比例关系。比值较大，表明企业实现的账面利润中流入现金的利润越多，企业营业利润的质量越高。只有真正收到的现金利润才是"实在"的利润而非"观念"的利润。

三是比较经营活动现金净流量与净利润的比例关系。比值越大，表明企业利润的实现程度越高，可供企业自由支配的货币资金增加量越大，有助于提高企业的偿债能力和付现能力。

6. 现金流预测

综合考虑企业所处的经营环境、行业前景、行业内的竞争格局、产品的生命周期、现金流的波动情况、企业的管理情况，如销售收入的增长速度，存货是否已经过时或流动缓慢，应收账款的可收回性，各项成本控制是否有效等因素，预测判断企业未来现金流。

7. 现金流结构分析

一个公司的现金流量结构，可以从总体上反映其在发展过程中所处的状态和信用风险的大小问题。

第十九课 阅读企业现金流量表

【分析】

深入理解现金流的7大法则

根据研究，90%的公司经营失败可以归因于现金管理不当。请牢记下面提到的七大现金流法则。

1. 利润不是现金，只是会计账务处理

会计账务比你想象中要复杂得多。利润就是计算得出的数字游戏，不能用来支付账单，事实上利润会让你放松警惕。假如你付了自己的账单而你的客户却没有，那么公司经营很快就会陷入困境。你可能创造了利润，但实际上却没有获得现金流。

2. 越增长就越考验融资能力

你当然想公司成长，想壮大自己的业务，但必须当心，因为增长要耗费现金。这属于营运资本问题，你发展得越快，越需要具备更强的融资能力。

3. 存货耗费现金

在销售前，你必须先购买你的产品或生产好它。很可能你刚开始销售产品，你的供货商就已经要求你付款了。这是个简单的经验规则，每多1元存货你就会少1元现金。

4. 经营净现金流是你最好的生存能力

经营净现金流可以用来支付运营成本和开支、等待客户还款前购买存货的银行存款。

5. 应收账款

客户欠你的钱称为"应收账款"。这里有个快捷的现金规划方法，即"应收账款每多1元你就少了1元现金"。

6. 借钱永远不要嫌多

提前做好计划，你无法靠现场发挥去应对银行。你要友好地与每家银行相处，获得的授信额度越多越安全，即便你永远都不会启用。

7. 关注三个重要的指标

"回款期限"衡量你用了多长时间收回账款。"存货周转率"衡量你的存货占用营运资本和现金流的时间。"付款账期"衡量你从收到货物到向供货商付款的时间。永远监控这三个非常重要的现金流信号。

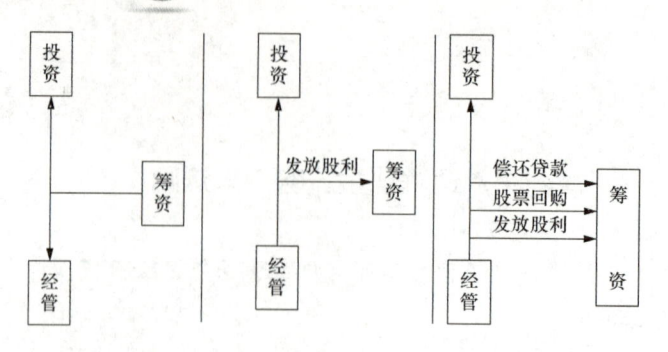

```
        投资              投资              投资
         ↑               ↑               ↑
         │    发放股利     │    偿还贷款      │
         │   ────────→   │    股票回购  ───→ │
         │               │    发放股利      │
        筹资             筹资              筹资
         ↑               ↑               ↑
         │               │               │
        经营             经营              经营

   初建、高成长阶段      稳定发展阶段      成熟阶段 (CASH COW)
```

图 19-1 公司不同发展时期的现金流量模型

表 19-3 现金流量结构与企业信用风险参考表

经营性现金流	投资性现金流	筹资性现金流	信用风险	评级范围	一般解释
+	+	+	低	AAA-A	经营和投资状况良好，继续融资，如没有新的投资机会，会造成资金的浪费
+	-	+	低	AAA-A	经营状况良好，在内部经营稳定的前提下，通过筹集资金进行投资（往往处于扩张时期，应着重分析项目的盈利能力）
+	+	-	较低	AA-BBB	经营和投资状况良性循环，融资活动虽然进入偿还期，但财务状况比较安全
+	-	-	中等	A-BB	经营状况良好，一方面在偿还以前债务，另一方面又要继续投资，应关注经营状况的变化，防止经营状况的恶化导致财务状况的恶化
-	+	+	中高	BBB-B	靠借钱维持生产经营的需要，财务状况有可能恶化，应着重分析投资活动的现金净流入，是来自投资收益还是收回投资，如是后者，则形势非常严峻
-	-	+	中高	BB-CC	靠借债维持日常经营和生产规模的扩大，财务状况很不稳定。如新企业，一旦渡过难关，尚可发展；如是成长期后稳定期的企业，则非常危险
-	+	-	高	B以下	经营活动已发出危险信号，如果投资活动现金流入主要来源于收回投资，则已处于破产边缘，须高度警惕
-	-	-	高	CCC以下	财务状况非常危急，必须及时扭转。这种情况往往发生在高度扩张时期，由于市场变化导致经营状况恶化，加上扩张时投入了大量资金，使企业陷入进退两难的境地

不同的现金流量结构反映着不同公司的财务状况，以及一个公司不同时期的财务状况，所以现金流量结构对分析公司的财务状况非常重要。下面列示了不同组合的现金流量结构，以及每一现金流量结构所代表的一般意义，以帮助信息使用者分析现金流量表。

一般正常的现金流量结构模型如下：

经营活动产生的现金净流量为正，投资活动产生的现金净流量为负，筹资活动产生的现金净流量为正或负。

【经营活动现金流分析】

经营活动产生的现金流量至少应单独列示反映下列信息的项目：

(1) 销售商品、提供劳务收到的现金；
(2) 收到的税费返还；
(3) 收到其他与经营活动有关的现金；
(4) 购买商品、接受劳务支付的现金；
(5) 支付给职工以及为职工支付的现金；
(6) 支付的各项税费；
(7) 支付其他与经营活动有关的现金。

【投资活动现金流分析】

投资活动是指企业长期资产的购建和不包括在现金等价物范围的投资及其处置活动。

投资活动产生的现金流量至少应当单独列示反映下列信息的项目：

(1) 收回投资收到的现金；
(2) 取得投资收益收到的现金；
(3) 处置固定资产、无形资产和其他长期资产收回的现金净额；
(4) 处置子公司及其他营业单位收到的现金净额；
(5) 收到其他与投资活动有关的现金；
(6) 购建固定资产、无形资产和其他长期资产支付的现金；
(7) 投资支付的现金；
(8) 取得子公司及其他营业单位支付的现金净额；
(9) 支付其他与投资活动有关的现金。

【筹资活动现金流量】
筹资活动产生的现金流量至少应当单独列示反映下列信息的项目：
（1）吸收投资收到的现金；
（2）取得借款收到的现金；
（3）收到其他与筹资活动有关的现金；
（4）偿还债务支付的现金；
（5）分配股利、利润或偿付利息支付的现金；
（6）支付其他与筹资活动有关的现金。

【现金流量表分析】
现金流量表分析可从以下几方面着手：
（一）现金流量及其结构分析
企业的现金流量由经营活动产生的现金流量、投资活动产生的现金流量和筹资活动产生的现金流量三部分构成。分析现金流量及其结构，可以了解企业现金的来龙去脉和现金收支构成，评价企业经营状况、创现能力、筹资能力和资金实力。

1. 经营活动产生的现金流量分析
（1）将销售商品、提供劳务收到的现金与购进商品、接受劳务付出的现金进行比较。在企业经营正常、购销平衡的情况下，二者比较是有意义的。比率大，说明企业的销售利润大，销售回款良好，创现能力强。
（2）将销售商品、提供劳务收到的现金与经营活动流入的现金总额比较，可大致说明企业产品销售现款占经营活动流入现金的比重有多大。比重大，说明企业主营业务突出，营销状况良好。
（3）将本期经营活动现金净流量与上期比较，增长率越高，说明企业成长性越好。

2. 投资活动产生的现金流量分析
当企业扩大规模或开发新的利润增长点时，需要大量的现金投入，投资活动产生的现金流入量补偿不了流出量，投资活动现金净流量为负数，但如果企业投资有效，在未来会产生现金净流入用于偿还债务，创造收益，企业不会有偿债困难。因此，分析投资活动现金流量，应结合企业目前的投资项目进行，不能简单地以现金净流入还是净流出来论优劣。

3. 筹资活动产生的现金流量分析

筹资活动产生的现金净流量越大，企业面临的偿债压力越大，但如果现金净流入量主要来自企业吸收的权益性资本，则不仅不会面临偿债压力，资金实力反而增强。因此，在分析时，可将吸收权益性资本收到的现金与筹资活动现金总流入比较，所占比重大，说明企业资金实力增强，财务风险降低。

4. 现金流量构成分析

分别计算经营活动现金流入、投资活动现金流入和筹资活动现金流入占现金总流入的比重，了解现金的主要来源。经营活动现金流入占现金总流入比重大的企业，经营状况较好，财务风险较低，现金流入结构较为合理。

分别计算经营活动现金支出、投资活动现金支出和筹资活动现金支出占现金总流出的比重，它能具体反映企业的现金用于哪些方面。经营活动现金支出比重大的企业，其生产经营状况正常，现金支出结构较为合理。

（二）现金流量表与损益表比较分析

损益表是反映企业在一定期间经营成果的重要报表，它揭示了企业利润的计算过程和利润的形成过程。利润被看成是评价企业经营业绩及盈利能力的重要指标。

（1）经营活动现金净流量与净利润比较，能在一定程度上反映企业利润的质量。企业每实现1元的账面利润中，实际有多少现金支撑，比率越高，利润质量越高。但这一指标，只有在企业经营正常，既能创造利润又能赢得现金净流量时才可比，分析这一比率也才有意义。为了与经营活动现金净流量计算口径一致，净利润指标应剔除投资收益和筹资费用。

（2）销售商品、提供劳务收到的现金与主营业务收入比较。该比较可以大致说明企业销售回收现金的情况及企业销售的质量。收现数所占比重大，说明销售收入实现后所增加的资产转换现金速度快、质量高。

（3）分得股利或利润及取得债券利息收入所得到的现金与投资收益比较，可大致反映企业账面投资收益的质量。

（三）现金流量表与资产负债表比较分析

资产负债表是反映企业期末资产和负债状况的报表，运用现金流量表的有关指标与资产负债表有关指标比较，可以更为客观地评价企业的偿债能力、盈利能力及支付能力。

（1）偿债能力分析流动比率是流动资产与流动负债之比，而流动资产体现的是能在一年内或一个营业周期内变现的资产，包括许多流动性不强的项目，如呆滞的存货，有可能收不回的应收账款，以及本质上属于费用的待摊费用，待处理流动资产损失和预付账款等。它们虽然具有资产的性质，但事实上却不能再转变为现金，不再具有偿付债务的能力，而且，不同企业的流动资产结构差异较大，资产质量各不相同，因此，仅用流动比率等指标分析企业的偿债能力，往往有失偏颇。可运用经营活动现金净流量与资产负债表相关指标进行对比分析，作为流动比率等指标的补充。具体内容为：

1）经营活动现金净流量与流动负债之比。该指标可以反映企业经营活动获得现金偿还短期债务的能力，比率越大，说明偿债能力越强。

2）经营活动现金净流量与全部债务之比。该比率可以反映企业用经营活动中所获现金偿还全部债务的能力，比率越大，说明企业承担债务的能力越强。

3）现金（含现金等价物）期末余额与流动负债之比。这一比率反映企业直接支付债务的能力，比率越高，说明企业偿债能力越大，但由于现金收益性差，这一比率并非越大越好。

（2）盈利能力及支付能力分析由于利润指标而存在缺陷，因此，可运用现金净流量与资产负债表相关指标进行对比分析，作为每股收益、净资产收益率等盈利指标的补充。

1）每股经营活动现金净流量与总股本之比。这一比率反映每股资本获取现金净流量的能力，比率越高，说明企业支付股利的能力越强。

2）经营活动现金净流量与净资产之比。这一比率反映投资者投入资本创造现金的能力，比率越高，创现能力越强。计算时，净利润指标应剔除投资收益和筹资费用。

【净额与利润表的净利润相差的原因】

现金流量表中经营活动现金流量净额与利润表的净利润相差的原因如下：

（1）影响利润的事项不一定同时发生现金流入、流出。有些收入，增加利润但未发生现金流入。例如，一家公司本期的营业收入有8亿多元，而本期新增应收账款却有7亿多元，这种增加收入及利润并未发生现金流入的现象，是造成两者产生差异的原因之一。

（2）有的上市公司对应收账款管理存在薄弱环节，未及时做好应收货款及劳务款项的催收与结算工作，也有的上市公司依靠关联方交易支撑其经营业绩，而关联方资金又迟迟不到位。

（3）这些情况造成的后果，都会在现金流量表中有所体现，甚至使公司经营活动几乎没有多少现金流入，但经营总要支付费用、购买物资、缴纳税金，发生大量现金流出，从而使经营活动现金流量净额出现负数，使公司的资金周转发生困难。应收账款迟迟不能收回，在一定程度上也暴露了所确认收入的风险问题。有些成本费用，减少利润但并未伴随现金流出。例如，固定资产折旧、无形资产摊销，只是按权责发生制、配比原则要求将这些资产的取得成本，在使用它们的受益期间合理分摊，并不需要付出现金。

【现金流量表的分析作用】

一个正常经营的企业，在创造利润的同时，还应创造现金收益，通过对现金流入来源分析，就可以对创造现金能力作出评价，并可对企业未来获取现金能力作出预测。现金流量表所揭示的现金流量信息可以从现金角度对企业偿债能力和支付能力作出更可靠、更稳健的评价。企业的净利润是以权责发生制为基础计算出来的，而现金流量表是以收付实现制为基础的。通过对现金流量和净利润的比较分析，可以对收益的质量作出评价。投资活动是企业将一部分财力投入某一对象，以谋取更多收益的一种行为，筹资活动是企业根据财力的需求，进行直接或间接融资的一种行为，企业的投资和筹资活动与企业的经营活动密切相关。因此，对现金流量中所揭示的投资活动和筹资活动所产生的现金流入和现金流出信息，可以结合经营活动所产生的现金流量信息和企业净收益进行具体分析，从而对企业的投资活动和筹资活动作出评价。

损益表的利润是根据权责发生制原则核算出来的，权责发生制贯彻递延、应计、摊销和分配原则，核算的利润与现金流量是不同步的。损益表上有利润但银行户上没有钱的现象经常发生。

现金流量表划分为经营活动、投资活动、筹资活动，按类说明企业一个时期流入多少现金、流出多少现金及现金流量净额，从而可以了解现金从哪里来到哪里去了，损益表上的利润为什么没有变，从现金流量的角度对企业作出更加全面合理的评价。

了解企业筹措现金、生成现金的能力。如果把现金比作企业的血液，企业想取得新鲜血液的办法有以下两个。

1. 为企业输血

通过筹资活动吸收投资者投资或借入现金。只要企业有稳定的较高现金流回报，没有投资者不愿意提供资金。借入现金负债增加，只要产生的利润能够还本付息即可。在市场经济的条件下，只要你有能力，现金到处都有。

2. 企业自己生成血液

经营过程中会取得利润，企业要想生存发展，就必须获利，利润是企业现金来源的主要渠道。

通过现金流量表可以了解经过一段时间经营后，企业的内外筹措了多少现金，自己生成了多少现金。筹措的现金是否按计划用到了企业扩大生产规模、购置固定资产、补充流动资金上，还是被经营方侵蚀掉了。

【现金流量的分类】

现金流量是指某一期间内企业现金流入和流出的数量，可以分为三类，即经营活动产生的现金流量、投资活动产生的现金流量和筹资活动产生的现金流量。

1. 经营活动产生的现金流量

经营活动是指企业投资活动和筹资活动以外的所有交易和事项，包括销售商品或提供劳务、购买商品或接受劳务、收到返还的税费、经营性租赁、支付工资、支付广告费用、缴纳各项税款等。经营活动产生的现金流量是企业通过运用所拥有的资产自身创造的现金流量，主要是与企业净利润有关的现金流量。

各类企业由于所处行业特点不同，在对经营活动的认定上存在一定的差异。在编制现金流量表时，应根据企业的实际情况，对现金流量进行合理的归类。

2. 投资活动产生的现金流量

投资活动是指企业长期资产的购建以及不包括在现金等价物范围内的投资的购建和处置活动。现金流量表中的"投资"既包括对外投资，又包括长期资产的购建与处置。投资活动包括取得或收回投资以及购建和处置固定资产、无形资产和其他长期资产等。

3. 筹资活动产生的现金流量

筹资活动是指导致企业资本及债务规模和构成发生变化的活动。筹资活动包括发行股票或接受投入资本、分派现金股利、取得和偿还公司债券等。通过现金流量表中筹资活动产生的现金流量，可以分析企业筹资的能力，以及筹资产生的现金流量对企业现金流量净额的影响程度。

企业在进行现金流量分类时，对于现金流量表中未特别指明的现金流量，应按照现金流量表的分类方法和重要性原则，判断某项交易或事项所产生的现金流量应当归属的类别或项目，对于重要的现金流入或流出项目应单独反映。对于一些特殊的、不经常发生的项目，如自然灾害损失、保险赔款等，应根据其性质，分别归并到经营活动、投资活动或筹资活动项目中。

【如何分析现金流量表中的各个要素】

（一）经营活动产生的现金流量

1. 经营活动流入现金项目

（1）销售商品、提供劳务收到的现金。反映企业主营业务和其他业务的现金收入，一般包括收回当期的销售货款和劳务收入款、收回前期的销售货款和劳务收入款以及转让应收票据所取得的现金收入等。发生销售退回而支付的现金应从销售商品或提供劳务收入款中扣除。企业销售材料和代购销业务收入收到的现金，也在本项目反映。本项目通常可以采用以下公式表示：

销售商品、提供劳务收到的现金＝当期销售商品、提供劳务收到的现金＋当期收到前期的应收账款和应收票据＋当期预收的账款－当期销售退回而支付的现金＋当期收回前期核销的坏账损失

（2）收到的税费返还。反映企业收到返还的各种税费，包括收到返还的增值税、消费税、营业税、关税、所得税和教育费附加返还款等。

2. 经营活动流出现金项目

（1）购买商品、接受劳务支付的现金。反映企业主营业务、其他业务的现金流出，一般包括当期购买材料、商品、接受劳务支付的现金（包括增值税进项税额），当期支付的前期购买商品的应付款，以及购买商品而预付的现金，扣除本期发生的购货退回而收到的现金等。本项目通常可采用以下公式表示：

购买商品、接受劳务支付的现金＝当期购买商品、接受劳务支付的现金＋当期支付前期的应付前期的应付账款和应付票据＋当期预付的账款－当期因购货退回收到的现金。

（2）支付给职工以及为职工支付的现金。反映出企业以现金方式支付给职工的工资和为职工支付的其他现金。支付给职工的工资包括工资、奖金、各种补贴，以及为职工支付的其他费用如企业为职工缴纳的养老金、失业等社会保险基金和企业为职工缴纳的商业保险金等。企业代扣代缴的职工个人所得税，也在本项目中反映。支付给从事工程项目职工的工资、奖金等应当列入投资活动。

（3）支付的各种税费。反映企业按国家有关规定于当期实际支付的增值税、所得税等各种税款，包括当期发生并实际支出的税金和当期支付以前各期发生的税金以及预付的税金，包括所得税、增值税、营业税、消费税、印花税、房产税、土地增值税、车船使用税、教育费附加、矿产资源补偿费等，但不包括耕地占用税。

（4）支付的其他与经营活动有关的现金。反映企业除上述各项目外所支付

的其他与经营活动有关的现金，如经营租赁支付的租金、支付的罚款、差旅费、业务招待费、保险费等。

（二）投资活动产生的现金流量

1. 投资活动流入现金项目

（1）收回投资所收到的现金。反映企业出售、转让或到期收回除现金等价物以外的对其他企业的权益工具、债务工具和合营中的权益等投资收到的现金。收回债务工具实现的投资收益、处置子公司及其他营业单位收到的现金净额不包括在本项目内。

（2）取得投资收益所收到的现金。反映企业因对外投资而分得的股利、利息或利润，不包括股票股利。

（3）处置固定资产、无形资产和其他长期资产所收到的现金净额。反映企业出售固定资产、无形资产和其他长期资产所取得的现金扣除为出售这些资产而支付的有关费用后的净额。处置固定资产、无形资产和其他长期资产而收到的现金，与处置活动支付的现金，两者在时间上比较接近，且由于金额不大，可以净额反映。

（4）处置子公司及其他营业单位收到的现金净额。反映企业处置子公司及其他营业单位所取得的现金，减去相关处置费用以及子公司、其他营业单位持有的现金和现金等价物后的净额。

（5）收到的其他与投资活动有关的现金。反映企业除了上述各项目外，所收到的其他与投资活动有关的现金流入。比如，企业收回购买股票和债券时支付的已宣告但尚未领取的现金股利或已到付息期但尚未领取的债券利息。若其他与投资活动有关的现金流入金额较大，应单列项目反映。

2. 投资或流出现金项目

（1）购建固定资产、无形资产和其他长期资产所支付的现金。反映企业为购建固定资产、购买无形资产而支付的款项，包括购买机器设备所支付的现金及增值税款、建造工程支付的现金、支付在建工程人员的工资等现金支出，企业购入或自创取得的各种无形资产的实际现金支出。不包括为建造固定资产而发生的借款利息资本化的部分，以及融资租入固定资产支付的租赁费。企业支付的借款利息和融资租入固定资产支付，在筹资活动产生的现金流量中反映。

（2）投资所支付的现金。反映企业取得除现金等价物以外的对其他企业的权益工具、债务工具和合营中的权益投资所支付的现金以及支付的佣金、手续费等交易费用，但取得子公司及其他营业单位支付的现金净额除外。

（3）取得子公司及其他一个营业单位支付的现金净额。反映了企业购买子公司及其他营业单位购买中以现金支付的部分，减去子公司及其他营业单位持有的现金和现金等价物后的净额。

（4）支付的其他与投资活动有关的现金。反映企业除上述各项以外所支付的其他与投资活动有关的现金流出，如企业购买股票时实际支付的价款中包含的已宣告而尚未领取的现金股利，购买债券时支付的价款中包含的已到付息期尚未领取的债券利息等。若某项其他与投资活动有关的现金流出金额较大，应单列项目反映。

（三）筹资活动产生的现金流量

1. 筹资活动流入现金项目

（1）吸收投资所收到的现金。反映企业通过发行股票、债券等方式筹集资金实际收到的款项，减去支付的佣金、手续费、宣传费、咨询费、印刷费等发行费用后的净额。

（2）取得借款收到的现金。反映企业举借各种短期、长期借款所收到的现金。

（3）收到的其他与筹资活动有关的现金。反映企业除上述各项目外所收到的其他与筹资活动相关的现金流入，如接受现金捐赠等。

2. 筹资活动流出现金项目

（1）偿还债务所支付的现金。反映企业偿还债务本金所支付的现金，包括归还金融企业借款、偿付债券本金等。

（2）分配股利、利润或偿付利息所支付的现金。反映企业当期实际支付的现金股利、支付给投资单位的利润以及支付的借款利息、债券利息等。

（3）支付的其他与筹资活动有关的现金。反映企业除上述各项目处所支付的其他与筹资活动有关的现金流出，如捐赠现金支出、融资租入固定资产支付的租赁费等。

【现金流量质量分析】

所谓现金流量的质量，是指企业的现金流量能够按照企业的预期目标进行运转的质量。具有较好质量的现金流量应具有如下特征：第一，企业现金流量的状态体现了企业的发展战略的要求。第二，在稳定发展阶段，企业经营活动的现金流量应与企业经营活动所对应的利润有一定的对应关系，并能为企业扩张提供现金流量的支持。

（一）经营活动产生的现金流量的质量分析

1. 经营活动产生的现金流量小于零

这意味着企业通过正常的商品购、产、销所带来的现金流入量，不足以支付因上述经营活动而引起的货币流出。企业正常经营活动所需的现金支付，则通过以下几种方式解决：

（1）消耗企业现存的货币积累；

（2）挤占本来可以用于投资活动的现金，推迟投资活动的进行；

（3）进行额外贷款融资，以支持经营活动的现金需要；

从企业的成长过程分析，在企业开始从事经营活动的初期，由于其生产阶段的各个环节都处于"磨合"状态，设备、人力资源的利用率相对较低，材料的消耗量相对较高，导致企业的成本消耗相对较高。

如果企业在正常生产经营期间仍然出现这种状态，我们应认为企业经营活动现金流量的质量不高，越生产、越失血。

【案例】

六个核桃为上市砸18.95亿元广告费是研发投入的103倍[①]

《长江商报》记者发现，近年来，养元饮品的营业收入大幅增长，如今已近百亿元规模。2014年至今年上半年报，其实现营业收入为82.62亿元、91.17亿元、89亿元、36.66亿元。营业收入近百亿元规模的背后，是铺天盖地的广告轰炸。

公开信息显示，养元饮品除了邀请知名女主播陈鲁豫当代言人外，还砸钱冠名了央视的《最强大脑》《挑战不可能》、湖南卫视的《好好学吧》等益智类节目。具体为，2010年曾斥资6000万元请陈鲁豫代言，并在央视黄金时段投放广告，并将"经常用脑，多喝六个核桃"的广告语对准了学生、脑力劳动者等经常用脑群体。

招股书显示，报告期，养元饮品的销售费用分别为8.5亿元、9.2亿元、10.7亿元、5.5亿元，分别占当期主营业务收入的10.38%、10.11%、12.06%、15.13%，占比不断上升。其中，用于广告营销的费用分别为4.87亿元、5.04亿元、6.41亿元、3.44亿元，合计为19.76亿元，分别占当期主营业务收入的

---

① 资料来源：《长江商报》（武汉）。

5.89%、5.53%、7.2%、9.39%，占比也是稳步上升。

与广告营销费的慷慨相比，在研发投入方面，养元饮品可谓十分吝啬。

数据显示，报告期内，养元饮品的研发费用分别为246.89万元、544.61万元、784.53万元、343.87万元，占当期主营业务收入的比例仅为0.03%、0.06%、0.088%、0.094%，均不足0.1%。《长江商报》记者发现，报告期的广告营销费是其研发费用1921万元的103倍。

此次IPO，养元饮品拟募资超32亿元，其中约29亿元用于营销网络建设及市场开发项目，具体是进行品牌建设、商超渠道建设和办事处建设，投资金额分别为18.95亿元、9.16亿元、8.9亿元。

招股书称，品牌建设方面的募资，是为了最大限度地承接央视广告、发挥强势地方卫视的品牌传播效应，以完成电视广告对"六个核桃"的广泛覆盖。

分析人士称，广告效应只是一时，就像当年的红桃K、脑白金，如果产品自身不过硬，不能适应市场新的需求，靠广告狂拉的百亿元营收大厦随时面临崩塌风险。

2. 经营活动产生的现金流量等于零

这意味着企业通过正常的商品购、产、销所带来的现金流入量，恰恰能够支付因上述经营活动而引起的货币流出。

在企业经营活动产生的现金流量等于零时，企业的经营活动现金流量处于"收支平衡"的状态。企业正常经营活动不需要额外补充流动资金，企业的经营活动也不能为企业的投资活动以及融资活动贡献现金。

从长期看，经营活动产生的现金流量等于零的状态，根本不可能维持企业经营活动的货币"简单再生产"。

3. 经营活动产生现金流量大于零

这意味着企业通过正常的商品购、产、销所带来的现金流入量，不但能够支付因经营活动而引起的货币流出、补偿全部当期的非现金消耗性成本，而且还有余力为企业的投资等活动提供现金流量的支持。

企业经营活动产生的现金流量已经处于良好的运转状态。如果这种状态持续，则企业经营活动产生的现金流量将对企业经营活动的稳定与发展、企业投资规模的扩大起到重要的促进作用，企业开始走向正轨。

（二）投资活动产生现金流量质量分析

1. 投资活动产生的现金流量小于零

意味着企业在购建固定资产、无形资产和其他长期资产、权益性投资以及债权性投资等方面所支付的现金之和,大于企业因收回投资,分得股利或利润,取得债券利息收入,处置固定资产、无形资产和其他长期资产而收到的现金净额之和。企业可以通过以下几种方式解决:

(1) 消耗企业现存的货币积累;
(2) 挤占本来可以用于经营活动的现金,削减经营活动的现金消耗;
(3) 进行额外贷款融资,以支持投资活动的现金需要。

企业的投资活动主要有三个目的,如表19-4所示。

表19-4 投资活动的目的

为企业正常生产经营活动奠定基础,如购建固定资产和其他长期资产等	应与企业的长期规划相一致
为企业对外扩张和其他发展性目的地进行权益性投资	应与企业的长期规划相一致,与主业协同效应
利用企业暂时不用的闲置货币资金进行短期投资,以求获得较高的投资收益	是企业的一种短期理财安排

2. 投资活动产生的现金流量大于等于零

这意味着企业在投资活动方面的现金流入量大于流出量。这种情况的发生,或者是由于企业在本会计期间的投资回收活动的规模大于投资支出的规模,或者是由于企业在经营活动与筹资活动方面急需资金而不得不处理手中的长期资产以求变现等。因此,必须对企业投资活动的现金流量原因进行具体分析。

(三) 筹资活动产生现金流量质量分析

1. 筹资活动产生的现金流量大于零

这意味着企业在吸收权益性投资、发行债券以及借款等方面所收到的现金之和大于企业在偿还债务、支付筹资费用、分配股利或利润、偿付利息、融资租赁以及减少注册资本等方面所支付的现金之和。在企业处于发展的起步阶段、投资需要大量资金、企业经营活动的现金流量小于零的条件下,企业的现金流量的需求,主要通过筹资活动来解决。

分析企业筹资活动产生的现金流量大于零是否正常,关键要看企业的筹资活动是否已经纳入企业的发展规划,是企业管理层以扩大投资和经营活动为目标的主动行为还是企业因投资活动和经营活动的现金流出失控不得已而为之的被动行为。

2. 筹资活动产生的现金流量小于零

这意味着企业在吸收权益性投资、发行债券以及借款等方面所收到的现金之和小于企业在偿还债务、支付筹资费用、分配股利或利润、偿付利息、融资租赁以及减少注册资本等方面所支付的现金之和。这种情况的出现，或者是由于企业在本会计期间集中发生偿还债务、支付筹资费用、分配股利或利润、偿付利息、融资租赁等业务，或者是因为企业经营活动与投资活动在现金流量方面运转较好，有能力完成上述各项支付，但是，企业筹资活动产生的现金流量小于零，也可能是企业在投资和企业扩张方面没有更多计划的一种表现。

处于正常生产经营期间的企业，经营活动对企业现金流量的贡献应占较大比重，这是因为，处于正常生产经营期间的企业，其购、产、销等活动均应协调发展，良性循环，其购、产、销活动是其引起现金流量的主要原因。

【财务综合分析作用】

所谓综合分析就是将各项财务指标作为一个整体，系统、全面、综合地对企业财务状况和经营情况进行剖析、解释和评价，说明企业整体财务状况和效益的好坏。

财务报告分析的最终目的在于全面地、准确地、客观地提示企业财务状况和经营情况，并借以对企业经济效益优劣作出合理的评价。要达到这样一个分析目的，仅仅测算几个简单的、孤立的财务比率，或者将一些孤立的财务比率指标堆砌在一起，是不可能得出合理、正确的综合性结论的，有时甚至会得出错误结论。

只有将企业偿债能力、营运能力、获利能力及发展趋势等各项分析指标有机地联系起来，作为一套完整的体系，相互配合，作出系统的综合评价，才能从总体意义上把握企业财务状况和经营情况的优劣。

【包装现金流量表】

如某公司由于使用银行承兑汇票的客户增多，期末应收票据比期初增加11312万元，该公司就将应收票据视为现金等价物。然而，会计准则对现金等价物的定义是一种投资，应收票据显然不属于企业投资的范畴。尽管应收票据具有易于转换、风险较小的特征，未到期的应收票据还可向银行贴现，但应收票据毕竟不属于投资，不能把应收票据列为现金等价物。这家公司将应收票据视为现金等价物，从而虚增了经营活动产生的现金流入，导致现金流量表数据不实。这样就不可避免地产生了对现金流量表进行包装和注水的嫌疑。

【关注往来账户】

企业应收、应付款项可分为大类：一类是与销售货物和采购货物相关的应收、应付款项，包括应收账款、预收账款、应付账款、预付账款等。另一类是与销售货物和采购货物无关的应收、应付款项，包括其他应收款和其他应付款等。设置与销售和采购相关的应收、应付款项，是为了满足权责发生制条件下的计算和反映相应债权、债务往来的需要；设置与销售和采购无关的应收、应付款项，则是为了反映与销售和采购无关的非经常的或小额的债权、债务往来的需要。由于这些项目的存在，给一些别有用心的单位操纵利润提供了方便，因此，需要对它们进行分析调整。

利用应收账款调节营业收入已被广泛采用。如在本年底虚开发票，同时增加应收账款和营业收入，到次年又以诸如质量不符合要求等名义将其冲回，使本年营业收入虚增。当然，如果是为了隐藏部分收入，则可利用推迟开票，将营业收入藏于预收账款之中。再如，应收账款对应的营业收入与其他月份相比有没有大的变化，全年营业收入为20000万元，1~11月各月基本平均，合计为15000万元，而12月高达5000万元，对此应加以详细调查，这有可能是人为操纵利润的结果。

把客户的生意当成自己的事业，永远都是这样！我是客户的代言人，我代表客户向银行争取利益。银行实在不能让步了，我也要让客户清晰地认识到：我个人并不功利，在遵守游戏规则的前提下，在我可以腾挪的最大极限边界内，我已经力尽所能为客户争取利益了。

第二十课　关注关联企业及关联交易

> 真正有能力的企业从不屑于搞关联交易，产品实实在在走市场，赚市场化的钱。
>
> 搞关联交易的集团公司，大部分都是"花拳绣腿""纸上谈兵"，稍微给两拳，立即一命呜呼。

关联交易是银行必须高度关注的，集团成员企业之间必须往来大量的现金流。

企业带有欺诈背景的关联交易对银行风险极大，要高度注意。

【关联交易分析】

表20-1　关联交易分析

合理关联交易	非合理关联交易
生产公司+销售公司，合理处在产业链中的上下游	无任何产业链关联的两个公司
合理避税，或是为了降低采购成本	就是为了造交易量、贸易量，做大发生额，走流水之用

白酒生产企业 ⇒ 白酒销售企业 ⇒ 经销商

汽车生产企业 ⇒ 汽车销售企业 ⇒ 汽车经销商

图20-1　关联交易

【中国的关联交易有两类】

第一类正常的关联交易：企业出于批量采购，降低税负成本，理顺产业链的角度，设立专门的采购公司、生产公司和销售公司。这些关联公司之间存在巨额的交易往来，这类公司较为正常。例如外资企业设立的汽车厂商集团，有独立的采购公司和销售公司。外资企业设立的中国企业更多地存在这类现象，例如益海嘉里粮油集团等。

第二类非正常的关联交易：企业出于欺诈等目的，人为制造销售收入，目的是欺诈银行的贷款或者资本市场融资，这类关联交易风险极大，要高度注意。例如陕西的达尔曼系、新疆德隆系、深圳三九系、上海华源系、天津北泰汽车系等无不是这类例子。

我们先来看一个案例：

假设 A、B 两个公司资产负债表完全相同，如表 20-2 所示（流动比率等于 2）：

表 20-2　资产负债　　　　　　　　　　　　　　单位：万元

现金	10000	流动负债	10000
存货	10000	长期负债	10000
固定资产	20000	股本	20000
合计	40000	合计	40000

A、B 两公司属于关联企业。年中，两公司相互从对方购买相同的原材料 5000 万元，原材料成本 3000 万元，本年无其他业务，则期末资产负债表如表 20-3 所示：

表 20-3　期末资产负债　　　　　　　　　　　　单位：万元

现金	10000	流动负债	10000
存货	12000	长期负债	10000
固定资产	20000	股本	20000
		未分配利润	2000
合计	42000	合计	42000

问题： 该关联交易对企业财务状况有什么影响？

提醒： 不正常的关联交易容易使报表失真，误导贷款的决策。

近几年，集团客户风险频繁爆发，给银行带来了巨大损失，引起了银行及监管当局的高度重视，而集团客户最大的风险就体现在关联交易上。

那么，企业进行关联交易的动机是什么？

1. 企业关联交易的三大动机

第一，出于自身经营管理的需要，实现整个集团公司的统一管理和控制。

第二，通过关联交易来规避政策障碍和粉饰财务。当需要进行融资时，通过关联方之间发生产品购销、担保或抵押、代理、租赁等行为，将目标公司打造成银行心目中的优质企业。

第三，当集团经营出现问题时，通过关联交易、资产重组等手段在内部关联方之间进行优质资产转移，然后对资产质量不好的企业进行破产，逃避债务，缓解集团经营危机。

2. 客户经理应重点关注以下情况

一是上市公司。目前，上市公司关联交易不断，风险频繁爆发。要高度关注上市公司公告，分析客户内部转移价格变化，是否存在通过不公平关联交易抽上市公司"血"的现象。

二是关注企业改制。许多企业利用改制、重组等手段转移资产，悬空银行债务。若客户要改制，应迅速收集、研究改制方案，了解企业改制目的，关注方案进程。弄清企业是否通过改制转移资产，悬空债务，判断企业改制对银行是机遇还是风险。

提醒： 关联交易具有隐蔽性较强的特征，需特别关注！

3. 如何分析关联交易

加强关系交易信息收集与分析是规避集团客户风险的关键！

要准确识别关联交易，可以从两个大的方面入手：第一，首先要搜寻出所有关联企业，找出最终控制企业；第二，注意收集关联交易信息，认真识别出关联交易风险。

4. 搜寻关联企业从哪些方面入手

一是通过企业集团的股权结构和组织架构寻找。

二是通过人际关系寻找，即企业间的主要投资者个人、关键管理人员之间是否是具有亲密关系的家庭成员（包括三代以内直系亲属关系和二代以内旁系亲属关系）。

三是看是否有交叉担保。

四是看业务是否有关联。

提醒：收集、评估关联交易信息时要注意区分纵向一体化企业集团和业务多元化企业集团的特点。

5. 如何关注纵向一体化企业集团的关联交易

纵向一体化企业集团，主要是以行业产业链为核心构建企业集团，集团内企业主要是上下游企业关系，如大型钢铁联合企业、石化企业等。纵向一体化企业集团内部关联交易主要集中在上游企业为下游企业提供原材料或半成品作为生产资料，以及下游企业再将产成品提供给销售公司进行销售。

对于这类企业集团关联交易，一方面，可以通过将该转移价格与向外部企业购买原材料的价格相比较，判断其是否通过转移价格操纵利润。另一方面，可以通过考察上游企业应收账款和下游企业原材料存货的多少，判断上游企业是否通过赊销的方式向下游企业提供商业信用，或者下游企业购入大量不必要的原材料以使上游企业获得较好的账面利润或现金流。

6. 怎样识别业务多元化企业集团的关联交易

该类集团其内部企业之间在产业上并无明确的上下游分工，各子公司之间在业务上是一种平行关系。业务多元化企业集团内部关联交易主要体现在内部企业间大量资产重组、并购，资金往来，以及债务重组。

比如目前较为普遍的一种模式是母公司先将现有资产进行评估，然后以低于评估价格转售上市子公司，似乎上市公司捡了个大便宜。上市公司通过现金、配股、增发等手段进行再融资以对该项目进行收购。最终结果是母公司成功从上市子公司套取现金。对于这类关联交易，我们应着重观察该项交易对交易双方利润和现金流造成的影响，判断其是否为一项正常的交易。

【课堂练习】

结合工作实际，目前，关联交易主要有那几种形式？请具体描述。

在分析关联交易时，应重点关注：

(1) 关联企业间的紧密程度。

(2) 关联企业的目的、交易量、交易方式和交易价格的合理性。

(3) 各成员公司的债务压力以及资金内部往来占用形式、质量与收益等方面的信息，判断关联交易对交易双方资产、利润和现金流造成的影响等。

(4) 如何分析客户上下游业务信息？

客户生产和销售是受其所处产业链上游的原材料供应和下游的产品销售制约，关联度很高。因此，客户经理不仅要关心客户本身的各种信息，还要收集客户上、下游市场情况，关注其产品价格、成本的变化，预测市场走向。

比如，对钢铁生产企业，要关注铁矿石、焦炭的市场供应量、价格变化，若预测下年原料价格会上涨，就应建议客户及时采取措施，调整生产计划或提前采购原料。对煤炭生产企业，其生产计划需根据电力需求变化及火电厂建设规划来调整，若不掌握变化信息，那么，当企业成本上升，盈利下降，或产品卖不出去，出现经营风险，危及银行贷款时，你将手足无措。

> 我们和客户首先是"商业伙伴"，其次才是"江湖兄弟"。如果你的贷款批不下来，你的银行承兑汇票就办不了，就是你喝得人仰马翻，也只是一个人的狂欢，酒杯里的兄弟立即就没了，只留下"悄悄是离别的笙箫，沉默是今晚的康桥"！

第二十一课　如何判断企业的综合竞争力

> 企业的综合竞争能力强，如产品品质好、供应链强、管控得力、资金流顺畅。
> 就如同韩信负责打仗、萧何负责粮草、张良负责调度、陈平负责找钱，岂能不赢？

通过一些关键的财务指标评价，可以判断企业是否具备强大的综合竞争力，一个企业在市场上只有具备了竞争力才能够生存下去。一个长期没有竞争力的企业无法生存。

财务指标的综合分析是判断企业是否具备强的竞争力。

盈利能力差的企业，一定是竞争力弱的企业；有较强盈利能力的企业，一定是竞争力强大的企业。苹果、万科、腾讯、宝钢无不是强大的典范。

一、获利能力比率

（一）资产报酬率

资产报酬率也叫投资盈利率，即指企业资产总额中平均每百元所能获得的纯利润，它用以衡量公司运用所有投资资源所获经营成效的指标，资产报酬率越高，表明公司越善于运用资产，反之，资产利用效果越差。

一个企业的资产是否为有效资产主要看资产报酬率指标。

资产报酬其计划公式为：

资产报酬率 =（税后盈利/平均资产总额）×100%

式中，平均资产总额 =（期初资产总额 + 期末资产总额）÷2

例如，假定某公司期初资产总额为 2850 万元，其末资产总额为 3300 万元，其平均资产总额为：（2850 + 3300）÷2 = 3075（万元），其资产报酬率为 96 ÷ 3075 = 3.12%，它表明该公司每投入 100 元资金，获得的收益为 3.12 元。由于资产报酬率是用来衡量公司运用其所有资产总额的经营成效,而公司获得的资产来源,除了股东外,还有其他债权人,如银行、公司债券投资者等。因此,资产报酬率应加以调整,即在算式分子中,除归属股东所有的税后盈利外,还应包括支付债权人的利息费用。调整的资产报酬率为:

资产报酬率 = (税后盈利 + 利息支出) ÷ 平均资产总额 × 100%

(二) 资本报酬率

资本报酬率即税后盈利与资本总额的比率,也叫净收入比率,是企业资本总额中平均每百元所能获得的纯利润。它是用以衡量公司运用所有资本所获经营成效的指标,资本报酬率越高,表明公司资本的利用效率越高,反之,资本未能得到充分利用。

资本报酬率表明企业是否具备强大的竞争力,是否是为一个股东创造价值的公司。

其计算公式为:

资产报酬率 = (税后利润/资本总额) × 100%
　　　　　 = (净收益/股东权益) × 100%

(三) 股东权益报酬率

股东权益报酬率又称净值报酬率,是指公司普通股的投资者委托公司管理人员应用其资金所能获得的投资报酬率。从其高低,可以衡量其普通股权益所得报酬率的高低。同时,利用这一比率还可以检测一个公司产品利润的大小及销售收入的高低;股东权益报酬率越高,说明产品所获利润越大,销售收入越多;反之表示产品的利润越小,销售收入越小。

其计算公式为:

股东权益报酬率 = (税后利润 - 优先股利)/股东权益 × 100%

【分析】

表 21-1　还款对应

货币资金	⟷	短期借款
应收票据	⟷	应付票据
应收账款	⟷	应付账款
存货	⟷	短期借款
		应付票据
		应付账款

存货属于后备部队，可以用于应付短期借款、应付票据、应付账款中任何一项。

就像足球队中的板凳队员，一个足球队能够走多远，不是明星队员决定的，而是板凳的深度。板凳深度很深，说明替补队员的水平都很高，所以球队的实力就强大了，因为即使是替补队员一样可以打得很好。

二、偿债能力比率

公司的偿债能力包括短期偿债能力和长期偿债能力。反映短期偿债能力，即将公司资产转变为现金用以偿还短期债务能力的比率主要有流动比率、速动比率以及流动资产构成比率等。反映长期偿债能力，即公司偿还长期债务能力的比率主要有股东权益对负债比率、举债经营比率、产权比率、固定资产对长期负债比率等。

（一）流动比率

流动比率也称营运资金比率，是衡量公司短期偿债能力最通用的指标。

计算公式如下：

流动比率＝流动资产/流动负债

这一比率越大，表明公司短期偿债能力越强，并表明公司有充足的营运资金；反之，说明公司的短期偿债能力不强，营运资金不充足。一般财务健全的公司，其流动资产应远高于流动负债，起码不得低于1∶1，一般认为大于2∶1较为合适。

但是，对于公司和股东而言，并不是这一比率越高越好。

流动比率过大，并不一定表示财务状况良好，尤其是由于应收账款和存货余额过大而引起的流动比率过大，则对财务健全不利，一般认为这一比率超过5∶1，则意味着公司的资产未得到充分利用。

如果将流动比率与营运资金结合起来分析，有助于观察公司未来的偿债能力。

（二）速动比率

速动比率是用以衡量公司到期清算能力的指标。

计算公式为：

速动比率＝速动资产/流动负债

投资者通过分析速动比率，可以测知公司在极短时间内取得现金偿还短期债务的能力。一般认为，速动比率最低限为0.5∶1，如果保持在1∶1，则流动负债的安全性较有保障。因为，当此比率达到1∶1时，即使公司资金周转发生困难，亦不致影响即时的偿债能力。

（三）流动资产构成比率

其计算公式为：

流动资产构成比率＝每一项流动资产/流动资产总额

分析这一比率的作用在于：了解每一项流动资产所占用的投资额；弥补流动比率的不足，达到检测流动资产构成内容的目的。

上述三种比率，主要涉及公司的短期偿债能力，下面举几个长期偿债能力的比率方法。

（四）负债比率

这一比率为上面比率的倒数，它表明公司每1元资本吸收了多少元负债，在实质上与上面比率即股东权益对负债比率是一样的。其计算公式为：

负债比率＝负债总额/股东权益

分析这一比率，可以测知公司长期偿债能力的大小，因为负债是一种固定责任，不管公司盈亏，均应按期支付利息，到期必须偿还。一般认为负债比率的最高限为3∶1。但是必须明确，对投资者而言，负债比率过低并不一定有利，因为公司自有资本相对于负债来说，只需维持在一定水准足以保障公司信用就可以了。此比率过低表明公司举债经营能力有待增强。

（五）举债经营比率

这一比率表明在公司的资产总额中，债权人的投资额是多少，其计算公式为：

举债经营比率＝负债总额/总资产净额×100%

式中，负债总额即债权人权益，总资产净额则是全部资产总额减除累计折旧后的净额。例如，A公司的负债为1500万元，总资产净额为2200万元，其举债经营比率为68.18%，即每100元资产中，有68.18元是经营举债取得的。

三、成长能力比率

成长能力比率可用来测知公司扩展经营的能力。

一个企业，没有成长能力，就没有未来；没有成长能力，资本就不会进入；没有资本作为先锋，就不会有其他资源跟进。企业就像部队，必须有持续的资源补给，否则，很难在市场中冲锋。

反映公司内部性的扩展经营能力的比率则主要有：

（一）利润留存率

其计算公式为：

利润留存率 =（税后利润 – 应发股利）/税后利润

这一比率表明公司的税后利润（盈利）有多少用于发放股利，多少用于留存收益和扩展经营。其比率越高，表明公司越重视发展的后劲，不致因分发股利过多而影响公司未来的发展；比率越低，表明公司经营不顺利，不得不动用更多的利润去弥补损失，或者分红太多，发展潜力有限。

（二）再投资率，又称内部成长性比率

其计算公式为：

再投资率 = 税后利润/股东权益 ×（股东盈利 – 股息支付）/股东盈利 = 资本报酬率 × 股东盈利保留率

这一比率表明公司用其盈余所得再投资，以支持公司成长的能力。公式中的股东盈利保留率即股东盈利减股息支付的差额与股东盈利的比率。股东盈利则指每股盈利与普通股发行数的乘积，实际上是普通股的净收益。

这一比率越高，公司扩大经营的能力则越强；反之，则不然。以 A 公司为例，其资本报酬率为 9.14%，股东盈利保留率为 98.66%，则其再投资率为 9.01%。

四、周转能力比率

图 21 – 1　周转能力

(1) 单次货币变成商品，商品再次变成货币的时间。

(2) 周转率 = 360 天/单次货币变成商品，商品再次变成货币的时间。

(3) 一年，货币可以转几次，就是周转率。

周转能力比率亦称活动能力比率，是分析公司经营效应的指标，其分子通常为销售收入或销售成本，分母则以某一资产科目构成。

（一）应收账款周转率

其计算公式为：

应收账款周转率 = 销售收入/（期初应收账款 + 期末应收账款）× 2 = 销售

收入/平均应收账款。

由于应收账款是指未取得现金的销售收入,所以用这一比率可以测知公司应收账款金额是否合理以及收款效率高低。这一比率是应收账款每年的周转次数。如果用一年的天数即 365 天除以应收账款周转率,便求出应收账款每周转一次需多少天,即应收账款转为现金平均所需要的时间。其算法为:

应收账款变现平均所需时间 = 一年天数应收账款

年周转次数应收账款周转率越高,每周转一次所需天数越短,表明公司收账越快,应收账款中包含旧账及无价的账项越小;反之,周转率太小,每周转一次所需天数太长,则表明公司应收账款的变现过于缓慢以及应收账款的管理缺乏效率。

(二)存货周转率

其计算公式为:

存货周转率 = 销售成本/(期初存货 + 期末存货)×2 = 销售成本/平均商品存货

存货的目的在于销售并实现利润,因而公司的存货与销货之间,必须保持合理的比率。存货周转率是衡量公司销货能力强弱和存货是否过多或短缺的指标。其比率越高,说明存货周转速度越快,公司控制存货的能力越强,则利润率越大,营运资金投资于存货上的金额越小;反之,表明存货过多,不仅使资金积压,影响资产的流动性,还增加了仓储费用与产品损耗、过时。

(三)固定资产周转率

其计算公式为:

固定资产周转率 = 销售收入/平均固定资产金额

这一比率表示固定资产全年的周转次数,用以测知公司固定资产的利用效率。其比率越高,表明固定资产周转速度越快,固定资产的闲置越少;反之则不然。当然,这一比率也不是越高越好,太高则表明固定资产过分投资,会缩短固定资产的使用寿命。根据公式,我们可以求出 A 公司的固定资产周转率,即 780/660 = 1.18(次)

(四)资本周转率,又称净值周转率

其计算公式为:

资本周转率 = 销售收入/股东权益平均金额

运用这一比率,可以分析销售营业额,股东所投入的资金是否得到充分利用。比率越高,表明资本周转速度越快,运用效率越高。但如果比率过高则表示公司过分依赖举债经营,即自有资本少。资本周转率越低,则表明公司的资本运用效率越差。以 A 公司为例,可以算出其资本周转率为:780/700 = 1.11(次)。

（五）资产周转率。其计算公式为：

资产周转率=销售收入/资产总额

这一比率是衡量公司总资产是否得到充分利用的指标。

总资产周转速度的快慢，意味着总资产利用效率的高低。

比率分析属于静态分析，难以分析动态方面的情况；比率分析使用的数据是历史性数据，对于未来预测并非绝对可靠；比率分析使用的数据为账面数值，难以反映物价水平的影响等。因此，在运用这一方法时：一是注意将各种比率有机地联系起来进行全面分析，不可孤立地看某种或某类比率。二是注意考察公司的经营状况，不能光着眼于财务状况的分析。三是结合各种分析方法。这样才能对公司的历史、现状以及将来有一个比较详尽的分析了解。

【分析】

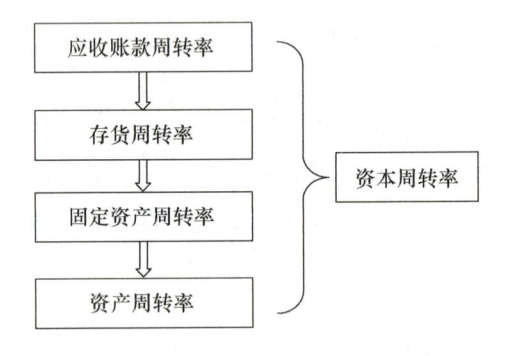

```
应收账款周转率
     ↓
  存货周转率          ⎫
     ↓              ⎬  资本周转率
固定资产周转率        ⎭
     ↓
  资产周转率
```

图21-2　资本周转率

企业应收账款周转率快，决定存货周转率快；存货周转率快，决定固定资产周转率快；固定资产周转率快，决定了资产周转率效率高。

所有这些都表明股东赚钱了，资本周转率就高了。

> 对于客户而言，授信仅是工具，生意才是目的，如果能够完成生意，具体选择哪种工具，只要成本别太高，别太烦琐，客户都会接受。营销时候选择哪种工具，应看客户的生意模式。

五、银行通过企业报表营销示范

银行客户经理应当实施报表营销,从企业的会计报表中发现银行的产品业务机会。会计报表是企业经营活动、筹资活动和投资活动的综合反映;反过来,会计报表反映出企业经营活动、投资活动和筹资活动影子,我们可以从中发现企业需要改进的地方。银行客户经理必须能够真正担当企业的财务顾问,能够发现企业问题,提出改善建议。在提建议的同时,要合理销售银行产品。银行客户经理借助授信、现金管理等金融产品的优势,结合客户经理对企业知识的理解,就可与企业需求实施对接,从而完成利用会计报表发现营销机会。

两个出发点:

第一个出发点:具体的利益。这些利益看得见,非常直观。从降低负债成本讲,银行客户经理必须能够在降低企业财务成本方面出力,主要是借助直接债务融资工具,在企业具备基本条件下,以直接债务融资工具的承销等投行业务代替企业间融资,特别是他行贷款。另外,可以通过给企业提供暂时闲置资金理财业务,为企业带来更高收益,从而降低企业财务成本。

第二个出发点:模糊的利益。这些利益对企业的长远发展非常有效。银行客户经理必须能够从会计报表之间关系、会计报表的整体结构、会计报表要素的结构特征,以及从产业链地位和商务模式等角度出发,看哪些环节可以嵌入银行各类产品和服务,从而发掘出企业的潜在需求。

(一)企业财务结构调整中的银行营销机会

由于企业财务结构和资本结构的不同适应性表现,资产负债表呈现出保守型、稳健性、风险型三种财务结构类型。银行客户经理可以综合考虑企业经营环境、行业特点、发展阶段、企业实际,结合企业管理层偏好,建议企业改进方向。企业必须有自己的战略思考,太过保守的财务融资结构将制约企业资源效益发挥,白白浪费太多的市场机会;太过激进的财务融资结构又将带来较高的风险,在经济处于低迷的时候,会给企业带来巨大的风险。两类结构对企业而言都不是理想结构。

保守性财务结构向稳健型结构迈进,可从两个渠道进行:一是从资产方入手,使流动资产向长期资产转化,银行可从资产管理类入手,将企业流动资产,特别是现金,用于企业投资或理财,并可衍生出理财托管等业务。二是从负债方入手,使长期资本短期化,银行可通过短期贷款替代长期贷款,一方面节约企业财务费用,另一方面增加新增短期贷款(可能替换他行长期贷款)或改善中长期占比（替代自身长期贷款）。但是，切记一点，银行客户经理的营销方向一定是首先考虑银行的利益点，如果客户在本行已经有大量的存款，一定要谨慎营销理财业务，除非我们受到了其他银行的威胁。长期融资短期化的营销必须谨慎，一定要针对特别强势的企业，例如电力公司、电信公司等客户，否则风险同样很大。

高风险性融资结构向稳定型结构转变，可从两个渠道进行：一是着眼于企业短期流动负债长期化使用问题，以长期贷款替换短期贷款。二是从资产方入手，促使长期资产向流动资产转化，银行可做的业务：帮助企业处置长期投资，通过代理租赁等降低固定资产等。例如，很多高校，长期现金流非常稳健，但短期偿债能力较差，前些年，这些高校大量的借入短期贷款，如今面临资金压力，银行可以提供长期贷款置换贷款，帮助企业延长债务期限。

【案例1】

银行依托产品介入企业财务调整业务

某企业的资产负债表，如表21-2所示。

表21-2 资产负债表　　　　　　　　　　　单位：万元

资产	金额	负债及所有者权益	金额
流动资产	18566	流动负债	21500
长期投资	1250	长期负债	11267
固定资产	12167	总负债	32767
无形资产	4000	所以者权益	3216
总资产	35983	负债及所以者权益合计	35983

该企业在财务结构上，属于典型高风险型结构。其流动负债为21500万元，而流动资金为18566万元；长期资本仅为14483万元（长期负债＋所有者权益）而长期资本仅为17417万元（长期投资＋固定资产＋无形资产）。企业流动负债不仅用来满足流动资产需要，而且还用于满足部分长期资产资金需要，存在着短期流动资产的需要以及短期流动负债长期化使用的问题，财务风险较大。

为改善企业财务结构，某银行客户经理建议企业6000万元短期借款到期后，续做长期贷款，同时企业通过引入租赁公司，为公司承做5000万元机器设备售后回租业务，假设企业其他指标不变，则财务结构发生可喜变化，如表21-3所示。

表21-3 调整后资产负债简表　　　　　　　　　　　　单位：万元

资产	金额	负债及所有者权益	金额
流动资产	23566	流动负债	15500
长期投资	1250	长期负债	22267
固定资产	12167	总负债	37767
无形资产	4000	所以者权益	3216
总资产	40983	负债及所有者权益合计	40983

经过贷款的替换和金融租赁业务，企业在财务结构上已属于稳健型结构。其流动负债为15500万元，而流动资产为23566万元；长期资本增加为25483万元，而长期资产为17417万元。企业长期资本不仅完全满足长期资产需要，而且还用于满足部分永久性流动资产的资金占用需要，企业资产结构与资本结构相匹配，与调整前相比，财务结构显著改善。

在该业务中，银行通过长期贷款对短期贷款的替换，增加利息收益，同时通过租赁公司也可获取部分代理费或者财务顾问费，由于财务顾问收入不占资本，银行在该客户的风险资本收益大幅度增加。

> 报表要素调整业务主要是针对企业的会计报表各项目的低效率应用，通过银行各类产品提高企业资产使用率，降低负债成本、增加现金流量，在帮助企业提高经济效益、改善报表的同时，也培育客户的忠诚度，实现银行的收益。

（二）重资产转向轻资产公司迁移

所谓让资产轻下来，让资产变轻，同时让资产别闲下来，要尽量提高使用效率。

1. 让资产变轻盈

在资产负债表上，越是上方的资产越轻，流动性越强。显然一个企业的资产质量越重，固定成本越大。企业经营杠杆越高，面临的风险也越大，越要求企业以更大生产规模消耗庞大的固定成本，以提高单位产品的盈利水平，而且盈利性相对于销售的下降也更加敏感。轻资产结构的企业，则正相反，固定成本小，随着生产模式的提高，毛利率越大。

固定资产占资产总额的比例越高，公司的退出成本越高，企业的自由选择空间越小，在经济不景气的情况下，公司几乎不能实现亏损退出，只能选择惨淡经营，承受巨大市场、经营和财务风险，同时却只能获得微不足道的回报。公司应对不利经营环境和市场环境的能力显然低于流动资产占比较高的公司，所以，企业需要的固定资产不一定都必须购置，完全可以租用，资产不一定必须占有，使用创造价值。

企业"轻"与"重"根本上受制于行业影响。银行凭借自己客户资源实现对租赁公司租赁业务的主导，另外，也可衔接对租赁公司应收租赁款的保理业务，将业务控制在自己手中。

对于某些存货和应收账款占比较高且规模大的企业，可借助于某些金融产品实现由"重"变"轻"。例如，可借助融资租赁和经营租赁，将企业应收账款保理或动产融资变为企业的现金，减少企业营运资金占用，促进企业扩大销售。银行客户经理的工作就是找到一切机会，帮助企业实现最有效地经营运作，最有效地使用和盘活各类资源。

2. 让资产提高使用效率

主要是针对企业可能存在的闲置现金，在确保企业最优现金持有量的基础上，通过资产管理业务实现企业的较高收益。

【案例2】

银行依托租赁保理介入企业报表要素调整业务

某公司为石化企业，总体工程量已达70%。公司开工以来，国内外金融形势发生巨变，国内银行业的监管更加严厉，规模窗口指导更加频繁，对公司的银行融资产生一定的影响。公司目前资产负债率已经很高，承债能力较差。某银行客户经理提出通过租赁保理产品实现企业融资的思路，并通过积极营销，最终取得企业认可，同时续做了存量资产的售后回租保理 4.2 亿元和新增资产的租赁保理 2.5 亿元的业务。

对增量固定资产的融资租赁和租赁保理，其操作模式如下：
(1) 租赁公司与供货商签署设备卖活动。
(2) 租赁公司将该设备出租给承租人。
(3) 租赁公司向银行申请保理业务。
(4) 银行给租赁公司授信双方签署合同。
(5) 租赁公司通知承租人进行债权转让。
(6) 银行受让租金收取权益。
(7) 承租人按期支付租金给银行。
(8) 当租金出现不能给付情况时，供货商提供回购担保。

交易结构如图 21-3 所示。

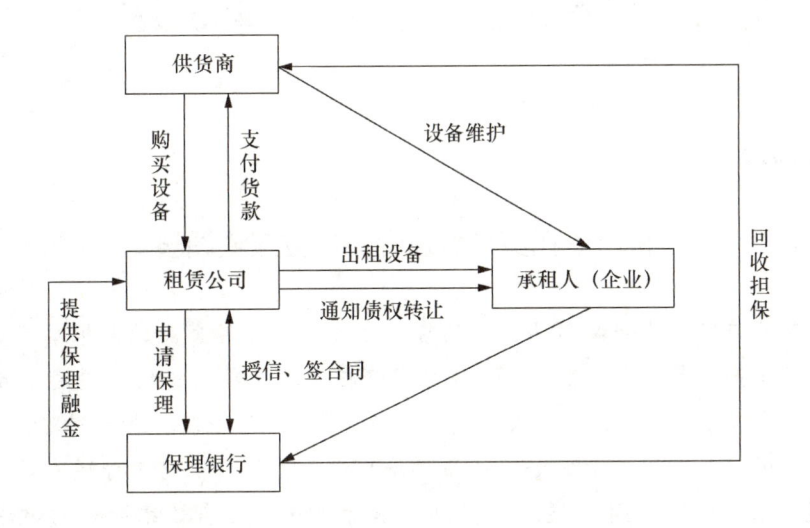

图 21-3　增量固定资产租赁保理业务交易结构

对存量固定资产售后回租加租赁保理模式，其操作模式是：
(1) 租赁公司与企业签署设备买卖活动。
(2) 租赁公司将该设备出租给承租人。
(3) 租赁公司向银行申请保理业务。
(4) 银行给租赁公司授信双方签署合同。
(5) 租赁公司通知承租人进行债权转让。

（6）银行受让租金收取权益，给租赁公司提供保理融资。

（7）承租人按期支付租金给银行。

交易结构如图21-4所示。

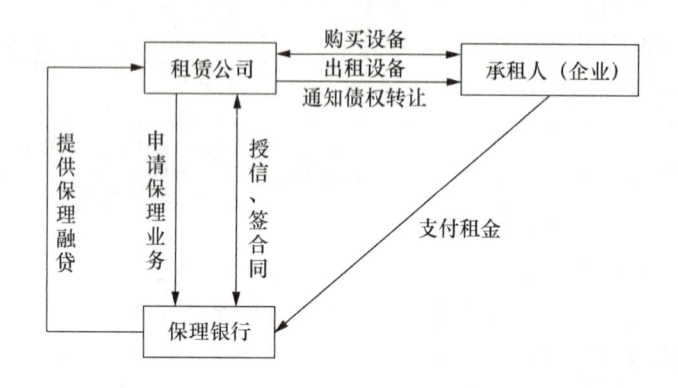

图21-4　存量固定资产售后回租保理业务交易结构

【案例3】

银行依托资产管理介入企业报表调整

某客户经理在营销某石油公司的贷款业务时，发现企业近期根本不需要资金，企业生产稳定，资产负债表中现金资产在最近3年从3亿元稳定攀升为11亿元，资金沉淀时间长，规模大，稳定性强。该客户经理改变营销思路，从给贷款变为理财。本着"本金安全，产品组合多样，收益水平高于普通存款"的原则，提供保值增值理财方案，将在他行银行存款变为自己银行的存款和托管资产。

其综合配置的投资组合包括：协定存款、通知存款、定期存款、货币市场基金、可转债券投资、增利型理财产品、大型企业信托贷款计划、票据理财产品，通过不同品种的组合和不同权重的设计形成不同的组合方案，供客户选择，最终企业选择了收益率最高的方案，并委托银行理财规模5亿元。该项业务为企业实现年化净收益率4.5%。而银行则获得了稳定的2亿元的定期存款，实现托管费收入2.1万元。

中信信托有限公司委托该银行私人银行部就信托公司发行的煤炭资源产业投

资基金募集资金,客户经理又将该产品介绍给该企业。经过评估,企业认为该基金投资的同业公司发展前景良好,并设置了良好的风险控制措施,决定投资基金2亿元,投资期限为两年,预期年回报大约为9.5%。该基金托管与该银行、该客户经理也获得了部分销售佣金收入。

(三)降低企业的成本,打动企业

对于任何公司而言,控制或降低成本都是一条不变的绝招。特别是对于竞争极其激烈行业中的成熟企业,本来就是微利经营,销售在激烈的竞争中难以扩大,而成本控制就成为企业盈利的最有效工具。

由于"收入-成本=利润",如果企业的收入是10,成本是9,利润是1,利润率为10%。但如果通过各种手段将成本降低10%,也就是说降低到8.1,那么在收入不变的情况下,利润就成了1.9,利润率为19%。显见,成本控制对于企业的重要性。

对客户经理而言,从降低成本方面营销业务应从两方面着手:一是着眼于企业的负债成本;二是着眼于企业的营业成本。

银行客户经理要详细考察核心企业与上下游关系,以银行对核心企业上下游企业的融资支持,换取核心企业对上下游企业资金的更大规模和更长时间的经营占用,获取对自己更有利的商业条件,减少对外部融资的需求,也可以降低企业财务成本。如果核心企业自己缺钱,完全没有必要自己去银行融资,让上下游企业向银行融资,自己直接占用就可以了。

从降低企业的营业成本讲,银行可以在企业的采购领域通过产品的介入为企业节约成本。通过买方付息票据、保押商业承兑汇票、国内信用证、国内信用证买方押汇、贷款、订单融资、动产融资等产品,协助企业稳定供应渠道,加大采购规模取得较低价格,在预期价格上涨时续备库存,或通过金融支持使企业能够实现采购和零库存等,降低企业在原料方面的开支,这类企业的信贷需求属于理财型信贷需求。

【案例4】

银行依托资产托管业务降低企业财务成本

在某银行客户经理对某省城投公司的营销过程中,通过沟通,发现企业有意通过保险债权投资计划进行融资。该银行组织项目小组，集中走访保险公司及保险资产管理公司，向它们推介，并寻求能给予债券投资计划最优惠利率的保险公司。

经过与保险公司接触并反复商谈，确定了可以合作的保险公司，其表示待公司的财务与审计报告出具后，即可向中国保监会申报该公司债权投资计划，保险公司同意该债权投资计划规模为13亿元，期限为7年，利率与同期银行5年以上贷款利率挂钩，下浮比例为13%，按当时银行5年期以上贷款利率5.94%计算，该能源公司债权投资计划的票面年利率为5.17%，本息偿还方式为每年支付一次利息，到期一次偿还本金及最后一次利息。

如果按季付息的银行贷款利率折成按年付息来比较，该项债权投资计划在同期银行5年期以上贷款利率下浮比例达到14.83%，保守地说，债权投资计划融入的资金与下浮10%的同期5年以上银行贷款相比，为公司节省财务费用在2000万元以上，而如果将债权投资计划融入的资金与同期5年以上银行贷款基准率相比，7年能为公司节省财务费用在8000万元以上，且债权投资计划融入的资金在使用上更为灵活，包括作为资金本使用等。

该笔保险债权投资计划项目的成功运作，给银行带来了较大的收益，企业融资顾问收入1000万元，作为计划的托管人获得连续7年，每年0.25%的中间业务收入，同时获得大量低成本资金存款。

（注：债权投资计划是中国保监会为扩大保险资金投资而力推的一种创新投资方式。经国务院批准，中国保监会公布了《保险资金间接投资基础设施项目试点管理办法》，确定通过债权投资计划的形式将保险资金投资于交通、通信、能源、环境保护等重点基础设施项目。保险公司已经成为银行的重要外部资金渠道，银行客户经理要高度重视信托、保险公司、风险投资等机构，作为银行重要的外部资金渠道。）

（四）企业级产业链中的业务机会

现代商业竞争表面是企业产品质量的竞争，而实际是产业链之间的竞争。一些强势的企业由于可以有效地整合产业链，形成了庞大的竞争力。例如闻名天下的苹果公司就是自己只管设计和销售，而将产品的制作外包给了富士康公司。一些大型的房地产公司同样如此，自己只管到市场上拍地，拍地后由专业的设计公司负责设计项目的类型等，由专业的施工企业负责项目的施工，最后交付给专业的销售代理公司销售，完成整个过程，自己负责运作外部资源即可。

核心企业基于自身成本和现金流优化的考虑，往往会采取一些特殊的财务策略，如推迟对供应商的付款和加快向销售商转移库存并形成预收贷款，这些都是以占用上下游的资金为代价。这种简单的资金成本转移，使得上下游企业出现资金周转困难，导致整个产业链条的运行迟滞，运行成本上升。这就给银行提供了供应链融资的机会，因此，通过供应链融资方案保证关联企业的融资需要，在保障供应商和销售商的现金流改善的前提下，进一步松绑核心企业的流动资金约束，降低整条产业链的融资成本，从而可以降低最终产品成本，提高市场竞争力，进而提高整条产业链的稳定性和运行效率。

从企业财务报表，特别是辅助应收账款、应付账款和预收账款，预付账款中，我们可以了解企业的核心供应商和销售商，结合对企业的调查了解我们就能掌握企业的上下游以及企业在整条产业链中的地位。这样，基于产业中的核心企业并在对产业链内部的交易结构进行分析的基础上，就可以依托核心企业运用自偿性贸易信贷模型、资金流导引工具等新的风险控制变量，对产业链的不同节点提供封闭的授信支持及其他结算、理财等其他金融服务。

这与前面提到的保理及动产融资不同，因为后者只是简单的贸易融资产品，而前者却是核心企业与银行间达成的一种面向产业链所有成员企业的系统性金融安排，这种融资安排嵌入了银行的智慧，形成了一个完整的解决方案。

对于银行而言，通过产业链融资服务，不仅可以绑定核心大客户，同时借助"团购"式的开发模式和风险控制手段，能有效降低营销中小企业成本，扩大银行的客户群，将实现贷款、存款、结算、理财等这类收入。

产业链融资业务模式也是许多银行提出的"1+N"业务模式：利用"1"与产业链其他成员的利益关联及其在产业链中的强势谈判地位，引入"1"的信用开展对"N"的面向贸易环节的金融服务，以及"1"与"N"之间的贸易、结算关系，进一步深化"1"对主办银行的依赖，并创造对"1"开发的更多机会。

【案例5】

银行产业链融资的批量开发

福建大克服装有限公司是一家著名的民营服装企业，其运动服和运动鞋品牌在国内排名前列，年销售额在30亿元左右，目前资产负债率仅为33%，拥有28家省级经销商，6000多家专卖店，省级经销商净利润水平在5%~10%，公司

70%的鞋自己生产，服装及配饰均外包，订货管理试行期货制，每年4次订货会，2次补货会，由下属B公司负责定期配货，经销商均配有物流仓库，货款均采用现金及银行结算，平均应收账款余额控制在销售额的20%以内。

企业的财务状况如表21-4所示。

表21-4 AC公司财务状况简介 单位：万元

项目	××××年	××××年	××××年	××××年6月
总资产	34254	79810	165688	257705
应收账款净额	6884	16682	72672	136231
存货	6211	18900	36595	70291
固定资产净值	4064	6940	7564	9704
短期借款	14100	11600	12400	0
所有者权益	16402	44828	130167	185672
实收资本	7143	25402	76197	76197
未分配利润	8921	14814	42488	43301
主营业务收入	50214	134488	258157	151528
净利润	5093	23885	45801	22636
销售毛利率（%）	17	32	25	23

表中显示出的问题主要是：①虽然福建大克服装有限公司资产利润和销售收入连续3年大幅增加，但公司的赊销规模大，应收账款增长远高于销售增长；②市场政策激进，经销市场扩展及回款压力巨大；③经销商高增长缺乏有力支持，其可持续性有待观察。

银行客户经理认为，服装鞋类企业虽属于高风险行业，但也孕育着巨大的商机，关键是如何在行业的产业链条中找到最有竞争力、附加值最高的环节市场机会，同时采取合适的业务模式规避风险。

经企业配合，客户经理进一步证实公司准备上市，加强了规范化管理，快速扩张及严格的回款要求，使得经销商面临极大的资金压力。福建大克服装有限公司可以提供资金支持，经销商总资金缺口为10亿元，经销商融资难及融资额度低已严重影响福建大克服装有限公司的业务扩展。为实现公司的扩张，福建大克服装有限公司同意银行对经销商融资给予积极配合。

经调研后，客户经理形成了初步的营销思路及方案：①给予福建大克服装有限公司专项融资额度；②重点支持下游网络扩张；③商票贴现；④经销商付息；⑤经销商个人担保。

方案突出了如下特点：①支持下游经销商融资，加快销售网络扩张；②全方位的应收账款托收及管理服务；③经销商个人担保，提高应收与账款或票据资产质量；④加快应收账款周转，美化财务报表；⑤提高经销商信用意识及规范化管理水平；⑥融资成本不高于同期贷款基准利率。

借助福建大克服装有限公司年底经销商大会契机，银行项目团队与福建大克服装有限公司相关财务人员及全国各地经销商座谈，介绍产业链融资服务方案，受到了经销商的热烈欢迎。

通过经销商经济实力调查内容，授信额度确定公式，经销商准入，商票贴现及相应风险控制措施与分行评审人员进行充分沟通后，形成了最终的授信申请报告，并经省分行上报总行。

最终，经总行贷审会审议，同意给予福建大克服装有限公司综合专项授信额度10亿元，期限1年，额度共用人为28家经销商。品种为商票贴现，流贷和银承，其中流贷和银承合计不超过2亿元，用于福建大克服装有限公司和下属B公司的资金经营周转，商票和银承保证金不低于20%，贷款利率按基准利率执行，贴现金利率执行分行指导利率。商票贴现为框架性额度，专项用于福建大克服装有限公司与其他下游经销商之间的贸易结算，具体使用需由票据承兑人/贴现人银行按程序报批。

商票贴现累计实现近20亿元，商票贴现累计创利2000多万元，带动保证金存款2亿多元，结算性存款4亿多元，同时该银行也成为该公司及其28家省级经销商主要结算行，未来收益更加可观。

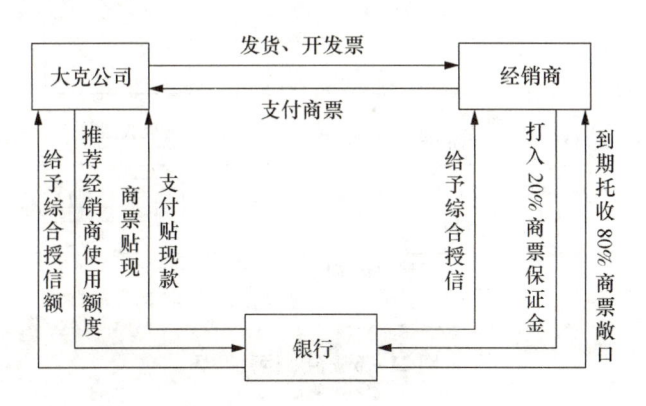

图21-5 银行产业链融资

（五）资金转换周期中的业务机会

资本的基本游戏规则就是转换形态。一家企业在组织生产时投入资金，购买原材料和人力资源，然后把这些资源转化为产品和服务，最后销售并收回资金的循环过程是所有商业活动的核心。资本的基本游戏规则就是货币变成商品，然后再次变成货币。

银行发放流动资金和固定资产贷款，就需要对企业的运营循环和资本循环进行分析，以测算企业的资金需求和回收期。在对企业的资产转换周期进行信贷分析时，信贷人员需要考虑：①运营环节各环节的时间性，以及对运营循环各阶段所需资源数量的估计。此类分析关注资源流动的时间性和数量，以及运营循环的现金流情况。②公司固定资产的特性，使用寿命和使用状况，新的或授权使用的技术在很大程度上决定了企业的成功和资本性投资模式，以及为支持销售增长而对固定资产进行更新换代的时间和金额。

利用资产负债表，我们可以将企业运营循环的表达方法展示为"现行版本"即：

运营循环周期 = 存货周转天数 + 应收账款周转天数

现金循环周期 = 运营循环周期 - 应付账款周转天数

运营投资需求 = 存货 + 应收账款 - 应付账款

用图表示如图 21-6 所示。

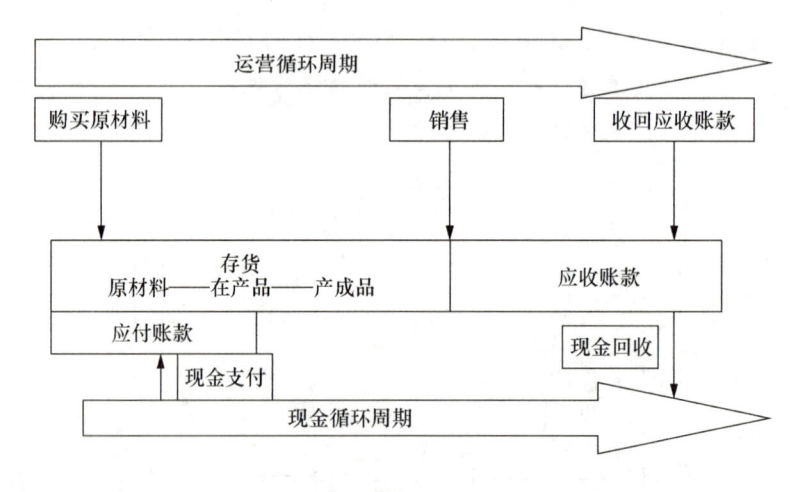

图 21-6 企业运营循环

对于季节性企业而言，在旺季到来之际，存货和应收账款的增长通常会高于应付账款等自发融资的增长，因此，那些由于存货和应收账款增长引起的但不能由企业自发融资的季节性增长所需融资的部分，必须由企业自身的现金资源或通过借款来满足。通过分析企业的现金循环周期，有助于分析企业是否需要季节性运营融资。

【案例6】

通过报表要素估算企业季节性融资需求

广州天乐有限公司是一家季节性特点非常明显的小型公司，其销售旺季和淡季非常固定，每年的1月为销售高点，而7月则为销售低点。企业经营现金流特点是，当年的7月到次年的1月，销售逐步提高，运营投资逐步增多；而从1月到当年的7月，销售逐步回落，运营投资逐步减少，并释放出相应规模的现金资源。

在季节性销售攀升时期，存货和应收账款的增加会导致现金的占用，而应付账款的增长则形成现金的来源。从净值角度看，现金的占用快于现金的自发融资，银行形成了3060万元的现金使用，也就是3060万元的运营投资增长，代表了企业无法满足季节性增长的融资要求。

而在季节性衰落时期，则相反，存货和应收账款的减少代表一种资金来源，而应付账款的减少则形成一种现金的使用，从净值角度看，存货和应收账款的减少速度快于自发融资的减少，相应形成了2840万元的现金来源，也就是2840万元的运营投资减少，导致企业由运营投资的减少所释放的现金金额。

对于处于成长期的广州天乐有限公司而言，季节性运营投资的下降程度要低于此前的季节性增长程度，因此，运营投资下降所释放的现金，往往会小于为季节性增长所提供融资的现金。广州天乐有限公司在季节性增长阶段需要使用3060万元现金，而运营投资的下降仅仅释放出2840万元。可见广州天乐有限公司存在潜在的融资需求，在企业自有现金不足时，银行则可介入。

当然，本例中界定的企业的季节性还款能力仅限于企业运营投资下降所释放的现金规模，而实际上，企业的日常经营中还会产生其他的还款来源并可用于流动资金贷款的偿还，但这并不影响银行和客户经理去识别与季节性贷款相对应的、可靠的现金还款来源。

【案例7】

通过现金循环周期估算企业短期贷款额度

某公司没有显著的季节性特征。

表21-5 某公司的财务信息　　　　　　　　　　单位：万元

销售收入（赊销）		11500	
产品销售成本		8200	
	期初	期末	平均
存款	2000	3000	2500
应收账款	1600	2000	1800
应付账款	750	1000	875

1. 现金循环计算

根据以上财务信息计算企业相关指标如下：

存货周转率＝产品销售成本/平均存货＝8200/2500＝3.28（次）

存货周转天数＝365/存货周转率＝365/3.28＝111（天）

应收账款周转率＝赊销额/平均应收账款＝11500/1800＝6.4（次）

应收账款周转天数＝365/应收账款周转率＝365/6.4＝57（天）

应付账款周转率＝产品销售成本/平均应付账款＝8200/875＝9.4（次）

应付账款周转天数＝365/应付账款周转率＝365/9.4＝39（天）

因此，

现金循环周期＝存货周转天数＋应收账款周转天数－应付账款周转天数＝111＋57－39＝129（天）

2. 信贷额度简易匡算法

测算企业短期贷款额度的简单方法，就是根据运营循环周期或现金循环周期再结合销售收入计算。即用企业某年计划销售收入减去上年的销售收入，得出预计销售收入净增加值，再除以现金周转次数，就得出信贷额度。

信贷额度＝预计销售收入净增加值/（365/现金循环周期）

【案例8】

以供应链融资支持企业扩大生产销售

新疆天业有限公司注册资本5亿元，股份制企业，现已发展成为我国机电制造行业内的知名企业。公司以电机电器成套设备为基础，以风力发电成套设备和大型矿山开采运输车辆为核心，产品市场占有率不断提升。

新疆天业有限公司近几年发展很快，但伴随着公司市场的不断扩大和销售收入的快速增长，消费用品居高不下，净利润率很低。由于公司生产周转资金占用时间较长，并不断扩张市场，虽然新疆天业有限公司凭借自身的强势地位，不断向上游供应商转移资金压力和资金成本，但公司回款压力仍然很大，采购资金短缺，负债率不断攀升，常规贷款空间不断缩小，而根据市场发展需求和意向订单，加之公司新上项目产能释放及业务向海外扩展，公司确定年目标产值为50亿~60亿元，整个公司继续处于加速增长期，但自身和上游供应商均有较大的资金要求。

经客户经理了解，公司交易特征大体如下：

公司上游供应商处于弱势地位，而下游采购客户相对公司处于更强地位。

上游供应商采购原料，一般为现款现货方式，结算方式多为现金和银票，从采购进货到生产完成周期为1~2个月。

供应商销售给新疆天业有限公司后，经安装调试验收合格，周期为45~60天，再由供应商开具发票。单纯的贸易类公司供货，周期会略短于生产型企业，但一般也不少于30天。

新疆天业有限公司收到发票后，形成对供应商的应付账款。公司要求供应商安全年交易额铺地资金20%，货款延后3个月支付。上游中小供应商的资金周转一般为5~6个月。对于部分大宗采购的供应商，公司采取国际国内信用证议付、银票等形式付款。

公司销售产品，一般签约后预收20%货款，安装调试验收合格后，开具发票收取40%，剩余部分为3个月账期，但也有6~12个月付款的，要具体看谈判条件。此外，客户经理还了解到，新疆天业有限公司在各家银行或授信额度25亿元，上游供应商虽实力较弱，但与该地商业银行、信用社也有合作，资产已作抵押，上游生产型供应商从采购原材料到形成应收款有 4 个月以上时间，期间无法通过应收款融资。

基于新疆天业有限公司的实际需求，客户经理提出上游满足供应商，下游变现应收账款的综合融资方案，配合新疆天业有限公司对上游中小供应商实施管理，将资金压力（经济资金成本）充分转至上游供货商，减轻公司付款压力，但要求公司对未开票部分收款进行及时确认，以订单融资，应收款融资结合固定资产抵押、存货质押等模式，提高上游供应商授信额度。同时对公司自身的资金使用尽量也以交易融资产品介入，以订单融资、应收账款融资实现自偿融资，规避公司资产负债率较高的风险。

银行评审同意给予新疆天业有限公司综合授信额度为 15 亿元。

3 个月后，新疆天业有限公司自身用额度为 3 亿余元，首批 4 家供应商融资 1.2 亿元，第二批进入授信上报阶段的客户也有 4 户，预计上报额度为 1 亿元，总体供应链客户预计 24 户，预计上游工商客户授信总额为 7 亿元。

提升企业的资金管理能力

银行营销的出发点是给企业提供优质的现金管理服务，帮助企业实现资金的集约管理。目前，中国电信、中国移动、中国电力等大客户的现金管理业务被各家银行普遍重视，而针对行业类小企业的现金管理则是一片被忽视的土地，这类业务领域对银行的机会极大。

这种模式是指企业以产品作为利润的生产和产出的载体，生产要素围绕产品差异化进行培育和配置，从而获取较高利润的经营方式。这也是管理带动增长的盈利模式。

在这种盈利模式下，企业的会计报表体现出如下特点：销售收入增长放缓，成本费用下降较快，毛利率增高，利润增长加快。

这种模式取胜的关键在于市场份额较稳定且很难再有更大上升空间，如何提升产品品质，应不断优化内部组织结构和业务流程，依靠技术开发，经营管理，节能消耗，以实现经济效益的不断提高，进一步巩固竞争优势，促进企业持续增长，如果企业属于这种盈利模式，则日常现金流应该较为充裕，但企业对资本运作和资金管理的要求不断提高，对企业资产转换周期的关注日益加强。此时，银行客户经理可基于精细管理的角度，为企业技术开发提供信贷支持，通过现金管理产品促进企业加强管理，降低成本，从而促进提升企业的整体竞争力。

【案例9】

以集团网+银企直连支持企业规范管理，降低成本

山东天华商业有限公司是一家零售连锁企业。经过15年快速发展，已形成完善的销售网络，并通过ISO9000服务体系国际质量认证，是山东省重点培育的"三家大型商业企业集团"之一。作为一个区域性零售业巨头，山东天华商业有限公司在全省拥有众多的分支机构，且分布十分广泛，10多个地级市和100多个县程均有网点。根据全国零售连锁企业的竞争状况，公司决定在本省区域内深耕细作，巩固市场。

客户经理与公司的接触中，发现公司近两年销售增长较为缓慢，但成本费用一直维持在较高水平。公司也反映其现有ERP系统不能满足自身需求，大量的在途资金造成企业资金利用率低，财务成本过高。客户经理希望通过现金管理产品对公司的财务管理平台进行优化，帮助企业降低费用。进一步了解后，山东天华商业有限公司存在以下潜在需求：

（1）对于系统内资金的划转，由于银行网点服务功能以及主观偏好等原因，使上下级机构在不同银行之间开立结算账户，造成了本来可以在同行内部划转的资金需要跨行循环，增加了转账风险、到账时间和转账手续费。

（2）公司经常性需要上收分公司的账户资金，但由于不在同一系统等原因，造成划款不及时，资金在途时间较长，影响了财务管理的效率。

（3）公司无法及时、统一地查询下属各家分公司账户情况以及具体时间段的交易信息。

（4）公司因长期使用深圳市某科技有限公司开发资金系统，希望能够直接通过已有资金系统开通网上银行功能，而不需要另行登录其他银行企网。

为此，客户经理在分行电子银行部的协助下，提出了如下协助方案：

（1）山东天华商业有限公司作为集团总公司在本行签约集团网，并申请签约银企直联。

（2）本行电子银行部将银企直联的接口文件交给公司的系统开发公司进行

开发，并配合开发公司开展接口的调试工作，保证公司通过银企直联能够顺利与本行网银系统进行对接。

（3）山东天华商业有限公司的分公司在当地或者就近在本行的网点开户，同时根据银企直联的需要签约网银，并提供银企直联账户授权书，给予总公司对其账户进行查询和转账的权限。

（4）山东天华商业有限公司可以通过银企直联直接实现对下属分公司的账户信息一览的功能。同时，将分公司的资金及时上划到总公司的账户，实现资金的统一管理。

（5）针对山东天华商业有限公司提出的希望开通电子票据功能，分行电子银行部在与相关部门商讨后回复公司可以通过本行集团网在系统内部进行操作，一旦总行的新网针对银企直联系统增加了电子票据的接口，将及时配合公司进行电子票据操作。

以上服务方案得到公司的认可，目前在该行的授信规模高达 6 亿元，存款最高时点近 12 亿元，日均存款 5.3 亿元。该行还借此银企直联机会，给山东天华商业有限公司提供相关更多增值服务，如网络 POS、公司理财、专户储值卡、信用卡分期付款归集等，带来了更多的业务回报，双方合作愉快，实现了银企双赢。

【案例 10】

"投资银行＋传统融资＋理财"套餐业务

商业银行投行业务领域发展空间远远大于传统融资业务，关键在于商业银行如何有效提升自身的投行产品供应能力，以及投资银行业务与传统融资产品协同效应。

一些大企业希望银行提供优化的负债结构组合，需要一些特殊产品和服务来进行各种各样的债务工具、资产管理等方面的设计，以改善资本结构，降低财务成本，增加财务收益。中小型高科技企业，客户经理认为企业是个好企业，未来发展前景很好，但在企业缺乏有效的抵押担保等措施下，传统贷款很难介入，对创新产品极度渴望。

这些都是在营销过程中碰到的切实问题。如果一个银行的业务相对全能，就可以把企业所有的服务都抓在手里，同时为客户提供一揽子的综合金融服务，甚至以企业金融管家的身份，外包企业的一站式金融需求的采购和提供，相信银行将获得最忠实的客户，其盈利能力和竞争力也必将得到极大提升。

在投资银行业务领域，结构性融资业务，即待传统双边贷款难以满足客户特殊需求的情况下，通过一系列结构性安排，为客户量身定制融资产品。这是最能发挥商业银行传统优势的创新产品，即"融资+投资+顾问"。

融资是客户选择商业银行做投行业务的基础。我们不能以投行名义忽视和减弱融资的作用。商业银行在从事投行业务时，要尽可能较少地使用银行信贷资源与资本资源。在投行业务中，发挥四两拨千斤的作用，撬动外部融资，这也是商业银行从事投行业务相较于其他机构的最大优势。

投资是商业银行从事投行业务的必要手段。从某种意义上讲，没有投资就不称其为投行。一方面，我们要在客户项目和业务中，进行必要资源配置，取得类似股权或完全股权收益；另一方面，要集成其金融和非金融机构以及社会投资人资源，发挥银行投资中介的作用，满足双方面客户需求。

顾问是商业银行从事投行业务价值所在。投行含金量在于顾问业务，在于基于顾问业务的客户需求解决能力。可以说任何一单投行业务开发与执行都离不开顾问业务的提供，顾问收入也是投行业务的常规收入。在"1+N"的业务模式下，投行业务顾问服务可以呈现出不同的服务内容，但顾问能力将构成投行业务核心竞争力。因为顾问能力关系到投行业务资源整合与配置能力，包括整合银行与其他机构的资源提供综合服务能力，以及整合客户拥有的各类自身资源进行综合配置的能力。

【案例11】

含认股权贷款投行方案

含认股权贷款是指银行在向目标客户提供传统授信业务的基础上，额外获得一定认股选择权。该选择权赋予银行指定的符合约定要求的行权方享有按约定行权条款（约定行权期间，价格、份额）认购目标客户股权或目标客户持有其他公司股权的权利。

在目前国内"分业经营"的法律与监管框架下，商业银行不允许投资非金融投资股权，通过事先或事后制定和各商业投资者作为行权主体，为目标客户提供含认股权贷款。

含认股权贷款是商业银行业务与资本市场相结合的一种产品。它通过结合期权的形式赋予商业银行和商业投资者更多的选择性,进而实现合作与收益的多样性。该产品改变以往银行对企业的简单授信模式,使企业更容易获得银行借款,同时,企业亦可能获得商业投资者的股权投资。中小企业在发展早期的融资问题得以解决的可能性显著增加,公司治理结构也得到更好的改善。

含认股权贷款通过引入商业投资者实现股权溢价收益,改变商业银行传统的商业结构,从而使收益结构更为合理。该产品还结合期权,其灵活性大为增强,内在价值得到大幅提升。

天津新雨电力仪器制造公司是天津中关村科技园内高新技术企业,注册资本为1000万元。公司电力为设备专业制造商,核心设备在国内细分市场的占有率位居第一。公司虽然规模不大,但发展势头强劲。

公司实现销售收入1.4亿元,净利润为2600万元,总资产规模达1.56亿元,净资产为1.16亿元。公司新研制的几种新产品,填补了国家空白,预计未来几年将迎来快速增长期。2010年实现净利润5000万元。公司目前正处于上市辅导和筹备期,预计很快实现上市。为适应公司高速发展,公司拟在经济技术开发区投资建设研发制造项目,需投资2亿元。加之经营中资金需求较大(应收账款占资7000多万元),公司申请3年期银行贷款1.8亿元。

表21-6　公司合并报表主要数据　　　　单位:万元

项目	2019年	2018年	2017年
货币资金	4241	3721	2338
应收账款	7398	6139	5176
预付款项	611	288	103
存货	1853	1683	1804
流动资产合计	14103	11832	9420
长期股权投资	72	72	72
固定资产	1056	1048	1109
无形资产	387	264	270
非流动资产合计	1515	1384	1451
资产总计	15618	13216	10872
负债	3993	5487	5165

续表

项目	2019年	2018年	2017年
所有者权益	11625	7729	5707
营业总收入	13925	12157	10560
—营业总成本	11789	10544	9800
=营业利润	2136	1613	760
+营业外收入	696	351	72
—营业外支出	0	9	2
=利润总额	2832	1955	830
—所得税费用	196	88	42
=净利润	2636	1867	788

但客户经理发现，公司资产负债表显示出典型"轻资产特征"，流动资产占比高达90%左右，应收账款和现金为主。固定资产占比不足10%，无形资产主要是软件。而新取得的土地为工业地，出让价款2500万元，按照公司财务状况，客户经理很难以传统信贷产品满足企业的资金要求。

鉴于企业良好的发展前景，以及正在筹备上市的实际情况，客户经理咨询券商后，该企业实现成功上市应该有较大把握，而该公司想上市前融资成本要低些，以免影响每股收益，但上市后成本也不能过大，否则上市申报资料需要披露大额合同，影响也不大好。为此，客户经理计划以含认股权贷款形式全面满足客户需求，并封闭企业，一揽子取得企业各项业务，同时将风险控制在可承受范围之内，具体方案如下：

授信安排2亿元，其中1.3亿元用于研发制作中心项目建设，期限3年；0.5亿元用于应收款保理，期限1年；0.2亿元用于归还其他贷款。贷款利息执行基准利率上浮20%，同时以8倍市盈率的价格取得公司4%的股份期权，行权期上市前1个月，行权价格大约为2000万元。

收益结构：上浮20%的利率；每年200万元的财务顾问费，可能的行权收益。如公司2年内不能如期实现上市，则公司以当初行权价2倍予以回购。若年底之前公司为实现上市且公司支付2000万元顾问费，则可要求银行放弃行权。若公司实现上市，保守估计40倍市盈率，持股市值可达1.2亿元，增值1亿元。已与第三方按照7∶3分成计算，2亿元贷款可实现或有收益7000万元。

或有收益率可达35%，不计贷款利息，每年可达12%。综合年华收益率约为20%。

风险措施，现在全部固定资产和土地抵押，无形资产抵押，公司股权质抵押，股东个人无限连带担保责任，封闭账户。

其他利益，封闭账户带来公司结算存款，公司上市筹集资金的托管。

附　录

供应链融资业务批量开发模式授信调查报告

申报分、支行：　　　　　　　　　　　　主、协办信贷员：
授信申请人：中新建设集团物流有限公司　　保证人/抵质押物：
申请授信金额及种类：10 亿元　　　　　　完成时间：

短期流动资金贷款、银行承兑汇票

一、核心企业（或平台）情况

（一）基本情况

附表1　基本情况

企业全称	中新建设集团物流有限公司		归属集团		
注册资本	10000 万元	成立时间	信用等级		法人代表
注册地址	天津市黄村镇天河北路 8 号		首次授信时间		无
贷款卡号			贷款卡密码		
主要股东	中国铁建集团全资子公司				

主营业务：
　　特许经营项目：铁路整车货物到发、装卸、运输、仓储；销售硫酸、硝酸、纯碱、烧碱。
　　一般经营项目：信息咨询；自有房产的物业管理；仓储服务；销售钢材、钢坯、生铁、铜、铝、铜材、铝材、木材、水泥、锌、锡、焦炭、橡胶、轮胎、电线、电缆、工业锅炉、建筑材料、机械设备、电气设备、塑料制品、麻毡制品、装潢五金；货物进出口；技术进出口；代理进出口。

（二）经营情况

1. 调查要点

附表 2　调查要点

调查项目	情况描述
经营历史	中新建设集团物流有限公司（以下简称申请人）是中国建筑一局（集团）有限公司（以下简称中新一局集团）的全资下属子公司 1. 股东简介 中国铁建集团是一家具有国家特级工程总承包资质，集设计、科研、施工、安装、物流、房地产开发于一体，跨行业、跨地区、跨国境、多元化经营的大型建筑企业集团，前身是1953年为建造第一汽车制造厂而组建的建筑工程部直属工程公司。1997年8月1日，作为国务院建立现代企业制度百家试点企业中唯一的一家建筑企业 中国铁建集团现有全资企业和控股企业30余家，在国内各区域和主要城市设立分公司、办事处40余家，市场范围遍及全国，并涉足俄罗斯、美国、澳大利亚等20多个国家和地区，并与法国SAE、德国豪赫蒂夫、日本大成建设、韩国GS建设等国外著名建筑公司保持长期合作伙伴关系 中国铁建集团具有行业领先的科技研发能力和设计能力，拥有省部级企业技术中心和国家级建筑节能实验室，在超高层施工、钢结构施工、地铁工程施工、超净化工程、大型球冠焊接等多个领域具备核心竞争优势，已达到国际先进水平。近年来，中新一局集团共获得省部级以上科技进步和发明奖200余项次、建设部绿色建筑创新奖3项，拥有国家级工法19项、专利98项，主参编国家标准6项、行业和地方标准27项，荣获全国建筑业科技进步与技术创新先进企业，荣列全国建筑业科技领先百强企业第五名，是推动行业技术进步的重要力量 中国铁建集团推行"总部服务控制、项目授权管理、专业施工保障、社会协力合作"的项目管理模式，以集团综合实力为后盾，充分发挥总部对项目的支持保障能力和服务控制能力，对项目进行统一的施工方案策划、质量策划、CI策划，以"只有不同的业主需求，没有不同的项目管理"为标准，全力建设"项目精品连锁店"；恪守"用我们的承诺和智慧雕塑时代的艺术品"的质量理念，坚持"过程精品、动态管理、目标考核、严格奖罚"的质量运行机制和"目标管理、创优策划、过程监控、阶段考核、持续改进"的创优机制，全力倡导全员全过程"零缺陷管理"的质量文化，打造"精品工程生产线" 中国铁建集团以诚信为核心价值观，奉行"今天的质量是明天的市场，企业的信誉是无形的市场，用户的满意是永恒的市场"的市场理念，追求"至诚至信的完美服务，百分之百的用户满意"。以一贯的高效、优质服务和重合同、守信誉的严谨作风赢得了广大客户、行业主管部门、金融机构的充分信赖，先后荣获全国五一劳动奖状、全国用户满意施工企业、全国优秀施工企业、天津市守信企业、天津质量效益型企业等荣誉称号，长期拥有AAA级信用等级证书，是国内唯一荣获全国质量管理奖、国家质量管理卓越企业的建筑企业

附 录

续表

调查项目	情况描述
经营历史	中国铁建集团近年来承建了中国国际贸易中心、国家游泳中心、上海环球金融中心、全国人大会议楼、中国工商银行总行办公楼、上海中银大厦、中国国际展览中心、天津燕莎中心、天津嘉里中心、大连希望大厦、天津 LG 大厦、奥林匹克网球中心、沈阳奥体中心等一大批精品工程，目前在建的工程有全球最高钢筋混凝土结构建筑、欧洲第一高楼俄罗斯联邦大厦工程、中国最高钢筋混凝土结构建筑、浙江第一高楼温州世贸中心工程、天津市最高建筑中国国际贸易中心三期工程、华北第一高楼天津津塔工程、天津地铁 4 号线、沈阳地铁 1 号线、中央电视台新址等众多标志性工程。累计荣获中国建筑工程鲁班奖 31 项、国家优质工程奖 23 项、詹天佑奖 3 项，省部级以上工程质量奖 500 余项次 　　中国铁建集团集 56 年"建筑铁军"光荣传统和现代经营管理理念于一身，积极建设具有凝聚力和包容性的企业文化，注重与业主的文化交汇和感情融和，以"建一项工程，创一座精品，交一批朋友"为目标，追求在愉悦的合作中与业主的共同促进、共同发展 　　2. 公司经营情况 　　中新建设集团物流有限公司在中国铁建集团的孕育下诞生，在改革开放的大潮中崛起，在新世纪的建设中壮大，从 1953 年组建至今，半个多世纪的风雨历程，艰苦创业之路，中新一局物流公司已发展成为注册资金 1 亿元，主营钢材水泥等建筑材料，具有进出口权的法人企业 　　有口皆碑的信誉、精益求精的产品和力求完美的服务为公司赢得了多项殊荣：连续获得天津市工商局授予的"守信企业"的光荣称号；天津市建设工程材料供应 A 级资格证书；公司是天津市建设工程物资协会副会长及常务理事单位、是目前天津市建筑三级钢最强配套企业、是河北钢铁集团螺线产品的一级代理，与天津及华北地区各大型建筑企业建立了新型稳固的合作伙伴关系 　　公司勇于追求卓越，不断拓展创新，经过艰苦创业精心培育，在华北华东等地区形成统一的采购、供应、销售体系，业务范围辐射天津、湖北、内蒙古、上海、江苏等地；建立了规模供应网络体系，在建筑钢材供应的质量、价格及配套服务上具有强大的优势；同时在京津地区设有 7 个仓库，已形成月供钢材 5 万吨的能力。完成了一批又一批高标准、高等级的工程供应任务 　　这些工程供应任务的顺利高效完成，不仅反映出公司的综合实力，同时也增添了市场竞争制胜的筹码。公司承诺：供应合格率 100%，配套率 100%，时间保证 100%，在新的历史起点上，公司在蓄势中突破、在跨越中发展，朝着立足新天津，服务京津冀，面向全中国，打造物流行业中新品牌的目标起航
行业状况	申请人作为中国铁建集团下属的专业物流公司自成立伊始就承载着为全系统物流配送服务的职能，从公司性质及行业定位上应属于物流行业，而在历经时代变迁、国家体制改革不断深化、国内外经济环境等多方面作用力下，公司目前主营偏重于钢材贸易，这也是申请人顺应历史潮流、与时俱进的经营主导方针的具体体现。因此调查报告对申请

197

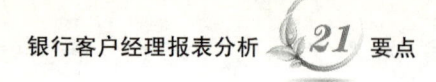

续表

调查项目	情况描述
行业状况	人所处物流行业和钢材行业均进行简要分析 1. 物流业 　　近年来物流产业随着现代科学技术迅猛发展、全球经济一体化的趋势加强，面临着前所未有的机遇和挑战。现代物流作为一种先进的组织方式和管理技术，并非是诸功能、环节的简单相加，而是各个功能、环节相互联系、整体运作的综合体，被广泛认为是企业在降低物资消耗、提高劳动生产率以外的重要的利润源泉，在国民经济和社会发展中发挥着重要作用 　　国务院 2009 年以来相继出台的物流业相关政策使振兴物流产业已上升到了国家战略高度，最主要的是为了加快促进物流行业的发展。2010 年物流行业各项振兴细则出台，尤其是制造业和物流业联动发展的支持政策出台，促使很多企业将相对薄弱或不重要的物流环节外包给专门从事物流管理的企业去做，从而带来巨大需求，第三方物流迎来黄金增长期。同时，综合交通运输体系的建设进入政府重要议程，转运和多式联运崛起将为物流行业提供更趋完善的基础环境 　　物流业作为生产性服务业的重要组成部分，对提高工业化水平有着不可替代的作用，同时对其他产业的调整具有服务和支撑作用，有利于高运输效率，降低能源消耗和废气排放，此外有助于打破分割封锁，整合现有资源，对促进区域间协调发展有重大的战略意义，行业的快速发展为国民经济平稳较快发展提供了有力支撑 2. 钢材行业 　　钢铁是建筑业的基本用材之一，尤其是在铁建、桥梁建设等基础设施建设领域，钢铁工业的运行情况直接影响到建筑业的景气程度，钢铁价格的走势对建筑业成本有着极为重要的影响 　　钢铁行业在金融危机中遭受到了较大的冲击，但自 2009 年下半年以来，在国家一系列积极财政政策的合力推动下，钢铁行业的运营态势逐步转好。在房地产、基建等下游行业需求的刺激下，钢材产销量屡创新高，同时价格水平也一路上扬 　　虽然在全球能源紧张、原材料不断上涨、行业出口复苏缓慢、国家行业"大整合"背景的合力作用下，钢铁行业经济走势尚存在一定的不确定性，但在汽车、家电、房地产、基建用钢、机械制造行业等主要下游行业钢材消费需求持续增长等刚性需求支撑下，行业运行环境持续好转，目前整体情况较好
经营环境	中新建设集团物流有限公司计划在三年内利用自有 44 亩土地、可建设地上建筑面积 36800 平方米建成物流用途建筑项目，京南物流基地管委会对以上工作给予了积极支持，并表示将入住在此建设的京南物流大厦（暂定名），及设立大兴区公共物流信息服务平台。因该大厦具有所处位置和基地内政府职能部门办公、金融服务、高档商务办公和交易市场服务方面的唯一性，预计将有较高的投资回报

附 录

续表

调查项目	情况描述
经营环境	其余 111 亩建成配套设施齐全、年吞吐量在 80 万吨以上规模的现代交易型钢材市场，引入有实力的钢厂协议商户和分销商，完善市场延伸金融服务，稳步扩大钢材市场经营规模和影响力，逐步确立钢材市场在行业区域的龙头交易物流中心地位
产品	中新建设集团物流有限公司主要产品为各种类建筑钢材，成本构成主要为上游（生产厂商或经销商）采购成本，产品利润率 2%~9%，受经济周期、政策、原材料等影响价格波动较大 　　根据集团要求，申请人的 70% 产品供应要面向中国铁建集团系统内部企业，30% 产品供应面向市场；因此申请人的销售压力较小，但面向系统内部企业部分利润率不高，导致整体利润不高，且与上游企业的议价能力不强；但申请人有效地将上游资金压力进行转移，并努力做大经营规模，用以扩大面向市场部分的额度来综合提高整体利润率，同时抢占市场份额
纳税	申请人纳税结构为：企业所得税 25%、营业税 5%、增值税 17%、城市维护建设税 7%、教育附加税 3%；根据申请人提供的纳税报表复印件，企业近年完税情况正常
国际贸易	无
成长性	依托集团公司在品牌、经营机制、管理、人才、融资、科技开发、企业信誉等规模经营优势，成长性较好
信誉	连续获得天津市工商局授予"守信企业"称号 天津市建设工程材料供应 A 级资格证书 天津市建设工程物资协会副会长及常务理事单位 天津市建筑三级钢最强配套企业 河北钢铁集团螺线产品的一级代理
科技管理水平	ERP 管理情况、进销存系统情况、交易平台管理软件与上下游之间的数据采集方式等
问题	无

2. 上游客户情况

附表3　上游客户情况　　　　　　　　　　单位：万元

	供应产品	合作年限	结算方式	平均账期	区域	近三年交易额 前年	去年	今年
天津融拓源科技发展有限公司	螺纹钢、线材	三年	支票、网银	1~2月	天津	233	1600	5300
中智创研信息技术（天津）有限公司	螺纹钢、线材	三年	支票、网银	1~2月	天津	28700	1700	5200
天津三江水贸易有限责任公司	螺纹钢、线材	二年	支票、网银	1~2月	天津		234	1220
合计						28933	3534	11720

3. 下游客户情况

附表4　下游客户情况　　　　　　　　　　单位：万元

	销售产品	合作年限	结算方式	平均账期	区域	近三年交易额 前年	去年	今年
中新八局	钢材	长期	支票、银行承兑汇票	3个月	天津	9602.05	21051.51	
一局建设发展	钢材	长期	支票、银行承兑汇票	45天	天津	3012.79	31001.13	
一局三公司	钢材	长期	支票、银行承兑汇票	45天	天津	3867.77	24692.59	
合计						16482.61	76745.23	

（三）财务情况

附表5　财务情况　　　　　　　　　　　单位：万元

分类	年度	前二年	前一年	最近一年	当期	评论
资产和负债、所有者权益	总资产	27424	38594	61304		资产规模快速增长，固定资产较少，主要资产集中在流动资产中，占总资产的92%，其中应收账款占总资产的59%。资产负债率70%左右，在同行业中尚处于较好水平；银行借款较少，2010年末预收余额1.7亿元，较往年有较大增加，主要原因是公司根据经营计划扩大销售规模所致；所有负债均为流动负债，整体资产情况良好
	其中：货币资金	1600	986	530		
	应收账款	12166	20188	36635		
	预付账款	3939	10102	11416		
	其他应收款	289	389	680		
	存货	3562	1935	5112		
	流动资产	21558	33902	56727		
	长期投资	0	0	0		
	固定资产	73	93	91		
	总负债	21539	20675	43307		
	其中：流动负债	21539	20675	43307		
	短期借款	3000	0	7762		
	长期借款	0	0	0		
	应付票据	0	0	2000		
	应付账款	734	520	6027		
	预收账款	6684	8731	17753		
	其他应付款	11425	9227	92		
	所有者权益	5885	17918	17996		
盈利能力	销售收入	26996	64540	141051		企业销售收入快速增长，根据企业经营计划，本年度仍保持100%以上增幅，成长性较好；企业利润受宏观经济影响较大，近年来出现波动；净利润较上年减少，主要原因为上年处置遗留房产营业外收入增加3046万元
	销售成长率（%）	56.71	139.07	118.55		
	销售毛利润率（%）	0.66	10.59	4.01		
	营业利润率（%）	-1.73	9.19	3.24		
	利润总额	174	7421	1353		
	净利润	165	5561	1006		
营运能力	应收账款周转天数	109.12	90.24	72.52		应收账款周转天数逐渐下降，表现出企业应收账款周转能力加强；存货周转率不断加快，表现出企业销售能力较强；应付账款周转天数增加，说明企业对上游议价能力增强或付款管理能力增强。整体经营能力较好
	存货周转天数	23.92	17.15	9.37		
	应付账款周转天数	8.83	3.97	9.88		
	一般经营循环周期					

续表

年度		前二年	前一年	最近一年	当期	评论
现金流量	经营活动净现金流	1463	-7752	-4670		公司整体经营规划是扩大销售，快速扩张市场规模，加之集团对公司资金支持力度加大，导致2010年经营现金流为负数；总体现金流情况正常，根据企业经营计划，本年度将有100%以上增幅，本年度现金情况预期较好
	投资活动净现金流	-55	4533	-19		
	筹资活动净现金流	-86	2605	4234		
偿债能力	流动比	1.00	1.64	1.31		资产流动性较好，资产负债率尚可，在同行业内保持较好水平，且负债中银行借款等刚性负债较少（7762万元，占比18%），其他均为商业信用占用，其中预收账款占全部负债的41%，企业负债压力实际较小
	速动比	1.55	1.19	1.19		
	资产负债率（%）	78.54	53.57	70.64		
	利息保障倍数	1.27	9.18	2.25		
	或有负债	—	—	—		

（四）银行授信情况

附表6　银行授信情况　　　　　　　　　　单位：万元

授信银行名称	业务种类	额度金额	使用余额	贷款方式	贷款状态	信用记录情况
××银行西长安街支行	银行承兑	10000	2000		正常	正常
××银行天津分行	贷款	8000	8000		正常	正常
××银行总行营业部	银行承兑	4000	4000		正常	正常
合计		22000	14000			

注：含银行已授信情况。

二、批量开发方案

（一）整体授信方案

附表7　整体授信方案　　　　　　　　　　单位：万元

受信人名称	授信金额	授信期限	出账品种	抵质押物	监管机构	担保人
其他补充意见						

本授信业务是以开发核心企业（申请人）上游供应商为目标的批量开发方案，申请人提供了合作上游供应商名单、基本情况表。经调查，申请人与上游供应商的合作方式为：每年与供应商签订合同（框架协议），对全年交易量进行大致约定。具体业务中由申请人单笔向供应商发订单，供应商接单后代申请人向一级经销商或钢厂进行采购，结算方式一般为全额预付；货物直接发往申请人指定地点，到货后申请人进行验收入库；供应商定期与申请人对账，一般结算周期为3~4个月不等。

从上述情况可以看到，供应商承受较大垫付资金压力。经与申请人沟通，申请人可以就其与上游供应商交易业务所产生的应收账款出具《应收账款转让债务人确认通知书》，因此，本业务设计方案如下：

（1）给予申请人综合授信额度3亿元整（交易融资额度），申请人不得自用，全部额度用于批量开发上游钢材供应商采购钢材使用，供应商名单由申请人提供，业务品种为短期流动资金贷款、银行承兑汇票。

（2）批量审批供应商授信，额度分配按我部相关规定制定具体标准（详见（四）额度分配计划）。

（3）获批供应商与银行签订相关合同并在银行开立监管账户，要求与申请人交易合同约定结算账户为银行账户，提款需申请人出具《应收账款转让债务人确认通知书》，经办机构在人行登记系统进行应收账款质押登记。

（4）应收账款回款后经办机构应将回款转入银行对应保证金账户。

（二）具体操作流程

本业务是银行为上游供应商同申请人之间的应收账款提供的应收账款类交易链融资业务。业务具体操作流程如下：

1. 批量授信

给予申请人交易融资额度3亿元，用于批量开发上游钢材供应商采购钢材使用，供应商名单由申请人提供，业务品种为短期流动资金贷款、银行承兑汇票。

2. 供应商准入

银行对供应商进行资质审核，并综合考虑申请人对供应商的内部评价以及账期、信用额度、合作时间等因素确定其准入资格。通过银行准入标准的供应商，单独上报分行审批授信额度。

准入标准：

（1）借款主体为：与申请人合作经销1年以上的钢材经销商；经申请人审核认定并出具推荐函。

（2）持有人民银行核发贷款卡并通过年检，无不良信用记录。

（3）受信人及其股东方、实际控制人无不良嗜好，无刑事处罚记录和无不良信用记录。

（4）公司成立两年（含两年）以上或实际控制人从事与钢材行业相关的行业背景五年（含五年）以上。

（5）资产规模：年注册资金在1000万元（含）以下的交易商，首次授信不超过3000万元，续授信不超过5000万元；注册资金在1000万元以上的交易商，首次授信不超过5000万元，续授信不超过10000万元。

（6）单户授信额度核定标准，如附表8所示。

附表8 核定标准　　　　　　　　　　　　　　　单位：万元

净资产规模	或上年销售收入	授信敞口额度上限
1000~2000（含）	10000~20000（含）	2000
2000~3000（含）	20000~30000（含）	3000
3000以上	30000以上	5000

3. 融资流程

（1）银行授信审批通过的供应商，需与银行签订《综合授信合同》，合同需约定具体业务合同项下的货款必须回笼到供应商在银行开立的回款账户。

（2）供应商提款时需提供具体业务的基础商务合同，经办机构在人行登记系统进行应收账款质押登记。

（3）供应商与银行签订《借款合同》（对应流贷）或《开立银行承兑汇票协议》（对应银承）。

（4）申请人需签署应收账款转让确认书并送还回执，明确已知晓供应商对其的应收账款已转让给银行。

（5）流贷品种的融资资金划付至在银行监管账户中，受托支付给一级经销商或钢厂；银行承兑汇票收款人需为一级经销商或钢厂。

4. 回款流程

（1）申请人按约定时间将应付账款与供应商进行结算，要求结算账户为授信供应商对申请人企业的唯一回款账户。

（2）划付至回款账户的结算资金，经办机构需进行转保证金操作，对应到期借款或票据，转保证金操作后可释放对应的单笔额度。

（3）供应商可在额度内循环使用。

5. 风险控制手段

（1）准入的供应商为申请人所提供，合作方均为较为信任的企业。

（2）申请人签署应收账款转让确认书并送还回执，明确已知晓供应商对其应收账款已转让给银行，保证应收账款转让的合规性。

（3）授信供应商与申请人交易合同约定结算账户为银行监管账户，银行监管使用资金。

（4）应收账款人行登记系统进行质押登记。

（5）银行对合格应收账款的融资比例不超过80%。

（三）额度测算依据

附表9　额度测算依据　　　　　　　　单位：万元

受信人名称	年销售收入	已授信额度	测算授信额度	可授信限额
1.				
2.				
3.				
……				
合计	—	—	—	

额度测算参考以下公式：

授信额度≤核心企业最近一年度销售收入×(1+预计销售收入增长率)×(1-自有资金比例或保证金比例)/(360/应收账款周转次数)+核心企业最近一年度采购成本×(1+预计采购成本增长率)×(1-自有资金比例或保证金比例)/(360/应付账款周转次数)，额度最高不超过企业净资产的4倍。

由此：

额度最高不超过企业净资产的4倍=17996×4=71984

授信额度=141051×(1+120%)×(1-30%)/72+135397×(1+120%)×(1-30%)/9=26177

综合考虑企业整体实力及抵质押物等情况，整体额度定为3亿元较为合理，续授信时综合考虑额度最高不超过净资产的4倍的要求。

（四）额度分配计划

附表10　额度分配计划　　　　　　　　　　　　　　　　　　单位：万元

批量开发客户	与核心企业合作规模	核心企业或专业平台推荐额度	平均应收账款和存货金额	申请额度
客户1				
客户2				
客户3				
客户4				
客户5				
客户……				
合计				

（五）综合收益

附表11　综合收益　　　　　　　　　　　　　　　　　　　　单位：万元

受信人名称	授信额度	年业务量	年利息收入	中间业务收入	年结算量
1. 中新建设集团物流有限公司	30000	30000			50000
2. 天津中储金联贸易有限公司	5000	25000			30000
3.	5000	25000			
4.	5000	25000			
5.	5000	25000			
6.	5000	25000			
7.	5000	25000			
合计	30000	180000			

注：以目前申请人与上游供应商每72天周转1轮计算，每年可周转5轮；银承保证金以30%计算；银承手续费5‰；流贷基准上浮20%。

三、批量客户具体情况

（一）客户1

附表12　客户1的情况　　　　　　　　　　　　　　　　　　单位：万元

调查事项	调查内容			
基本情况	企业名称	天津中储金联贸易有限公司	成立时间	
	注册资本	2958	法人代表	
	注册地址	天津市大后仓胡同21号燕乐缘宾馆410室	组织机构号	
	贷款卡号		贷款卡密码	
	主营业务	销售金属材料、机械电器严密性备、化工产品、日用百货、五金交电、工艺美术品；信息咨询；市场调查；货物进出口；技术进出口；代理进出口		

附　录

续表

调查事项	调查内容				
经营状况	主要产品	金属材料（钢材为主）购销贸易		年销售额	74582
	上游客户	①鞍山新钢发展		合作年限	
		②天津恒兴钢业		合作年限	
		③天津建发实业		合作年限	
		④首钢京唐钢铁联合		合作年限	
		⑤鞍钢集团国贸		合作年限	
	下游客户	①		合作年限	
		②		合作年限	
		③		合作年限	
		④		合作年限	
		⑤		合作年限	
		2008 年	2009 年	2010 年	评论
	总资产	24245	20586	23217	
	其中：货币资金	8484	4600	6718	
	应收票据	3007	3988	0	
	应收账款	1	1	1	
	预付账款	6985	6829	10042	
	存货	5460	4958	6284	
	总负债	15148	10629	12780	
	其中：短期借款	0	0	1000	
	应付票据	10567	7704	9203	
	预收账款	4389	2759	2389	
	其他应付款	162	157	169	
	所有者权益	9096	9957	10436	
	销售收入	89329	82059	74852	
	净利润	1431	860	479	
银行授信	授信银行名称		授信种类	授信金额	使用余额	有效状态
	①天津银行		担保贷款	1000	1000	有效
	②					
	……					

207

续表

调查事项	调查内容					
担保情况	已抵质押物（含动产、不动产、应收账款）			对外担保情况		
	名称	价值	抵押（质）权人	被担保人名称	担保金额	
					1000	
					1000	
					1000	
				说明：天津银行经销商四户联保贷款，每户1000		
重大事项	经营	人事	质量	劳资	环保	诉讼
	①2003~2009年"钢材营销50强"企业 ②2004~2009年"板材营销10强" ③兰格钢铁网"价格采样单位"		①中国钢铁采购网和中国物流信息中心"诚信保企业" ②2005~2009年"钢材营销诚信企业"			
授信方案	授信金额		授信期限	授信品种	押品	
	5000		1年	应收账款质押		
还款来源	第一还款来源			第二还款来源		
	核心企业应收账款			公司经营所得		
其他情况	①					

（二）客户2

附表13　客户2的情况

调查事项	调查内容			
基本情况	企业名称		成立时间	
	注册资本		法人代表	
	注册地址		组织机构号	
	贷款卡号		贷款卡密码	
	主营业务			

208

续表

调查事项	调查内容					
经营状况		主要产品			年销售额	
	上游客户	①			合作年限	
		……			合作年限	
	下游客户	②			合作年限	
		……			合作年限	
财务分析	总资产	____年		____年	____年	评论
	其中：货币资金					
	应收账款					
	存货					
	……					
	总负债					
	其中：短期借款					
	应付票据					
	……					
	所有者权益					
	销售收入					
	净利润					
银行授信	授信银行名称	授信种类		授信金额	使用余额	有效状态
	①					
	②					
	……					
担保情况	已抵质押物（含动产、不动产、应收账款）				对外担保情况	
	名称	价值	抵押（质）权人		被担保人名称	担保金额
重大事项	经营	人事	质量 || 劳资	环保	诉讼
还款来源	第一还款来源			第二还款来源		……
其他情况	①					
	……					

（三）客户3

附表14　客户3的情况

调查事项	调查内容					
基本情况	企业名称		成立时间			
	注册资本		法人代表			
	注册地址		组织机构号			
	贷款卡号		贷款卡密码			
	主营业务					
经营状况	主要产品			年销售额		
	上游客户	①			合作年限	
		……			合作年限	
	下游客户	②			合作年限	
		……			合作年限	
财务分析	总资产	＿＿＿年	＿＿＿年	＿＿＿年	评论	
	其中：货币资金					
	应收账款					
	存货					
	……					
	总负债					
	其中：短期借款					
	应付票据					
	……					
	所有者权益					
	销售收入					
	净利润					
银行授信	授信银行名称	授信种类	授信金额	使用余额	有效状态	
	①					
	②					
	……					
担保情况	已抵质押物（含动产、不动产、应收账款）			对外担保情况		
	名称	价值	抵押（质）权人	被担保人名称	担保金额	

附 录

续表

调查事项	调查内容					
重大事项	经营	人事	质量	劳资	环保	诉讼
授信方案	授信金额		授信期限	授信品种	押品	……
还款来源	第一还款来源			第二还款来源		……
其他情况	① ……					

（四）客户 4

附表 15 客户 4 的情况

调查事项	调查内容				
基本情况	企业名称			成立时间	
	注册资本			法人代表	
	注册地址			组织机构号	
	贷款卡号			贷款卡密码	
	主营业务				
经营状况	主要产品			年销售额	
	上游客户	①		合作年限	
		……		合作年限	
	下游客户	②		合作年限	
		……		合作年限	
财务分析	总资产	____年	____年	____年	评论
	其中：货币资金				
	应收账款				
	存货				
	……				
	总负债				
	其中：短期借款				
	应付票据				
	……				
	所有者权益				
	销售收入				
	净利润				

续表

调查事项	调查内容				
银行授信	授信银行名称	授信种类	授信金额	使用余额	有效状态
	①				
	②				
	……				
担保情况	已抵质押物（含动产、不动产、应收账款）			对外担保情况	
	名称	价值	抵押（质）权人	被担保人名称	担保金额
重大事项	经营	人事	质量	劳资	环保	诉讼
授信方案	授信金额	授信期限	授信品种	押品	……
还款来源	第一还款来源		第二还款来源		……
其他情况	①				
	……				

（五）客户5

附表16　客户5的情况

调查事项	调查内容			
基本情况	企业名称		成立时间	
	注册资本		法人代表	
	注册地址		组织机构号	
	贷款卡号		贷款卡密码	
	主营业务			
经营状况	主要产品		年销售额	
	上游客户	①	合作年限	
		……	合作年限	
	下游客户	②	合作年限	
		……	合作年限	

附 录

续表

调查事项	调查内容				
财务分析	总资产	____年	____年	____年	评论
	其中：货币资金				
	应收账款				
	存货				
	……				
	总负债				
	其中：短期借款				
	应付票据				
	……				
	所有者权益				
	销售收入				
	净利润				
银行授信	授信银行名称	授信种类	授信金额	使用余额	有效状态
	①				
	②				
	……				
担保情况	已抵质押物（含动产、不动产、应收账款）			对外担保情况	
	名称	价值	抵押（质）权人	被担保人名称	担保金额
授信方案	授信金额	授信期限	授信品种	押品	……
还款来源	第一还款来源		第二还款来源		……
其他情况	① ……				

213

四、主要风险分析

附表17　主要风险分析

主要风险	风险内容	防范措施
宏观经济风险	战争、自然灾害等对全球影响巨大的事件频发，综合当前世界经济面临的诸多问题，宏观经济仍有波动风险。全球经济的发展仍存在不确定性的风险。此外，部分欧洲国家的主权债务危机也在一定程度上影响着全球经济的进一步复苏。本类风险对各行各业都有巨大影响，但尤其对固定资产投资、房地产市场等影响较大，做为产业链条上的一环，存在一定的宏观经济波动风险	关注宏观经济波动风险，关注企业是否存在盲目扩张思路，关注企业是否保持充裕的资金流量，关注企业是否加强企业内部管理控制，提高经营能力，多方面多途径防范风险
政策风险	典型的高资金杠杆行业，受到产业政策的影响较大，一方面需要垫付资金，因而受到国家货币政策的影响较大，当国家收紧银根时，会比较显著地影响到企业的资金情况	多方关注并把握国家政策方向，尽量避免误入政策雷区。申请人公司法人治理结构完善，管理队伍精良，各项制度完备严格，企业组织结构设立合理，管理风险较小。母公司及其最终控制公司均为国家大型重点企业、行业龙头，对此类风险的规避和承受能力较强
行业风险	供给方主要为各类建筑企业，需求市场主要为基建市场和房建市场，前者受到国家固定资产投资的直接影响，后者主要与房地产的景气程度有关，二者的运行状态直接影响到行业的需求	
授信主体风险	授信主体为申请人推荐的上游供销商，作为产业链的一环，上游与生产厂商的议价能力不强，下游又受到用户的资金挤压，处于较为弱势的地位，加之为资金密集型企业，资金链较为紧张	作为授信主体的各经销商为申请人长年合作单位，由申请人推荐，银行制定准入标准，单户进行审核；应收账款进行质押，申请人债务确认，回款账户锁定；总体风险可控
成本风险	受国际市场价格波动及国内供求关系的影响，主要建材价格不断上涨，增大了企业成本，利润空间受到挤压，同时企业缺乏上游议价能力，存在一定的风险	就公司现行运营模式而言，因签订合同更多的为敞口合同，终端用户承担了原料价格上升的风险，影响不大

五、结论

> 建议同意给予申请人交易融资授信额度3亿元，具体使用人为申请人推荐的上游供应商，各供应商使用授信报分行审批，品种为短期流动资金贷款、银行承兑汇票。授信项下各业务品种利率和费率按银行要求执行。具体业务操作按照银行相关文件规定和分行动产融资区域监管中心意见执行。

附表18　银行授信审批通知书

××××支行：

你单位上报的2189F7580号授信申请（授信申请人名称：中新建设集团物流有限公司，授信申请人客户号：2003581485，申请品种：综合授信，申请金额：1000000000.00元），已终审，终审意见为同意，具体内容如下：

授信品种	业务状态	授信金额	币种	授信期限	担保方式	敞口额度
综合授信	正常新增	500000000.00	人民币	12月	保证金	敞口

<table><tr><td colspan="9" align="center">综合授信额度分配情况</td></tr>
<tr><td>品种</td><td>控制币种</td><td>金额</td><td>使用币种</td><td>期限</td><td>利率</td><td>手续费率</td><td>保证金比例</td><td>是否循环</td></tr>
<tr><td>银行承兑汇票</td><td>人民币</td><td>500000000.00</td><td>人民币</td><td>6月</td><td>—</td><td>0.0</td><td>30.0</td><td>是</td></tr></table>

经授信评审中心贷审会审议，同意给予中新建设集团物流有限公司交易融资框架性授信额度为50000万元，授信期限为一年，以中新建设集团物流有限公司对中新系统内大型建筑企业的应收账款质押，质押率不超过80%，债务人须对应收账款进行确认并通过协议、确认函等方式约定回款直接入银行指定账户

用款主体为申请人推荐的上游钢材供应商，授信品种为银行承兑汇票，保证金比例不低于30%，单笔业务提前2个月补足保证金。对供应商（用款企业）的增信措施可在以下两种方案中选择使用：①以用款企业对申请人的应收账款作质押担保，质押率不超过80%，申请人确认应收账款并通过协议、确认函等方式约定回款直接入银行指定账户；②视供应商资质及业务可操作性也可参照购销通业务模式执行，即以协议方式约定供应商保证发货至银行指定仓库，承担发货至收货验收合格之间的阶段担保责任，申请人保证付款到供应商在银行指定的唯一回款账户

授信要求：①分行应根据银行交易融资系列文件规定制定供应商和质押应收账款债务人准入标准，细化业务流程和监管措施，进一步优化授信方案。供应商基本准入标准：与申请人合作关系稳定，信用（含实际控制人）状况良好，成立时间较长，经营情况正常，财务安全，渠道及供货能力有保障；质押应收账款债务人基本准入标准：中新系统内大型建筑企业，资信良好，经营及财务情况正常，付款能力

续表

有保障。②具体业务须在明确用款企业和质押应收账款债务人、按一般授信要求进行信贷调查并完善相关授信资料、出具业务操作流程和监管方案后报总行另行审批。提示：鉴于银行对中新系统已有大额授信，申请人目前应收应付与报审融资额度存在不匹配，建议分行在具体业务操作中严格落实贸易背景真实性，按实际需求出账，节制关联交易提用，防范系统性风险						

点评：该授信方案设计非常巧妙，中新建设集团物流有限公司为资金紧张单位，单纯给其提供流动资金贷款或银行承兑汇票效果，考虑到客户相对强势，收取的保证金比例较低，收益有限，授信效果不会太好。打开视野，中新建设集团物流有限公司上游为钢材经销商，如果将钢材经销商和中新建设集团物流有限公司视为一个统一的资金需求集合体，对中新建设集团物流有限公司提供授信，是具体用信单位为钢材经销商，就可以有效打通这两个企业的交易链和资金链，形成关联营销，而更加巧妙的是给钢铁经销商提供银行承兑汇票，以中新建设集团物流有限公司远期应付款来兑付钢铁经销商在银行签发的银行承兑汇票，既可以在钢铁经销商那里形成稳定、可观的大额存款，又可以借助中新建设集团物流有限公司的强大履约能力控制对钢铁经销商的授信风险。

通过各种指标看企业是否健康

▲毛利润率

【指标象征】毛利率越高越好，代表企业能够合理控制生产成本，企业产品有竞争力，不过毛利率水平高低，要视行业而定，因而，在使用这一指标的时候，需要考察同比和环比增长数字，一般毛利率同比增长超过10%的公司，可以视为绩优股类型。

▲营业利润率

【指标象征】营业利润率是反映企业经营管理者整体工作效果指标。营业利润率出现下降趋势为公司亮起警示牌。它表明成本和费用的增长超过了销售收入的增长，这不是一个好信号。

▲净利润率（ROS）

【指标象征】净利润率，不同行业之间的差别非常大。在医药行业，药品流通商 ROS 非常低，医药制造企业 ROS 相对比较高。

判断 ROS 健康与否的方法是将它同企业不同时期的指标或同行类似企业的指标进行比较。毛利润率和 ROS 这两项指标都是越高越好。

▲所有者权益收益率（ROE）

【指标象征】ROE 是一个非常关键的比率。一个人投资企业，希望得到比较高的 ROE。ROE 并不强调他最终从企业拿走多少钱，这要看公司的股利政策和售出股票价格，但它是一个很好的指标，能够衡量公司对股东的态度。

▲负债权益比率

【指标象征】这个比率说明了企业每 1 元的所有者权益负担了多少债务。很多企业的负债权益比率都大于 1，因为债务利息可以从企业的应税收入中扣除，所以很多企业都利用债务为至少一部分业务进行融资。银行很重视这个比率，如果负债权益比率特别高，利用债务筹集资金将变得非常困难，所以企业需要更多的所有者权益投资。

包含以下几个：

▲流动比率

【指标象征】这个指标视行业而定。当比率接近 1 的时候，企业只能把所有现金流入用于偿还到期债务，大多数银行不愿意把钱借给流动比率接近于 1 的企业。若流动比率低于 1，意味着你下一年的某个时候将用尽现金，除非找到其他筹集现金和吸引股东投资的方式。

▲速动比率

【指标象征】速动比率是从流动比率中扣除存货后计算的比率。因为除了存货，其他流动资产都是现金或者非常容易变现的项目。速动比率表明了企业无须等到出售存货或者把存货变成产品而支付短期债务的能力。

▲资产负债率

【指标象征】负债总额指公司承担的各项负债的总和，包括流动负债和长期负债。资产总额指公司拥有的各项资产的总和，包括流动资产和长期资产。这个比率对于债权人来说越低越好。因为公司的所有者（股东）一般只承担有限责任，而一旦公司破产清算时，资产变现所得很可能低于其账面价值。所以如果此指标过高，债权人可能遭受损失。

当资产负债率大于 1，表明公司已经资不抵债，对于债权人来说风险非常大。

▲股东权益比率

【指标象征】股东权益比率应当适中。如果权益比率过小，表明企业过度负债，容易削弱公司抵御外部冲击的能力；权益比率过大，意味着企业没有积极地利用财务杠杆作用来扩大经营规模。

▲利息保障倍数

【指标象征】这个指标用于衡量企业的利息风险，即相对于所得，企业每年要支付多少利息。它表明了企业支付利息的难易程度，如果比率非常接近 1 就是非常不好的信号，企业的大部分利润都用于支付利息。比率越高说明企业可以承担的债务越多，或者至少说明企业可以承担得起利息。

活力比率包含以下几个：

▲存货周转率

【指标象征】存货周转率是指存货在一年内周转多少次。一般来讲，存货周转率越高，存货管理越严密，现金状况越好。零售业非常关注存货周转率，较好的零售业存货周转率都在 6 以上。

▲应收账款周转天数（DSO）

【指标象征】DSO 也称为平均收回期和应收账款收回期，它衡量用多少天可以收回销售收入。从这里可以找到改善企业现金状况的一条途径。DSO 可因行业、地区、经济状况等因素的变化而变化，如果企业能把 DSO 降低到 45 天甚至 40 天以下，就会相应改善企业的现金状况。DSO 对关注收购的人非常重要，较高的 DSO 意味着客户不愿及时支付账款。

▲应付账款周转天数（DPO）

【指标象征】DPO 表明企业平均用多长时间还清自己的应付账款。DPO 越高，企业的现金状况越好，但供货商可能越不高兴。当然也存在企业信誉较差的情况，即企业故意拖欠客户或供应商的货款。

▲总资产周转率

【指标象征】总资产周转率衡量所有资产的使用效率，如果你减少了存货，总资产周转率会提高；如果你降低了应收账款平均余额，总资产周转率也会提高；如果你能增加销售收入而保持总资产不变（或比销售收入增长的慢），总资产周转率仍会提高。

▲土地、厂房和设备周转率（PPE 周转率）

【指标象征】这个指标告诉你投资 1 元的土地、厂房和设备可以带来多少销售收入，它从建筑物、车辆和机器等固定资产角度衡量赚取收入的效率。这一指标需要与过去的业绩和竞争对手的业绩进行对比。其他条件不变，PPE 周转率低，意味着企业没有最大限度地利用资产。

现金流量比率包含以下几个：

现金与负债总额率

【指标象征】该指标表明经营现金流量对全部流动债务偿还的满足程度。该指标越大，经营活动产生的现金流对负债清偿的保证越强，企业偿还全部债务的能力越大。

全部资产现金回收率

【指标象征】该指标旨在考评企业全部资产产生现金的能力，该比值越大越好。比值越大说明资产利用效果越好，利用资产创造的现金流入越多，整个企业获取现金能力越强，经营管理水平越高。反之，则经营管理水平越低，经营者有待提高管理水平，进而提高企业的经济效益。

再投资比率

【指标象征】该指标反映了企业荡起经营活动产生的现金流量是否足以支付资本性支出所需的现金。如果这一比率过低，则表明企业的经营活动不能满足企业资本性支出的现金需求，需要依靠筹资活动产生的现金流入来补充。

到期债务本息偿付比率

【指标象征】到期债务本息偿付比率越大，说明偿付到期债务的能力就越强，如果该比率超过 1，意味着在保证现金支付需要后，还能保持一定的现金余额来满足预防性和投机性需求。如果比率小于 1，说明企业经营活动产生的现金不足以偿付到期的本息，企业必须对外筹资或出售资产才能偿还债务。

现金购销比率

【指标象征】在企业正常经营的情况下，这一比率应该对应利润表中的营业成本率（成本费用总额/营业收入总额）。这一比率过大或过小，都应该引起分析者的注意。如果购销比率不正常，可能有两种情况：购进了呆滞积压商品，经营业务萎缩。两种情况都会对店铺产生不利影响。

每股收益

【指标象征】该指标越高，在利润质量较好的情况下，表明股东的投资效益越好，股东获取较高股利可能性也就越大。这个只表示普通股股东最关心的指标之一，而且这个数值直接影响企业支付普通股股利的多少，如果没有足够的收益就不能支付股利。当然，股利的实际支付还要受企业现金状况的影响。

市盈率

【指标象征】市盈率是最常用来评估股价水平是否合理的指标之一。高市盈率：当一家股票的市盈率高于20∶1时，被认为市盈率偏高（这只是一种经验性的常识而不是一种定律）。历史上，这种高市盈率是成长型公司股票的特点。低市盈率：如果一家股票的市盈率低于10∶1，就被认为是偏低。低市盈率通常是那些已经发展成熟的，成长潜力不大的公司股票的特点，此外还有蓝筹股和正在面临或将要面临困境的公司。

股利支付率

【指标象征】该指标反映普通股股东从全部获利中实际可获取的股利份额。单纯从股东角度的眼前利益讲，该比率越高，股东所获取的回报越高。可以通过该数据分析企业的股利政策，因为股票价格会受股利的影响，企业为了稳定股票价格可能采取不同的股利政策。我国的情况较为特殊，通常支付现金股利的企业股票价格不会迅速增长，配股或者送股的企业股票价格反而上涨很多，这与其他国家的情况大有不同。

营业增长率与利润增长率

【指标象征】从这两个指标能观察出企业的发展空间，每年10%以上营业增长率的企业被称为"成长型企业"。每年50%以上营业增长率的企业被称为"独角兽型企业"。

资本积累率

【指标象征】资本积累率是企业当年所有者权益总的增长率，反映了企业所有者权益在当年的变动水平。它体现了企业资本的积累情况，是企业发展强盛的标志，也是企业扩大再生产的源泉，展示了企业的发展潜力。该指标越高，表明企业的资本积累越多，企业资本保全性越强，应付风险、持续发展的能力越大。该指标如为负值，表明企业资本受到侵蚀，所有者利益受到损害，应予以充分重视。

企业会计准则第 33 号

——合并财务报表

第一章 总 则

第一条 为了规范合并财务报表的编制和列报，根据《企业会计准则——基本准则》，制定本准则。

第二条 合并财务报表，是指反映母公司和其全部子公司形成的企业集团整体财务状况、经营成果和现金流量的财务报表。

母公司是指控制一个或一个以上主体（含企业、被投资单位中可分割的部分，以及企业所控制的结构化主体等，下同）的主体。

子公司是指被母公司控制的主体。

第三条 合并财务报表至少应当包括下列组成部分：

（一）合并资产负债表。

（二）合并利润表。

（三）合并现金流量表。

（四）合并所有者权益（或股东权益，下同）变动表。

（五）附注。

企业集团中期期末编制合并财务报表的，至少应当包括合并资产负债表、合并利润表、合并现金流量表和附注。

第四条 母公司应当编制合并财务报表。

如果母公司是投资性主体，且不存在为其投资活动提供相关服务的子公司，则不应当编制合并财务报表，该母公司按照本准则第二十一条规定以公允价值计量其对所有子公司的投资，且公允价值变动计入当期损益。

第五条 外币财务报表折算，适用《企业会计准则第 19 号——外币折算》和《企业会计准则第 31 号——现金流量表》。

第六条 关于在子公司权益的披露，适用《企业会计准则第 41 号——在其他主体中权益的披露》。

第二章　合并范围

第七条　合并财务报表的合并范围应当以控制为基础予以确定。

控制，是指投资方拥有对被投资方的权力，通过参与被投资方的相关活动而享有可变回报，并且有能力运用对被投资方的权力影响其回报金额。

本准则所称相关活动，是指对被投资方的回报产生重大影响的活动。被投资方的相关活动应当根据具体情况进行判断，通常包括商品或劳务的销售和购买、金融资产的管理、资产的购买和处置、研究与开发活动以及融资活动等。

第八条　投资方应当在综合考虑所有相关事实和情况的基础上对是否控制被投资方进行判断。一旦相关事实和情况的变化导致对控制定义所涉及的相关要素发生变化的，投资方应当进行重新评估。相关事实和情况主要包括：

（一）被投资方的设立目的。

（二）被投资方的相关活动以及如何对相关活动作出决策。

（三）投资方享有的权利是否使其目前有能力主导被投资方的相关活动。

（四）投资方是否通过参与被投资方的相关活动而享有可变回报。

（五）投资方是否有能力运用对被投资方的权力影响其回报金额。

（六）投资方与其他方的关系。

第九条　投资方享有现时权利使其目前有能力主导被投资方的相关活动，而不论其是否实际行使该权利，视为投资方拥有对被投资方的权力。

第十条　两个或两个以上投资方分别享有能够单方面主导被投资方不同相关活动的现时权利的，能够主导对被投资方回报产生最重大影响的活动的一方拥有对被投资方的权力。

第十一条　投资方在判断是否拥有对被投资方的权力时，应当仅考虑与被投资方相关的实质性权利，包括自身所享有的实质性权利以及其他方所享有的实质性权利。

实质性权利，是指持有人在对相关活动进行决策时有实际能力行使的可执行权利。判断一项权利是否为实质性权利，应当综合考虑所有相关因素，包括权利持有人行使该项权利是否存在财务、价格、条款、机制、信息、运营、法律法规等方面的障碍；当权利由多方持有或者行权需要多方同意时，是否存在实际可行的机制使得这些权利持有人在其愿意的情况下能够一致行权；权利持有人能否从行权中获利等。

某些情况下，其他方享有的实质性权利有可能会阻止投资方对被投资方的控制。这种实质性权利既包括提出议案以供决策的主动性权利，也包括对已提出议案作出决策的被动性权利。

第十二条　仅享有保护性权利的投资方不拥有对被投资方的权力。

保护性权利，是指仅为了保护权利持有人利益却没有赋予持有人对相关活动决策权的一项权利。保护性权利通常只能在被投资方发生根本性改变或某些例外情况发生时才能够行使，它既没有赋予其持有人对被投资方拥有权力，也不能阻止其他方对被投资方拥有权力。

第十三条　除非有确凿证据表明其不能主导被投资方相关活动，下列情况，表明投资方对被投资方拥有权力：

（一）投资方持有被投资方半数以上的表决权的。

（二）投资方持有被投资方半数或以下的表决权，但通过与其他表决权持有人之间的协议能够控制半数以上表决权的。

第十四条　投资方持有被投资方半数或以下的表决权，但综合考虑下列事实和情况后，判断投资方持有的表决权足以使其目前有能力主导被投资方相关活动的，视为投资方对被投资方拥有权力：

（一）投资方持有的表决权相对于其他投资方持有的表决权份额的大小，以及其他投资方持有表决权的分散程度。

（二）投资方和其他投资方持有的被投资方的潜在表决权，如可转换公司债券、可执行认股权证等。

（三）其他合同安排产生的权利。

（四）被投资方以往的表决权行使情况等其他相关事实和情况。

第十五条　当表决权不能对被投资方的回报产生重大影响时，如仅与被投资方的日常行政管理活动有关，并且被投资方的相关活动由合同安排所决定，投资方需要评估这些合同安排，以评价其享有的权利是否足够使其拥有对被投资方的权力。

第十六条　某些情况下，投资方可能难以判断其享有的权利是否足以使其拥有对被投资方的权力。在这种情况下，投资方应当考虑其具有实际能力以单方面主导被投资方相关活动的证据，从而判断其是否拥有对被投资方的权力。投资方应考虑的因素包括但不限于下列事项：

（一）投资方能否任命或批准被投资方的关键管理人员。

（二）投资方能否出于其自身利益决定或否决被投资方的重大交易。

（三）投资方能否掌控被投资方董事会等类似权力机构成员的任命程序，或者从其他表决权持有人手中获得代理权。

（四）投资方与被投资方的关键管理人员或董事会等类似权力机构中的多数成员是否存在关联方关系。

投资方与被投资方之间存在某种特殊关系的，在评价投资方是否拥有对被投资方的权力时，应当适当考虑这种特殊关系的影响。特殊关系通常包括：被投资方的关键管理人员是投资方的现任或前任职工、被投资方的经营依赖于投资方、被投资方活动的重大部分有投资方参与其中或者是以投资方的名义进行、投资方自被投资方承担可变回报的风险或享有可变回报的收益远超过其持有的表决权或其他类似权利的比例等。

第十七条　投资方自被投资方取得的回报可能会随着被投资方业绩而变动的，视为享有可变回报。投资方应当基于合同安排的实质而非回报的法律形式对回报的可变性进行评价。

第十八条　投资方在判断是否控制被投资方时，应当确定其自身是以主要责任人还是代理人的身份行使决策权，在其他方拥有决策权的情况下，还需要确定其他方是否以其代理人的身份代为行使决策权。

代理人仅代表主要责任人行使决策权，不控制被投资方。投资方将被投资方相关活动的决策权委托给代理人的，应当将该决策权视为自身直接持有。

第十九条　在确定决策者是否为代理人时，应当综合考虑该决策者与被投资方以及其他投资方之间的关系。

（一）存在单独一方拥有实质性权利可以无条件罢免决策者的，该决策者为代理人。

（二）除（一）以外的情况下，应当综合考虑决策者对被投资方的决策权范围、其他方享有的实质性权利、决策者的薪酬水平、决策者因持有被投资方中的其他权益所承担可变回报的风险等相关因素进行判断。

第二十条　投资方通常应当对是否控制被投资方整体进行判断。但极个别情况下，有确凿证据表明同时满足下列条件并且符合相关法律法规规定的，投资方应当将被投资方的一部分（以下简称"该部分"）视为被投资方可分割的部分（单独主体），进而判断是否控制该部分（单独主体）。

（一）该部分的资产是偿付该部分负债或该部分其他权益的唯一来源，不能用于偿还该部分以外的被投资方的其他负债；

（二）除与该部分相关的各方外，其他方不享有与该部分资产相关的权利，也不享有与该部分资产剩余现金流量相关的权利。

第二十一条 母公司应当将其全部子公司（包括母公司所控制的单独主体）纳入合并财务报表的合并范围。

如果母公司是投资性主体，则母公司应当仅将为其投资活动提供相关服务的子公司（如有）纳入合并范围并编制合并财务报表；其他子公司不应当予以合并，母公司对其他子公司的投资应当按照公允价值计量且其变动计入当期损益。

第二十二条 当母公司同时满足下列条件时，该母公司属于投资性主体：

（一）该公司是以向投资者提供投资管理服务为目的，从一个或多个投资者处获取资金；

（二）该公司的唯一经营目的，是通过资本增值、投资收益或两者兼有而让投资者获得回报；

（三）该公司按照公允价值对几乎所有投资的业绩进行考量和评价。

第二十三条 母公司属于投资性主体的，通常情况下应当符合下列所有特征：

（一）拥有一个以上投资；

（二）拥有一个以上投资者；

（三）投资者不是该主体的关联方；

（四）其所有者权益以股权或类似权益方式存在。

第二十四条 投资性主体的母公司本身不是投资性主体，则应当将其控制的全部主体，包括那些通过投资性主体所间接控制的主体，纳入合并财务报表范围。

第二十五条 当母公司由非投资性主体转变为投资性主体时，除仅将为其投资活动提供相关服务的子公司纳入合并财务报表范围编制合并财务报表外，企业自转变日起对其他子公司不再予以合并，并参照本准则第四十九条的规定，按照视同在转变日处置子公司但保留剩余股权的原则进行会计处理。

当母公司由投资性主体转变为非投资性主体时，应将原未纳入合并财务报表范围的子公司于转变日纳入合并财务报表范围，原未纳入合并财务报表范围的子公司在转变日的公允价值视同为购买的交易对价。

第三章 合并程序

第二十六条 母公司应当以自身和其子公司的财务报表为基础，根据其他有关资料，编制合并财务报表。

母公司编制合并财务报表，应当将整个企业集团视为一个会计主体，依据相关企业会计准则的确认、计量和列报要求，按照统一的会计政策，反映企业集团整体财务状况、经营成果和现金流量。

（一）合并母公司与子公司的资产、负债、所有者权益、收入、费用和现金流等项目。

（二）抵销母公司对子公司的长期股权投资与母公司在子公司所有者权益中所享有的份额。

（三）抵销母公司与子公司、子公司相互之间发生的内部交易的影响。内部交易表明相关资产发生减值损失的，应当全额确认该部分损失。

（四）站在企业集团角度对特殊交易事项予以调整。

第二十七条　母公司应当统一子公司所采用的会计政策，使子公司采用的会计政策与母公司保持一致。

子公司所采用的会计政策与母公司不一致的，应当按照母公司的会计政策对子公司财务报表进行必要的调整；或者要求子公司按照母公司的会计政策另行编报财务报表。

第二十八条　母公司应当统一子公司的会计期间，使子公司的会计期间与母公司保持一致。

子公司的会计期间与母公司不一致的，应当按照母公司的会计期间对子公司财务报表进行调整；或者要求子公司按照母公司的会计期间另行编报财务报表。

第二十九条　在编制合并财务报表时，子公司除了应当向母公司提供财务报表外，还应当向母公司提供下列有关资料：

（一）采用的与母公司不一致的会计政策及其影响金额；

（二）与母公司不一致的会计期间的说明；

（三）与母公司、其他子公司之间发生的所有内部交易的相关资料；

（四）所有者权益变动的有关资料；

（五）编制合并财务报表所需要的其他资料。

第一节　合并资产负债表

第三十条　合并资产负债表应当以母公司和子公司的资产负债表为基础，在抵销母公司与子公司、子公司相互之间发生的内部交易对合并资产负债表的影响后，由母公司合并编制。

（一）母公司对子公司的长期股权投资与母公司在子公司所有者权益中所享有的份额应当相互抵销，同时抵销相应的长期股权投资减值准备。

子公司持有母公司的长期股权投资，应当视为企业集团的库存股，作为所有者权益的减项，在合并资产负债表中所有者权益项目下以"减：库存股"项目列示。

子公司相互之间持有的长期股权投资，应当比照母公司对子公司的股权投资的抵销方法，将长期股权投资与其对应的子公司所有者权益中所享有的份额相互抵销。

（二）母公司与子公司、子公司相互之间的债权与债务项目应当相互抵销，同时抵销相应的减值准备。

（三）母公司与子公司、子公司相互之间销售商品（或提供劳务，下同）或其他方式形成的存货、固定资产、工程物资、在建工程、无形资产等所包含的未实现内部销售损益应当抵销。

对存货、固定资产、工程物资、在建工程和无形资产等计提的跌价准备或减值准备与未实现内部销售损益相关的部分应当抵销。

（四）母公司与子公司、子公司相互之间发生的其他内部交易对合并资产负债表的影响应当抵销。

（五）因抵销未实现内部销售损益导致合并资产负债表中资产、负债的账面价值与其在所属纳税主体的计税基础之间产生暂时性差异的，在合并资产负债表中应当确认递延所得税资产或递延所得税负债，同时调整合并利润表中的所得税费用，但与直接计入所有者权益的交易或事项及企业合并相关的递延所得税除外。

第三十一条　子公司所有者权益中不属于母公司的份额，应当作为少数股东权益，在合并资产负债表中所有者权益项目下以"少数股东权益"项目列示。

第三十二条　母公司在报告期内因同一控制下企业合并增加的子公司以及业务，编制合并资产负债表时，应当调整合并资产负债表的期初数，同时应当对比较报表的相关项目进行调整，视同合并后的报告主体自最终控制方开始控制时点起一直存在。

因非同一控制下企业合并或其他方式增加的子公司以及业务，编制合并资产负债表时，不应当调整合并资产负债表的期初数。

第三十三条　母公司在报告期内处置子公司以及业务，编制合并资产负债表时，不应当调整合并资产负债表的期初数。

第二节　合并利润表

第三十四条　合并利润表应当以母公司和子公司的利润表为基础，在抵销母公司与子公司、子公司相互之间发生的内部交易对合并利润表的影响后，由母公司合并编制。

（一）母公司与子公司、子公司相互之间销售商品所产生的营业收入和营业成本应当抵销。

母公司与子公司、子公司相互之间销售商品，期末全部实现对外销售的，应当将购买方的营业成本与销售方的营业收入相互抵销。

母公司与子公司、子公司相互之间销售商品，期末未实现对外销售而形成存货、固定资产、工程物资、在建工程、无形资产等资产的，在抵销销售商品的营业成本和营业收入的同时，应当将各项资产所包含的未实现内部销售损益予以抵销。

（二）在对母公司与子公司、子公司相互之间销售商品形成的固定资产或无形资产所包含的未实现内部销售损益进行抵销的同时，也应当对固定资产的折旧额或无形资产的摊销额与未实现内部销售损益相关的部分进行抵销。

（三）母公司与子公司、子公司相互之间持有对方债券所产生的投资收益、利息收入及其他综合收益等，应当与其相对应的发行方利息费用相互抵销。

（四）母公司对子公司、子公司相互之间持有对方长期股权投资的投资收益应当抵销。

（五）母公司与子公司、子公司相互之间发生的其他内部交易对合并利润表的影响应当抵销。

第三十五条　子公司当期净损益中属于少数股东权益的份额，应当在合并利润表中净利润项目下以"少数股东损益"项目列示。

子公司当期综合收益中属于少数股东权益的份额，应当在合并利润表中综合收益总额项目下以"归属于少数股东的综合收益总额"项目列示。

第三十六条　母公司向子公司出售资产所发生的未实现内部交易损益，应当全额抵销"归属于母公司所有者的净利润"。

子公司向母公司出售资产所发生的未实现内部交易损益，应当按照母公司对该子公司的分配比例在"归属于母公司所有者的净利润"和"少数股东损益"之间分配抵销。

子公司之间出售资产所发生的未实现内部交易损益，应当按照母公司对出售方子公司的分配比例在"归属于母公司所有者的净利润"和"少数股东损益"之间分配抵销。

第三十七条　子公司少数股东分担的当期亏损超过了少数股东在该子公司期初所有者权益中所享有的份额的，其余额仍应当冲减少数股东权益。

第三十八条　母公司在报告期内因同一控制下企业合并增加的子公司以及业务，应当将该子公司以及业务合并当期期初至报告期末的收入、费用、利润纳入合并利润表，同时应当对比较报表的相关项目进行调整，视同合并后的报告主体自最终控制方开始控制时点起一直存在。

因非同一控制下企业合并或其他方式增加的子公司以及业务，应当将该子公司以及业务购买日至报告期末的收入、费用、利润纳入合并利润表。

第三十九条　母公司在报告期内处置子公司以及业务，应当将该子公司以及业务期初至处置日的收入、费用、利润纳入合并利润表。

第三节　合并现金流量表

第四十条　合并现金流量表应当以母公司和子公司的现金流量表为基础，在抵销母公司与子公司、子公司相互之间发生的内部交易对合并现金流量表的影响后，由母公司合并编制。

本准则提及现金时，除非同时提及现金等价物，均包括现金和现金等价物。

第四十一条　编制合并现金流量表应当符合下列要求：

（一）母公司与子公司、子公司相互之间当期以现金投资或收购股权增加的投资所产生的现金流量应当抵销。

（二）母公司与子公司、子公司相互之间当期取得投资收益、利息收入收到的现金，应当与分配股利、利润或偿付利息支付的现金相互抵销。

（三）母公司与子公司、子公司相互之间以现金结算债权与债务所产生的现金流量应当抵销。

（四）母公司与子公司、子公司相互之间当期销售商品所产生的现金流量应当抵销。

（五）母公司与子公司、子公司相互之间处置固定资产、无形资产和其他长期资产收回的现金净额，应当与购建固定资产、无形资产和其他长期资产支付的现金相互抵销。

（六）母公司与子公司、子公司相互之间当期发生的其他内部交易所产生的现金流量应当抵销。

第四十二条　合并现金流量表及其补充资料也可以根据合并资产负债表和合并利润表进行编制。

第四十三条　母公司在报告期内因同一控制下企业合并增加的子公司以及业务，应当将该子公司以及业务合并当期期初至报告期末的现金流量纳入合并现金流量表，同时应当对比较报表的相关项目进行调整，视同合并后的报告主体自最终控制方开始控制时点起一直存在。

因非同一控制下企业合并增加的子公司以及业务，应当将该子公司购买日至报告期末的现金流量纳入合并现金流量表。

第四十四条　母公司在报告期内处置子公司以及业务，应当将该子公司以及业务期初至处置日的现金流量纳入合并现金流量表。

第四节　合并所有者权益变动表

第四十五条　合并所有者权益变动表应当以母公司和子公司的所有者权益变动表为基础，在抵销母公司与子公司、子公司相互之间发生的内部交易对合并所有者权益变动表的影响后，由母公司合并编制。

（一）母公司对子公司的长期股权投资应当与母公司在子公司所有者权益中所享有的份额相互抵销。

子公司持有母公司的长期股权投资以及子公司相互之间持有的长期股权投资，应当按照本准则第三十条规定处理。

（二）母公司对子公司、子公司相互之间持有对方长期股权投资的投资收益应当抵销。

（三）母公司与子公司、子公司相互之间发生的其他内部交易对所有者权益变动的影响应当抵销。

合并所有者权益变动表也可以根据合并资产负债表和合并利润表进行编制。

第四十六条　有少数股东的，应当在合并所有者权益变动表中增加"少数股东权益"栏目，反映少数股东权益变动的情况。

第四章 特殊交易的会计处理

第四十七条 母公司购买子公司少数股东拥有的子公司股权，在合并财务报表中，因购买少数股权新取得的长期股权投资与按照新增持股比例计算应享有子公司自购买日或合并日开始持续计算的净资产份额之间的差额，应当调整资本公积（资本溢价或股本溢价），资本公积不足冲减的，调整留存收益。

第四十八条 企业因追加投资等原因能够对非同一控制下的被投资方实施控制的，在合并财务报表中，对于购买日之前持有的被购买方的股权，应当按照该股权在购买日的公允价值进行重新计量，公允价值与其账面价值的差额计入当期投资收益；购买日之前持有的被购买方的股权涉及权益法核算下的其他综合收益等的，与其相关的其他综合收益等应当转为购买日所属当期收益。购买方应当在附注中披露其在购买日之前持有的被购买方的股权在购买日的公允价值、按照公允价值重新计量产生的相关利得或损失的金额。

第四十九条 母公司在不丧失控制权的情况下部分处置对子公司的长期股权投资，在合并财务报表中，处置价款与处置长期股权投资相对应享有子公司自购买日或合并日开始持续计算的净资产份额之间的差额，应当调整资本公积（资本溢价或股本溢价），资本公积不足冲减的，调整留存收益。

第五十条 企业因处置部分股权投资等原因丧失了对被投资方的控制权的，在编制合并财务报表时，对于剩余股权，应当按照其在丧失控制权日的公允价值进行重新计量。处置股权取得的对价与剩余股权公允价值之和，减去按原持股比例计算应享有原有子公司自购买日或合并日开始持续计算的净资产的份额之间的差额，计入丧失控制权当期的投资收益，同时冲减商誉。与原有子公司股权投资相关的其他综合收益等，应当在丧失控制权时转为当期投资收益。

第五十一条 企业通过多次交易分步处置对子公司股权投资直至丧失控制权的，如果处置对子公司股权投资直至丧失控制权的各项交易属于一揽子交易的，应当将各项交易作为一项处置子公司并丧失控制权的交易进行会计处理；但是，在丧失控制权之前每一次处置价款与处置投资对应的享有该子公司净资产份额的差额，在合并财务报表中应当确认为其他综合收益，在丧失控制权时一并转入丧失控制权当期的损益。

处置对子公司股权投资的各项交易的条款、条件以及经济影响符合下列一种或多种情况，通常表明应将多次交易事项作为一揽子交易进行会计处理：

（一）这些交易是同时或者在考虑了彼此影响的情况下订立的。

（二）这些交易整体才能达成一项完整的商业结果。

（三）一项交易的发生取决于其他至少一项交易的发生。

（四）一项交易单独考虑时是不经济的，但是和其他交易一并考虑时是经济的。

第五十二条　对于本章未列举的交易或者事项，如果站在企业集团合并财务报表角度的确认和计量结果与其所属的母公司或子公司的个别财务报表层面的确认和计量结果不一致的，则在编制合并财务报表时，也应当按照本准则第二十六条第二款第（四）项的规定，对其确认和计量结果予以相应调整。

第五章　衔接规定

第五十三条　首次采用本准则的企业应当根据本准则的规定对被投资方进行重新评估，确定其是否应纳入合并财务报表范围。因首次采用本准则导致合并范围发生变化的，应当进行追溯调整，追溯调整不切实可行的除外。比较期间已丧失控制权的原子公司，不再追溯调整。

第六章　附　则

第五十四条　本准则自 2014 年 7 月 1 日起施行。

企业会计准则第 22 号

——金融工具确认和计量（财会［2017］7 号）

第一章　总　则

第一条　为了规范金融工具的确认和计量，根据《企业会计准则——基本准则》，制定本准则。

第二条　金融工具，是指形成一方的金融资产并形成其他方的金融负债或权益工具的合同。

第三条 金融资产，是指企业持有的现金、其他方的权益工具以及符合下列条件之一的资产：

（一）从其他方收取现金或其他金融资产的合同权利。

（二）在潜在有利条件下，与其他方交换金融资产或金融负债的合同权利。

（三）将来须用或可用企业自身权益工具进行结算的非衍生工具合同，且企业根据该合同将收到可变数量的自身权益工具。

（四）将来须用或可用企业自身权益工具进行结算的衍生工具合同，但以固定数量的自身权益工具交换固定金额的现金或其他金融资产的衍生工具合同除外。其中，企业自身权益工具不包括应当按照《企业会计准则第37号——金融工具列报》分类为权益工具的可回售工具或发行方仅在清算时才有义务向另一方按比例交付其净资产的金融工具，也不包括本身就要求在未来收取或交付企业自身权益工具的合同。

第四条 金融负债，是指企业符合下列条件之一的负债：

（一）向其他方交付现金或其他金融资产的合同义务。

（二）在潜在不利条件下，与其他方交换金融资产或金融负债的合同义务。

（三）将来须用或可用企业自身权益工具进行结算的非衍生工具合同，且企业根据该合同将交付可变数量的自身权益工具。

（四）将来须用或可用企业自身权益工具进行结算的衍生工具合同，但以固定数量的自身权益工具交换固定金额的现金或其他金融资产的衍生工具合同除外。企业对全部现有同类别非衍生自身权益工具的持有方同比例发行配股权、期权或认股权证，使之有权按比例以固定金额的任何货币换取固定数量的该企业自身权益工具的，该类配股权、期权或认股权证应当分类为权益工具。其中，企业自身权益工具不包括应当按照《企业会计准则第37号——金融工具列报》分类为权益工具的可回售工具或发行方仅在清算时才有义务向另一方按比例交付其净资产的金融工具，也不包括本身就要求在未来收取或交付企业自身权益工具的合同。

第五条 衍生工具，是指属于本准则范围并同时具备下列特征的金融工具或其他合同：

（一）其价值随特定利率、金融工具价格、商品价格、汇率、价格指数、费率指数、信用等级、信用指数或其他变量的变动而变动，变量为非金融变量的，该变量不应与合同的任何一方存在特定关系。

（二）不要求初始净投资，或者与对市场因素变化预期有类似反应的其他合同相比，要求较少的初始净投资。

（三）在未来某一日期结算。

常见的衍生工具包括远期合同、期货合同、互换合同和期权合同等。

第六条　除下列各项外，本准则适用于所有企业各种类型的金融工具：

（一）由《企业会计准则第 2 号——长期股权投资》规范的对子公司、合营企业和联营企业的投资，适用《企业会计准则第 2 号——长期股权投资》，但是企业根据《企业会计准则第 2 号——长期股权投资》对上述投资按照本准则相关规定进行会计处理的，适用本准则。企业持有的与在子公司、合营企业或联营企业中的权益相联系的衍生工具，适用本准则；该衍生工具符合《企业会计准则第 37 号——金融工具列报》规定的权益工具定义的，适用《企业会计准则第 37 号——金融工具列报》。

（二）由《企业会计准则第 9 号——职工薪酬》规范的职工薪酬计划形成的企业的权利和义务，适用《企业会计准则第 9 号——职工薪酬》。

（三）由《企业会计准则第 11 号——股份支付》规范的股份支付，适用《企业会计准则第 11 号——股份支付》。但是，股份支付中属于本准则第八条范围的买入或卖出非金融项目的合同，适用本准则。

（四）由《企业会计准则第 12 号——债务重组》规范的债务重组，适用《企业会计准则第 12 号——债务重组》。

（五）因清偿按照《企业会计准则第 13 号——或有事项》所确认的预计负债而获得补偿的权利，适用《企业会计准则第 13 号——或有事项》。

（六）由《企业会计准则第 14 号——收入》规范的属于金融工具的合同权利和义务，适用《企业会计准则第 14 号——收入》，但该准则要求在确认和计量相关合同权利的减值损失和利得时应当按照本准则规定进行会计处理的，适用本准则有关减值的规定。

（七）购买方（或合并方）与出售方之间签订的，将在未来购买日形成《企业会计准则第 20 号——企业合并》规范的企业合并且其期限不超过企业合并获得批准并完成交易所必需的合理期限的远期合同，不适用本准则。

（八）由《企业会计准则第 21 号——租赁》规范的租赁的权利和义务，适用《企业会计准则第 21 号——租赁》。但是，租赁应收款的减值、终止确认，租赁应付款的终止确认以及租赁中嵌入的衍生工具，适用本准则。

（九）金融资产转移，适用《企业会计准则第 23 号——金融资产转移》。

（十）套期会计，适用《企业会计准则第24号——套期会计》。

（十一）由保险合同相关准则规范的保险合同所产生的权利和义务，适用相关的保险合同准则。因具有相机分红特征而由保险合同相关准则规范的合同所产生的权利和义务，适用保险合同相关准则。但对于嵌入保险合同的衍生工具，该嵌入衍生工具本身不是保险合同的，适用本准则。

对于财务担保合同，发行方之前明确表明将此类合同视作保险合同，并且已按照保险合同相关准则进行会计处理的，可以选择适用本准则或保险合同相关准则。该选择可以基于单项合同，但选择一经做出，不得撤销。否则，相关财务担保合同适用本准则。

财务担保合同，是指当特定债务人到期不能按照最初或修改后的债务工具条款偿付债务时，要求发行方向蒙受损失的合同持有人赔付特定金额的合同。

（十二）企业发行的按照《企业会计准则第37号——金融工具列报》规定应当分类为权益工具的金融工具，适用《企业会计准则第37号——金融工具列报》。

第七条　本准则适用于下列贷款承诺：

（一）企业指定为以公允价值计量且其变动计入当期损益的金融负债的贷款承诺。如果按照以往惯例，企业在贷款承诺产生后不久即出售其所产生资产，则同一类别的所有贷款承诺均应当适用本准则。

（二）能够以现金或者通过交付或发行其他金融工具净额结算的贷款承诺。此类贷款承诺属于衍生工具。企业不得仅仅因为相关贷款将分期拨付（如按工程进度分期拨付的按揭建造贷款）而将该贷款承诺视为以净额结算。

（三）以低于市场利率贷款的贷款承诺。

所有贷款承诺均适用本准则关于终止确认的规定。企业作为贷款承诺发行方的，还适用本准则关于减值的规定。

贷款承诺，是指按照预先规定的条款和条件提供信用的确定性承诺。

第八条　对于能够以现金或其他金融工具净额结算，或者通过交换金融工具结算的买入或卖出非金融项目的合同，除了企业按照预定的购买、销售或使用要求签订并持有旨在收取或交付非金融项目的合同适用其他相关会计准则外，企业应当将该合同视同金融工具，适用本准则。

对于能够以现金或其他金融工具净额结算，或者通过交换金融工具结算的买入或卖出非金融项目的合同，即使企业按照预订的购买、销售或使用要求签订并持有旨在收取或交付非金融项目的合同的，企业也可以将该合同指定为以公允价值计量且其变动计入当期损益的金融资产或金融负债。企业只能在合同开始时做出该指定，并且必须能够通过该指定消除或显著减少会计错配。该指定一经做出，不得撤销。

会计错配，是指当企业以不同的会计确认方法和计量属性对在经济上相关的资产或负债进行确认或计量由此产生的利得或损失时，可能导致的会计确认和计量上的不一致。

第二章 金融工具的确认和终止确认

第九条 企业成为金融工具合同的一方时，应当确认一项金融资产或金融负债。

第十条 对于以常规方式购买或出售金融资产的，企业应当在交易日确认将收到的资产和为此将承担的负债，或者在交易日终止确认已出售的资产，同时确认处置利得或损失以及应向买方收取的应收款项。

以常规方式购买或出售金融资产，是指企业按照合同规定购买或出售金融资产，并且该合同条款规定，企业应当根据通常由法规或市场惯例所确定的时间安排来交付金融资产。

第十一条 金融资产满足下列条件之一的，应当终止确认：

（一）收取该金融资产现金流量的合同权利终止。

（二）该金融资产已转移，且该转移满足《企业会计准则第23号——金融资产转移》关于金融资产终止确认的规定。

本准则所称金融资产或金融负债终止确认，是指企业将之前确认的金融资产或金融负债从其资产负债表中予以转出。

第十二条 金融负债（或其一部分）的现时义务已经解除的，企业应当终止确认该金融负债（或该部分金融负债）。

第十三条 企业（借入方）与借出方之间签订协议，以承担新金融负债方式替换原金融负债，且新金融负债与原金融负债的合同条款实质上不同的，企业应当终止确认原金融负债，同时确认一项新金融负债。

企业对原金融负债（或其一部分）的合同条款做出实质性修改的，应当终止确认原金融负债，同时按照修改后的条款确认一项新金融负债。

第十四条 金融负债（或其一部分）终止确认的，企业应当将其账面价值与支付的对价（包括转出的非现金资产或承担的负债）之间的差额，计入当期损益。

第十五条　企业回购金融负债一部分的，应当按照继续确认部分和终止确认部分在回购日各自的公允价值占整体公允价值的比例，对该金融负债整体的账面价值进行分配。分配给终止确认部分的账面价值与支付的对价（包括转出的非现金资产或承担的负债）之间的差额，应当计入当期损益。

第三章　金融资产的分类

第十六条　企业应当根据其管理金融资产的业务模式和金融资产的合同现金流量特征，将金融资产划分为以下三类：

（一）以摊余成本计量的金融资产。

（二）以公允价值计量且其变动计入其他综合收益的金融资产。

（三）以公允价值计量且其变动计入当期损益的金融资产。

企业管理金融资产的业务模式，是指企业如何管理其金融资产以产生现金流量。业务模式决定企业所管理金融资产现金流量的来源是收取合同现金流量、出售金融资产还是两者兼有。企业管理金融资产的业务模式，应当以企业关键管理人员决定的对金融资产进行管理的特定业务目标为基础确定。企业确定管理金融资产的业务模式，应当以客观事实为依据，不得以按照合理预期不会发生的情形为基础确定。

金融资产的合同现金流量特征，是指金融工具合同约定的、反映相关金融资产经济特征的现金流量属性。企业分类为本准则第十七条和第十八条规范的金融资产，其合同现金流量特征，应当与基本借贷安排相一致。即相关金融资产在特定日期产生的合同现金流量仅为对本金和以未偿付本金金额为基础的利息的支付，其中，本金是指金融资产在初始确认时的公允价值，本金金额可能因提前偿付等原因在金融资产的存续期内发生变动；利息包括对货币时间价值、与特定时期未偿付本金金额相关的信用风险，以及其他基本借贷风险、成本和利润的对价。其中，货币时间价值是利息要素中仅因为时间流逝而提供对价的部分，不包括为所持有金融资产的其他风险或成本提供的对价，但货币时间价值要素有时可能存在修正。在货币时间价值要素存在修正的情况下，企业应当对相关修正进行评估，以确定其是否满足上述合同现金流量特征的要求。此外，金融资产包含可能导致其合同现金流量的时间分布或金额发生变更的合同条款（如包含提前偿付特征）的，企业应当对相关条款进行评估（如评估提前偿付特征的公允价值是否非常小），以确定其是否满足上述合同现金流量特征的要求。

第十七条　金融资产同时符合下列条件的，应当分类为以摊余成本计量的金融资产：

（一）企业管理该金融资产的业务模式是以收取合同现金流量为目标。

（二）该金融资产的合同条款规定，在特定日期产生的现金流量，仅为对本金和以未偿付本金金额为基础的利息的支付。

第十八条　金融资产同时符合下列条件的，应当分类为以公允价值计量且其变动计入其他综合收益的金融资产：

（一）企业管理该金融资产的业务模式既以收取合同现金流量为目标又以出售该金融资产为目标。

（二）该金融资产的合同条款规定，在特定日期产生的现金流量，仅为对本金和以未偿付本金金额为基础的利息的支付。

第十九条　按照本准则第十七条分类为以摊余成本计量的金融资产和按照本准则第十八条分类为以公允价值计量且其变动计入其他综合收益的金融资产之外的金融资产，企业应当将其分类为以公允价值计量且其变动计入当期损益的金融资产。

在初始确认时，企业可以将非交易性权益工具投资指定为以公允价值计量且其变动计入其他综合收益的金融资产，并按照本准则第六十五条规定确认股利收入。该指定一经做出，不得撤销。企业在非同一控制下的企业合并中确认的或有对价构成金融资产的，该金融资产应当分类为以公允价值计量且其变动计入当期损益的金融资产，不得指定为以公允价值计量且其变动计入其他综合收益的金融资产。

金融资产或金融负债满足下列条件之一的，表明企业持有该金融资产或承担该金融负债的目的是交易性的：

（一）取得相关金融资产或承担相关金融负债的目的，主要是为了近期出售或回购。

（二）相关金融资产或金融负债在初始确认时属于集中管理的可辨认金融工具组合的一部分，且有客观证据表明近期实际存在短期获利模式。

（三）相关金融资产或金融负债属于衍生工具。但符合财务担保合同定义的衍生工具以及被指定为有效套期工具的衍生工具除外。

第二十条　在初始确认时，如果能够消除或显著减少会计错配，企业可以将金融资产指定为以公允价值计量且其变动计入当期损益的金融资产。该指定一经做出，不得撤销。

第四章　金融负债的分类

第二十一条　除下列各项外，企业应当将金融负债分类为以摊余成本计量的金融负债：

（一）以公允价值计量且其变动计入当期损益的金融负债，包括交易性金融负债（含属于金融负债的衍生工具）和指定为以公允价值计量且其变动计入当期损益的金融负债。

（二）金融资产转移不符合终止确认条件或继续涉入被转移金融资产所形成的金融负债。对此类金融负债，企业应当按照《企业会计准则第23号——金融资产转移》相关规定进行计量。

（三）不属于本条（一）或本条（二）情形的财务担保合同，以及不属于本条（一）情形的以低于市场利率贷款的贷款承诺。企业作为此类金融负债发行方的，应当在初始确认后按照依据本准则第八章所确定的损失准备金额以及初始确认金额扣除依据《企业会计准则第14号——收入》相关规定所确定的累计摊销额后的余额孰高进行计量。

在非同一控制下的企业合并中，企业作为购买方确认的或有对价形成金融负债的，该金融负债应当按照以公允价值计量且其变动计入当期损益进行会计处理。

第二十二条　在初始确认时，为了提供更相关的会计信息，企业可以将金融负债指定为以公允价值计量且其变动计入当期损益的金融负债，但该指定应当满足下列条件之一：

（一）能够消除或显著减少会计错配。

（二）根据正式书面文件载明的企业风险管理或投资策略，以公允价值为基础对金融负债组合或金融资产和金融负债组合进行管理和绩效考核，并在企业内部以此为基础向关键管理人员报告。

该指定一经做出，不得撤销。

第五章　嵌入衍生工具

第二十三条　嵌入衍生工具，是指嵌入到非衍生工具（即主合同）中的衍生工具。嵌入衍生工具与主合同构成混合合同。该嵌入衍生工具对混合合同的现金流量产生影响的方式，应当与单独存在的衍生工具类似，且该混合合同的全部或部分现金流量随特定利率、金融工具价格、商品价格、汇率、价格指数、费率指数、信用等级、信用指数或其他变量变动而变动，变量为非金融变量的，该变量不应与合同的任何一方存在特定关系。

衍生工具如果附属于一项金融工具但根据合同规定可以独立于该金融工具进行转让，或者具有与该金融工具不同的交易对手方，则该衍生工具不是嵌入衍生工具，应当作为一项单独存在的衍生工具处理。

第二十四条 混合合同包含的主合同属于本准则规范的资产的，企业不应从该混合合同中分拆嵌入衍生工具，而应当将该混合合同作为一个整体适用本准则关于金融资产分类的相关规定。

第二十五条 混合合同包含的主合同不属于本准则规范的资产，且同时符合下列条件的，企业应当从混合合同中分拆嵌入衍生工具，将其作为单独存在的衍生工具处理：

（一）嵌入衍生工具的经济特征和风险与主合同的经济特征和风险不紧密相关。

（二）与嵌入衍生工具具有相同条款的单独工具符合衍生工具的定义。

（三）该混合合同不是以公允价值计量且其变动计入当期损益进行会计处理。

嵌入衍生工具从混合合同中分拆的，企业应当按照适用的会计准则规定，对混合合同的主合同进行会计处理。企业无法根据嵌入衍生工具的条款和条件对嵌入衍生工具的公允价值进行可靠计量的，该嵌入衍生工具的公允价值应当根据混合合同公允价值和主合同公允价值之间的差额确定。使用了上述方法后，该嵌入衍生工具在取得日或后续资产负债表日的公允价值仍然无法单独计量的，企业应当将该混合合同整体指定为以公允价值计量且其变动计入当期损益的金融工具。

第二十六条 混合合同包含一项或多项嵌入衍生工具，且其主合同不属于本准则规范的资产的，企业可以将其整体指定为以公允价值计量且其变动计入当期损益的金融工具。但下列情况除外：

（一）嵌入衍生工具不会对混合合同的现金流量产生重大改变。

（二）在初次确定类似的混合合同是否需要分拆时，几乎不需分析就能明确其包含的嵌入衍生工具不应分拆。如嵌入贷款的提前偿还选择权，允许持有人以接近摊余成本的金额提前偿还贷款，该提前偿还选择权不需要分拆。

第六章 金融工具的重分类

第二十七条 企业改变其管理金融资产的业务模式时，应当按照本准则的规定对所有受影响的相关金融资产进行重分类。

企业对所有金融负债均不得进行重分类。

第二十八条 企业发生下列情况的，不属于金融资产或金融负债的重分类：

（一）按照《企业会计准则第24号——套期会计》相关规定，某金融工具以前被指定并成为现金流量套期或境外经营净投资套期中的有效套期工具，但目前已不再满足运用该套期会计方法的条件。

（二）按照《企业会计准则第24号——套期会计》相关规定，某金融工具被指定并成为现金流量套期或境外经营净投资套期中的有效套期工具。

（三）按照《企业会计准则第24号——套期会计》相关规定，运用信用风险敞口公允价值选择权所引起的计量变动。

第二十九条 企业对金融资产进行重分类，应当自重分类日起采用未来适用法进行相关会计处理，不得对以前已经确认的利得、损失（包括减值损失或利得）或利息进行追溯调整。

重分类日，是指导致企业对金融资产进行重分类的业务模式发生变更后的首个报告期间的第一天。

第三十条 企业将一项以摊余成本计量的金融资产重分类为以公允价值计量且其变动计入当期损益的金融资产的，应当按照该资产在重分类日的公允价值进行计量。原账面价值与公允价值之间的差额计入当期损益。

企业将一项以摊余成本计量的金融资产重分类为以公允价值计量且其变动计入其他综合收益的金融资产的，应当按照该金融资产在重分类日的公允价值进行计量。原账面价值与公允价值之间的差额计入其他综合收益。该金融资产重分类不影响其实际利率和预期信用损失的计量。

第三十一条 企业将一项以公允价值计量且其变动计入其他综合收益的金融资产重分类为以摊余成本计量的金融资产的，应当将之前计入其他综合收益的累计利得或损失转出，调整该金融资产在重分类日的公允价值，并以调整后的金额作为新的账面价值，即视同该金融资产一直以摊余成本计量。该金融资产重分类不影响其实际利率和预期信用损失的计量。

企业将一项以公允价值计量且其变动计入其他综合收益的金融资产重分类为

以公允价值计量且其变动计入当期损益的金融资产的，应当继续以公允价值计量该金融资产。同时，企业应当将之前计入其他综合收益的累计利得或损失从其他综合收益转入当期损益。

第三十二条　企业将一项以公允价值计量且其变动计入当期损益的金融资产重分类为以摊余成本计量的金融资产的，应当以其在重分类日的公允价值作为新的账面余额。

企业将一项以公允价值计量且其变动计入当期损益的金融资产重分类为以公允价值计量且其变动计入其他综合收益的金融资产的，应当继续以公允价值计量该金融资产。

按照本条规定对金融资产重分类进行处理的，企业应当根据该金融资产在重分类日的公允价值确定其实际利率。同时，企业应当自重分类日起对该金融资产适用本准则关于金融资产减值的相关规定，并将重分类日视为初始确认日。

第七章　金融工具的计量

第三十三条　企业初始确认金融资产或金融负债，应当按照公允价值计量。对于以公允价值计量且其变动计入当期损益的金融资产和金融负债，相关交易费用应当直接计入当期损益；对于其他类别的金融资产或金融负债，相关交易费用应当计入初始确认金额。但是，企业初始确认的应收账款未包含《企业会计准则第14号——收入》所定义的重大融资成分或根据《企业会计准则第14号——收入》规定不考虑不超过一年的合同中的融资成分的，应当按照该准则定义的交易价格进行初始计量。

交易费用，是指可直接归属于购买、发行或处置金融工具的增量费用。增量费用是指企业没有发生购买、发行或处置相关金融工具的情形就不会发生的费用，包括支付给代理机构、咨询公司、券商、证券交易所、政府有关部门等的手续费、佣金、相关税费及其他必要支出，不包括债券溢价、折价、融资费用、内部管理成本和持有成本等与交易不直接相关的费用。

第三十四条　企业应当根据《企业会计准则第39号——公允价值计量》的规定，确定金融资产和金融负债在初始确认时的公允价值。公允价值通常为相关金融资产或金融负债的交易价格。金融资产或金融负债公允价值与交易价格存在差异的，企业应当区别下列情况进行处理：

（一）在初始确认时，金融资产或金融负债的公允价值依据相同资产或负债在活跃市场上的报价或者仅使用可观察市场数据的估值技术确定的，企业应当将该公允价值与交易价格之间的差额确认为一项利得或损失。

（二）在初始确认时，金融资产或金融负债的公允价值以其他方式确定的，企业应当将该公允价值与交易价格之间的差额递延。初始确认后，企业应当根据某一因素在相应会计期间的变动程度将该递延差额确认为相应会计期间的利得或损失。该因素应当仅限于市场参与者对该金融工具定价时将予考虑的因素，包括时间等。

第三十五条 初始确认后，企业应当对不同类别的金融资产，分别以摊余成本、以公允价值计量且其变动计入其他综合收益或以公允价值计量且其变动计入当期损益进行后续计量。

第三十六条 初始确认后，企业应当对不同类别的金融负债，分别以摊余成本、以公允价值计量且其变动计入当期损益或以本准则第二十一条规定的其他适当方法进行后续计量。

第三十七条 金融资产或金融负债被指定为被套期项目的，企业应当根据《企业会计准则第24号——套期会计》规定进行后续计量。

第三十八条 金融资产或金融负债的摊余成本，应当以该金融资产或金融负债的初始确认金额经下列调整后的结果确定：

（一）扣除已偿还的本金。

（二）加上或减去采用实际利率法将该初始确认金额与到期日金额之间的差额进行摊销形成的累计摊销额。

（三）扣除累计计提的损失准备（仅适用于金融资产）。

实际利率法，是指计算金融资产或金融负债的摊余成本以及将利息收入或利息费用分摊计入各会计期间的方法。

实际利率，是指将金融资产或金融负债在预计存续期的估计未来现金流量，折现为该金融资产账面余额或该金融负债摊余成本所使用的利率。在确定实际利率时，应当在考虑金融资产或金融负债所有合同条款（如提前还款、展期、看涨期权或其他类似期权等）的基础上估计预期现金流量，但不应当考虑预期信用损失。

第三十九条 企业应当按照实际利率法确认利息收入。利息收入应当根据金融资产账面余额乘以实际利率计算确定，但下列情况除外：

（一）对于购入或源生的已发生信用减值的金融资产，企业应当自初始确认起，按照该金融资产的摊余成本和经信用调整的实际利率计算确定其利息收入。

（二）对于购入或源生的未发生信用减值，但在后续期间成为已发生信用减值的金融资产，企业应当在后续期间，按照该金融资产的摊余成本和实际利率计算确定其利息收入。企业按照上述规定对金融资产的摊余成本运用实际利率法计算利息收入的，若该金融工具在后续期间因其信用风险有所改善而不再存在信用减值，并且这一改善在客观上可与应用上述规定之后发生的某一事件相联系（如债务人的信用评级被上调），企业应当转按实际利率乘以该金融资产账面余额来计算确定利息收入。

经信用调整的实际利率，是指将购入或源生的已发生信用减值的金融资产在预计存续期的估计未来现金流量，折现为该金融资产摊余成本的利率。在确定经信用调整的实际利率时，应当在考虑金融资产的所有合同条款（例如提前还款、展期、看涨期权或其他类似期权等）以及初始预期信用损失的基础上估计预期现金流量。

第四十条　当对金融资产预期未来现金流量具有不利影响的一项或多项事件发生时，该金融资产成为已发生信用减值的金融资产。金融资产已发生信用减值的证据包括下列可观察信息：

（一）发行方或债务人发生重大财务困难；

（二）债务人违反合同，如偿付利息或本金违约或逾期等；

（三）债权人出于与债务人财务困难有关的经济或合同考虑，给予债务人在任何其他情况下都不会做出的让步；

（四）债务人很可能破产或进行其他财务重组；

（五）发行方或债务人财务困难导致该金融资产的活跃市场消失；

（六）以大幅折扣购买或源生一项金融资产，该折扣反映了发生信用损失的事实。

金融资产发生信用减值，有可能是多个事件的共同作用所致，未必是可单独识别的事件所致。

第四十一条　合同各方之间支付或收取的、属于实际利率或经信用调整的实际利率组成部分的各项费用、交易费用及溢价或折价等，应当在确定实际利率或经信用调整的实际利率时予以考虑。

企业通常能够可靠估计金融工具（或一组类似金融工具）的现金流量和预计存续期。在极少数情况下，金融工具（或一组金融工具）的估计未来现金流量或预计存续期无法可靠估计的，企业在计算确定其实际利率（或经信用调整的实际利率）时，应当基于该金融工具在整个合同期内的合同现金流量。

第四十二条　企业与交易对手方修改或重新议定合同，未导致金融资产终止确认，但导致合同现金流量发生变化的，应当重新计算该金融资产的账面余额，并将相关利得或损失计入当期损益。重新计算的该金融资产的账面余额，应当根据将重新议定或修改的合同现金流量按金融资产的原实际利率（或者购买或源生的已发生信用减值的金融资产的经信用调整的实际利率）或根据《企业会计准则第24号——套期会计》第二十三条计算的修正后实际利率（如适用）折现的现值确定。对于修改或重新议定合同所产生的所有成本或费用，企业应当调整修改后的金融资产账面价值，并在修改后金融资产的剩余期限内进行摊销。

第四十三条　企业不再合理预期金融资产合同现金流量能够全部或部分收回的，应当直接减记该金融资产的账面余额。这种减记构成相关金融资产的终止确认。

第四十四条　企业对权益工具的投资和与此类投资相联系的合同应当以公允价值计量。但在有限情况下，如果用以确定公允价值的近期信息不足，或者公允价值的可能估计金额分布范围很广，而成本代表了该范围内对公允价值的最佳估计的，该成本可代表其在该分布范围内对公允价值的恰当估计。

企业应当利用初始确认日后可获得的关于被投资方业绩和经营的所有信息，判断成本能否代表公允价值。存在下列情形（包含但不限于）之一的，可能表明成本不代表相关金融资产的公允价值，企业应当对其公允价值进行估值：

（一）与预算、计划或阶段性目标相比，被投资方业绩发生重大变化。

（二）对被投资方技术产品实现阶段性目标的预期发生变化。

（三）被投资方的权益、产品或潜在产品的市场发生重大变化。

（四）全球经济或被投资方经营所处的经济环境发生重大变化。

（五）被投资方可比企业的业绩或整体市场所显示的估值结果发生重大变化。

（六）被投资方的内部问题，如欺诈、商业纠纷、诉讼、管理或战略变化。

（七）被投资方权益发生了外部交易并有客观证据，包括发行新股等被投资方发生的交易和第三方之间转让被投资方权益工具的交易等。

第四十五条　权益工具投资或合同存在报价的，企业不应当将成本作为对其公允价值的最佳估计。

第八章　金融工具的减值

第四十六条　企业应当按照本准则规定，以预期信用损失为基础，对下列项目进行减值会计处理并确认损失准备：

（一）按照本准则第十七条分类为以摊余成本计量的金融资产和按照本准则第十八条分类为以公允价值计量且其变动计入其他综合收益的金融资产。

（二）租赁应收款。

（三）合同资产。合同资产是指《企业会计准则第 14 号——收入》定义的合同资产。

（四）企业发行的分类为以公允价值计量且其变动计入当期损益的金融负债以外的贷款承诺和适用本准则第二十一条（三）规定的财务担保合同。

损失准备，是指针对按照本准则第十七条计量的金融资产、租赁应收款和合同资产的预期信用损失计提的准备，按照本准则第十八条计量的金融资产的累计减值金额以及针对贷款承诺和财务担保合同的预期信用损失计提的准备。

第四十七条　预期信用损失是指以发生违约的风险为权重的金融工具信用损失的加权平均值。

信用损失，是指企业按照原实际利率折现的、根据合同应收的所有合同现金流量与预期收取的所有现金流量之间的差额，即全部现金短缺的现值。其中，对于企业购买或源生的已发生信用减值的金融资产，应按照该金融资产经信用调整的实际利率折现。由于预期信用损失考虑付款的金额和时间分布，因此即使企业预计可以全额收款但收款时间晚于合同规定的到期期限，也会产生信用损失。

在估计现金流量时，企业应当考虑金融工具在整个预计存续期的所有合同条款（如提前还款、展期、看涨期权或其他类似期权等）。企业所考虑的现金流量应当包括出售所持担保品获得的现金流量，以及属于合同条款组成部分的其他信用增级所产生的现金流量。

企业通常能够可靠估计金融工具的预计存续期。在极少数情况下，金融工具预计存续期无法可靠估计的，企业在计算确定预期信用损失时，应当基于该金融工具的剩余合同期间。

第四十八条　除了按照本准则第五十七条和第六十三条的相关规定计量金融工具损失准备的情形以外，企业应当在每个资产负债表日评估相关金融工具的信用风险自初始确认后是否已显著增加，并按照下列情形分别计量其损失准备、确认预期信用损失及其变动：

（一）如果该金融工具的信用风险自初始确认后已显著增加，企业应当按照相当于该金融工具整个存续期内预期信用损失的金额计量其损失准备。无论企业评估信用损失的基础是单项金融工具还是金融工具组合，由此形成的损失准备的增加或转回金额,应当作为减值损失或利得计入当期损益。

(二)如果该金融工具的信用风险自初始确认后并未显著增加,企业应当按照相当于该金融工具未来12个月内预期信用损失的金额计量其损失准备,无论企业评估信用损失的基础是单项金融工具还是金融工具组合,由此形成的损失准备的增加或转回金额,应当作为减值损失或利得计入当期损益。

未来12个月内预期信用损失,是指因资产负债表日后12个月内(若金融工具的预计存续期少于12个月,则为预计存续期)可能发生的金融工具违约事件而导致的预期信用损失,是整个存续期预期信用损失的一部分。

企业在进行相关评估时,应当考虑所有合理且有依据的信息,包括前瞻性信息。为确保自金融工具初始确认后信用风险显著增加即确认整个存续期预期信用损失,企业在一些情况下应当以组合为基础考虑评估信用风险是否显著增加。整个存续期预期信用损失,是指因金融工具整个预计存续期内所有可能发生的违约事件而导致的预期信用损失。

第四十九条 对于按照本准则第十八条分类为以公允价值计量且其变动计入其他综合收益的金融资产,企业应当在其他综合收益中确认其损失准备,并将减值利得或损失计入当期损益,且不应减少该金融资产在资产负债表中列示的账面价值。

第五十条 企业在前一会计期间已经按照相当于金融工具整个存续期内预期信用损失的金额计量了损失准备,但在当期资产负债表日,该金融工具已不再属于自初始确认后信用风险显著增加的情形的,企业应当在当期资产负债表日按照相当于未来12个月内预期信用损失的金额计量该金融工具的损失准备,由此形成的损失准备的转回金额应当作为减值利得计入当期损益。

第五十一条 对于贷款承诺和财务担保合同,企业在应用金融工具减值规定时,应当将本企业成为做出不可撤销承诺的一方之日作为初始确认日。

第五十二条 企业在评估金融工具的信用风险自初始确认后是否已显著增加时,应当考虑金融工具预计存续期内发生违约风险的变化,而不是预期信用损失金额的变化。企业应当通过比较金融工具在资产负债表日发生违约的风险与在初始确认日发生违约的风险,以确定金融工具预计存续期内发生违约风险的变化情况。

在为确定是否发生违约风险而对违约进行界定时,企业所采用的界定标准,应当与其内部针对相关金融工具的信用风险管理目标保持一致,并考虑财务限制条款等其他定性指标。

第五十三条　企业通常应当在金融工具逾期前确认该工具整个存续期预期信用损失。企业在确定信用风险自初始确认后是否显著增加时，企业无须付出不必要的额外成本或努力即可获得合理且有依据的前瞻性信息的，不得仅依赖逾期信息来确定信用风险自初始确认后是否显著增加；企业必须付出不必要的额外成本或努力才可获得合理且有依据的逾期信息以外的单独或汇总的前瞻性信息的，可以采用逾期信息来确定信用风险自初始确认后是否显著增加。

无论企业采用何种方式评估信用风险是否显著增加，通常情况下，如果逾期超过 30 日，则表明金融工具的信用风险已经显著增加。除非企业在无须付出不必要的额外成本或努力的情况下即可获得合理且有依据的信息，证明即使逾期超过 30 日，信用风险自初始确认后仍未显著增加。如果企业在合同付款逾期超过 30 日前已确定信用风险显著增加，则应当按照整个存续期的预期信用损失确认损失准备。

如果交易对手方未按合同规定时间支付约定的款项，则表明该金融资产发生逾期。

第五十四条　企业在评估金融工具的信用风险自初始确认后是否已显著增加时，应当考虑违约风险的相对变化，而非违约风险变动的绝对值。在同一后续资产负债表日，对于违约风险变动的绝对值相同的两项金融资产，初始确认时违约风险较低的金融工具比初始确认时违约风险较高的金融工具的信用风险变化更为显著。

第五十五条　企业确定金融工具在资产负债表日只具有较低的信用风险的，可以假设该金融工具的信用风险自初始确认后并未显著增加。

如果金融工具的违约风险较低，借款人在短期内履行其合同现金流量义务的能力很强，并且较长时期内经济形势和经营环境的不利变化可能但未必降低借款人履行其合同现金流量义务的能力，该金融工具被视为具有较低的信用风险。

第五十六条　企业与交易对手方修改或重新议定合同，未导致金融资产终止确认，但导致合同现金流量发生变化的，企业在评估相关金融工具的信用风险是否已经显著增加时，应当将基于变更后的合同条款在资产负债表日发生违约的风险与基于原合同条款在初始确认时发生违约的风险进行比较。

第五十七条　对于购买或源生的已发生信用减值的金融资产，企业应当在资产负债表日仅将自初始确认后整个存续期内预期信用损失的累计变动确认为损失准备。在每个资产负债表日，企业应当将整个存续期内预期信用损失的变动金额作为减值损失或利得计入当期损益。即使该资产负债表日确定的整个存续期内预期信用损失小于初始确认时估计现金流量所反映的预期信用损失的金额，企业也应当将预期信用损失的有利变动确认为减值利得。

第五十八条　企业计量金融工具预期信用损失的方法应当反映下列各项要素：

（一）通过评价一系列可能的结果而确定的无偏概率加权平均金额。

（二）货币时间价值。

（三）在资产负债表日无须付出不必要的额外成本或努力即可获得的有关过去事项、当前状况以及未来经济状况预测的合理且有依据的信息。

第五十九条　对于适用本准则金融工具减值规定的各类金融工具，企业应当按照下列方法确定其信用损失：

（一）对于金融资产，信用损失应为企业应收取的合同现金流量与预期收取的现金流量之间差额的现值。

（二）对于租赁应收款项，信用损失应为企业应收取的合同现金流量与预期收取的现金流量之间差额的现值。其中，用于确定预期信用损失的现金流量，应与按照《企业会计准则第21号——租赁》用于计量租赁应收款项的现金流量保持一致。

（三）对于未提用的贷款承诺，信用损失应为在贷款承诺持有人提用相应贷款的情况下，企业应收取的合同现金流量与预期收取的现金流量之间差额的现值。企业对贷款承诺预期信用损失的估计，应当与其对该贷款承诺提用情况的预期保持一致。

（四）对于财务担保合同，信用损失应为企业就该合同持有人发生的信用损失向其做出赔付的预计付款额，减去企业预期向该合同持有人、债务人或任何其他方收取的金额之间差额的现值。

（五）对于资产负债表日已发生信用减值但并非购买或源生已发生信用减值的金融资产，信用损失应为该金融资产账面余额与按原实际利率折现的估计未来现金流量的现值之间的差额。

第六十条　企业应当以概率加权平均为基础对预期信用损失进行计量。企业对预期信用损失的计量应当反映发生信用损失的各种可能性，但不必识别所有可能的情形。

第六十一条　在计量预期信用损失时，企业需考虑的最长期限为企业面临信用风险的最长合同期限（包括考虑续约选择权），而不是更长期间，即使该期间与业务实践相一致。

第六十二条　如果金融工具同时包含贷款和未提用的承诺，且企业根据合同规定要求还款或取消未提用承诺的能力并未将企业面临信用损失的期间限定在合同通知期内的，企业对于此类金融工具（仅限于此类金融工具）确认预期信用损失的期间，应当为其面临信用风险且无法用信用风险管理措施予以缓释的期间，即使该期间超过了最长合同期限。

第六十三条　对于下列各项目，企业应当始终按照相当于整个存续期内预期信用损失的金额计量其损失准备：

（一）由《企业会计准则第14号——收入》规范的交易形成的应收款项或合同资产，且符合下列条件之一：

1. 该项目未包含《企业会计准则第14号——收入》所定义的重大融资成分，或企业根据《企业会计准则第14号——收入》规定不考虑不超过一年的合同中的融资成分。

2. 该项目包含《企业会计准则第14号——收入》所定义的重大融资成分，同时企业做出会计政策选择，按照相当于整个存续期内预期信用损失的金额计量损失准备。企业应当将该会计政策选择适用于所有此类应收款项和合同资产，但可对应收款项类和合同资产类分别做出会计政策选择。

（二）由《企业会计准则第21号——租赁》规范的交易形成的租赁应收款，同时企业做出会计政策选择，按照相当于整个存续期内预期信用损失的金额计量损失准备。企业应当将该会计政策选择适用于所有租赁应收款，但可对应收融资租赁款和应收经营租赁款分别做出会计政策选择。

在适用本条规定时，企业可对应收款项、合同资产和租赁应收款分别选择减值会计政策。

第九章　利得和损失

第六十四条　企业应当将以公允价值计量的金融资产或金融负债的利得或损失计入当期损益，除非该金融资产或金融负债属于下列情形之一：

（一）属于《企业会计准则第24号——套期会计》规定的套期关系的一部分。

（二）是一项对非交易性权益工具的投资，且企业已按照本准则第十九条规定将其指定为以公允价值计量且其变动计入其他综合收益的金融资产。

（三）是一项被指定为以公允价值计量且其变动计入当期损益的金融负债，

且按照本准则第六十八条规定，该负债由企业自身信用风险变动引起的其公允价值变动应当计入其他综合收益。

（四）是一项按照本准则第十八条分类为以公允价值计量且其变动计入其他综合收益的金融资产，且企业根据本准则第七十一条规定，其减值利得或损失和汇兑损益之外的公允价值变动计入其他综合收益。

第六十五条　企业只有在同时符合下列条件时，才能确认股利收入并计入当期损益：

（一）企业收取股利的权利已经确立；

（二）与股利相关的经济利益很可能流入企业；

（三）股利的金额能够可靠计量。

第六十六条　以摊余成本计量且不属于任何套期关系的一部分的金融资产所产生的利得或损失，应当在终止确认、按照本准则规定重分类、按照实际利率法摊销或按照本准则规定确认减值时，计入当期损益。如果企业将以摊余成本计量的金融资产重分类为其他类别，应当根据本准则第三十条规定处理其利得或损失。

以摊余成本计量且不属于任何套期关系的一部分的金融负债所产生的利得或损失，应当在终止确认时计入当期损益或在按照实际利率法摊销时计入相关期间损益。

第六十七条　属于套期关系中被套期项目的金融资产或金融负债所产生的利得或损失，应当按照《企业会计准则第24号——套期会计》相关规定进行处理。

第六十八条　企业根据本准则第二十二条和第二十六条规定将金融负债指定为以公允价值计量且其变动计入当期损益的金融负债的，该金融负债所产生的利得或损失应当按照下列规定进行处理：

（一）由企业自身信用风险变动引起的该金融负债公允价值的变动金额，应当计入其他综合收益；

（二）该金融负债的其他公允价值变动计入当期损益。

按照本条（一）规定对该金融负债的自身信用风险变动的影响进行处理会造成或扩大损益中的会计错配的，企业应当将该金融负债的全部利得或损失（包括企业自身信用风险变动的影响金额）计入当期损益。

该金融负债终止确认时，之前计入其他综合收益的累计利得或损失应当从其他综合收益中转出，计入留存收益。

第六十九条　企业根据本准则第十九条规定将非交易性权益工具投资指定为

以公允价值计量且其变动计入其他综合收益的金融资产的，当该金融资产终止确认时，之前计入其他综合收益的累计利得或损失应当从其他综合收益中转出，计入留存收益。

第七十条　指定为以公允价值计量且其变动计入当期损益的金融负债的财务担保合同和不可撤销贷款承诺所产生的全部利得或损失，应当计入当期损益。

第七十一条　按照本准则第十八条分类为以公允价值计量且其变动计入其他综合收益的金融资产所产生的所有利得或损失，除减值利得或损失和汇兑损益之外，均应当计入其他综合收益，直至该金融资产终止确认或被重分类。但是，采用实际利率法计算的该金融资产的利息应当计入当期损益。该金融资产计入各期损益的金额应当与视同其一直按摊余成本计量而计入各期损益的金额相等。

该金融资产终止确认时，之前计入其他综合收益的累计利得或损失应当从其他综合收益中转出，计入当期损益。

企业将该金融资产重分类为其他类别金融资产的，应当根据本准则第三十一条规定，对之前计入其他综合收益的累计利得或损失进行相应处理。

第十章　衔接规定

第七十二条　本准则施行日之前的金融工具确认和计量与本准则要求不一致的，企业应当追溯调整，但本准则第七十三条至第八十三条另有规定的除外。在本准则施行日已经终止确认的项目不适用本准则。

第七十三条　在本准则施行日，企业应当按照本准则的规定对金融工具进行分类和计量（含减值），涉及前期比较财务报表数据与本准则要求不一致的，无须调整。金融工具原账面价值和在本准则施行日的新账面价值之间的差额，应当计入本准则施行日所在年度报告期间的期初留存收益或其他综合收益。同时，企业应当按照《企业会计准则第37号——金融工具列报》的相关规定在附注中进行披露。

企业如果调整前期比较财务报表数据，应当能够以前期的事实和情况为依据，且比较数据应当反映本准则的所有要求。

第七十四条　在本准则施行日，企业应当以该日的既有事实和情况为基础，根据本准则第十七条（一）或第十八条（一）的相关规定评估其管理金融资产的业务模式是以收取合同现金流量为目标，还是以既收取合同现金流量又出售金融资产为目标，并据此确定金融资产的分类，进行追溯调整，无须考虑企业之前的业务模式。

第七十五条 在本准则施行日，企业在考虑具有本准则第十六条所述修正的货币时间价值要素的金融资产的合同现金流量特征时，需要对特定货币时间价值要素修正进行评估的，该评估应当以该金融资产初始确认时存在的事实和情况为基础。该评估不切实可行的，企业不应考虑本准则关于货币时间价值要素修正的规定。

第七十六条 在本准则施行日，企业在考虑具有本准则第十六条所述提前偿付特征的金融资产的合同现金流量特征时，需要对该提前偿付特征的公允价值是否非常小进行评估的，该评估应当以该金融资产初始确认时存在的事实和情况为基础。该评估不切实可行的，企业不应考虑本准则关于提前偿付特征例外情形的规定。

第七十七条 在本准则施行日，企业存在根据本准则相关规定应当以公允价值计量的混合合同但之前未以公允价值计量的，该混合合同在前期比较财务报表期末的公允价值应当等于其各组成部分在前期比较财务报表期末公允价值之和。在本准则施行日，企业应当将整个混合合同在该日的公允价值与该混合合同各组成部分在该日的公允价值之和之间的差额，计入本准则施行日所在报告期间的期初留存收益或其他综合收益。

第七十八条 在本准则施行日，企业应当以该日的既有事实和情况为基础，根据本准则的相关规定，对相关金融资产进行指定或撤销指定，并追溯调整：

（一）在本准则施行日，企业可以根据本准则第二十条规定，将满足条件的金融资产指定为以公允价值计量且其变动计入当期损益的金融资产。但企业之前指定为以公允价值计量且其变动计入当期损益的金融资产，不满足本准则第二十条规定的指定条件的，应当解除之前做出的指定；之前指定为以公允价值计量且其变动计入当期损益的金融资产继续满足本准则第二十条规定的指定条件的，企业可以选择继续指或撤销之前的指定。

（二）在本准则施行日，企业可以根据本准则第十九条规定，将非交易性权益工具投资指定为以公允价值计量且其变动计入其他综合收益的金融资产。

第七十九条 在本准则施行日，企业应当以该日的既有事实和情况为基础，根据本准则的相关规定，对相关金融负债进行指定或撤销指定，并追溯调整：

（一）在本准则施行日，为了消除或显著减少会计错配，企业可以根据本准则第二十二条（一）的规定，将金融负债指定为以公允价值计量且其变动计入当期损益的金融负债。

（二）企业之前初始确认金融负债时，为了消除或显著减少会计错配，已将该金融负债指定为以公允价值计量且其变动计入当期损益的金融负债，但在本准则施行日不再满足本准则规定的指定条件的，企业应当撤销之前的指定；该金融负债在本准则施行日仍然满足本准则规定的指定条件的，企业可以选择继续指定或撤销之前的指定。

第八十条　在本准则施行日，企业按照本准则规定对相关金融资产或金融负债以摊余成本进行计量、应用实际利率法追溯调整不切实可行的，应当按照以下原则进行处理：

（一）以金融资产或金融负债在前期比较财务报表期末的公允价值，作为企业调整前期比较财务报表数据时该金融资产的账面余额或该金融负债的摊余成本。

（二）以金融资产或金融负债在本准则施行日的公允价值，作为该金融资产在本准则施行日的新账面余额或该金融负债的新摊余成本。

第八十一条　在本准则施行日，对于之前以成本计量的、在活跃市场中没有报价且其公允价值不能可靠计量的权益工具投资或与该权益工具挂钩并须通过交付该工具进行结算的衍生金融资产，企业应当以其在本准则施行日的公允价值计量。原账面价值与公允价值之间的差额，应当计入本准则施行日所在报告期间的期初留存收益或其他综合收益。

在本准则施行日，对于之前以成本计量的、与在活跃市场中没有报价的权益工具挂钩并须通过交付该权益工具进行结算的衍生金融负债，企业应当以其在本准则施行日的公允价值计量。原账面价值与公允价值之间的差额，应当计入本准则施行日所在报告期间的期初留存收益。

第八十二条　在本准则施行日，企业存在根据本准则第二十二条规定将金融负债指定为以公允价值计量且其变动计入当期损益的金融负债，并且按照本准则第六十八条（一）规定将由企业自身信用风险变动引起的该金融负债公允价值的变动金额计入其他综合收益的，企业应当以该日的既有事实和情况为基础，判断按照上述规定处理是否将会造成或扩大损益的会计错配，进而确定是否应当将该金融负债的全部利得或损失（包括企业自身信用风险变动的影响金额）计入当期损益，并按照上述结果追溯调整。

第八十三条　在本准则施行日，企业按照本准则计量金融工具减值的，应当使用无须付出不必要的额外成本或努力即可获得的合理且有依据的信息，确定金融工具在初始确认日的信用风险，并将该信用风险与本准则施行日的信用风险进行比较。

在确定自初始确认后信用风险是否显著增加时，企业可以应用本准则第五十五条的规定根据其是否具有较低的信用风险进行判断，或者应用本准则第五十三条第二段的规定根据相关金融资产逾期是否30日以上进行判断。企业在本准则施行日必须付出不必要的额外成本或努力才可获得合理且有依据的信息的，企业在该金融工具终止确认前的所有资产负债表日的损失准备应当等于其整个存续期的预期信用损失。

第十一章 附 则

第八十四条 本准则自2018年1月1日起施行。

企业会计准则第14号

——收入（财会〔2017〕22号）

第一章 总 则

第一条 为了规范收入的确认、计量和相关信息的披露，根据《企业会计准则——基本准则》，制定本准则。

第二条 收入，是指企业在日常活动中形成的、会导致所有者权益增加的、与所有者投入资本无关的经济利益的总流入。

第三条 本准则适用于所有与客户之间的合同，但下列各项除外：

（一）由《企业会计准则第2号——长期股权投资》《企业会计准则第22号——金融工具确认和计量》《企业会计准则第23号——金融资产转移》《企业会计准则第24号——套期会计》《企业会计准则第33号——合并财务报表》以及《企业会计准则第40号——合营安排》规范的金融工具及其他合同权利和义务，分别适用《企业会计准则第2号——长期股权投资》《企业会计准则第22号——金融工具确认和计量》《企业会计准则第23号——金融资产转移》《企业会计准则第24号——套期会计》《企业会计准则第33号——合并财务报表》以及《企业会计准则第40号——合营安排》。

（二）由《企业会计准则第21号——租赁》规范的租赁合同，适用《企业会计准则第21号——租赁》。

（三）由保险合同相关会计准则规范的保险合同，适用保险合同相关会计准则。

本准则所称客户，是指与企业订立合同以向该企业购买其日常活动产出的商品或服务（以下简称"商品"）并支付对价的一方。

本准则所称合同，是指双方或多方之间订立有法律约束力的权利义务的协议。合同有书面形式、口头形式以及其他形式。

第二章　确　认

第四条　企业应当在履行了合同中的履约义务，即在客户取得相关商品控制权时确认收入。

取得相关商品控制权，是指能够主导该商品的使用并从中获得几乎全部的经济利益。

第五条　当企业与客户之间的合同同时满足下列条件时，企业应当在客户取得相关商品控制权时确认收入：

（一）合同各方已批准该合同并承诺将履行各自义务；

（二）该合同明确了合同各方与所转让商品或提供劳务（以下简称"转让商品"）相关的权利和义务；

（三）该合同有明确的与所转让商品相关的支付条款；

（四）该合同具有商业实质，即履行该合同将改变企业未来现金流量的风险、时间分布或金额；

（五）企业因向客户转让商品而有权取得的对价很可能收回。

在合同开始日即满足前款条件的合同，企业在后续期间无须对其进行重新评估，除非有迹象表明相关事实和情况发生重大变化。合同开始日通常是指合同生效日。

第六条　在合同开始日不符合本准则第五条规定的合同，企业应当对其进行持续评估，并在其满足本准则第五条规定时按照该条的规定进行会计处理。

对于不符合本准则第五条规定的合同，企业只有在不再负有向客户转让商品的剩余义务，且已向客户收取的对价无须退回时，才能将已收取的对价确认为收入；否则，应当将已收取的对价作为负债进行会计处理。没有商业实质的非货币性资产交换，不确认收入。

第七条　企业与同一客户（或该客户的关联方）同时订立或在相近时间内先后订立的两份或多份合同，在满足下列条件之一时，应当合并为一份合同进行会计处理：

（一）该两份或多份合同基于同一商业目的而订立并构成一揽子交易。

（二）该两份或多份合同中的一份合同的对价金额取决于其他合同的定价或履行情况。

（三）该两份或多份合同中所承诺的商品（或每份合同中所承诺的部分商品）构成本准则第九条规定的单项履约义务。

第八条　企业应当区分下列三种情形对合同变更分别进行会计处理：

（一）合同变更增加了可明确区分的商品及合同价款，且新增合同价款反映了新增商品单独售价的，应当将该合同变更部分作为一份单独的合同进行会计处理。

（二）合同变更不属于本条（一）规定的情形，且在合同变更日已转让的商品或已提供的服务（以下简称"已转让的商品"）与未转让的商品或未提供的服务（以下简称"未转让的商品"）之间可明确区分的，应当视为原合同终止，同时，将原合同未履约部分与合同变更部分合并为新合同进行会计处理。

（三）合同变更不属于本条（一）规定的情形，且在合同变更日已转让的商品与未转让的商品之间不可明确区分的，应当将该合同变更部分作为原合同的组成部分进行会计处理，由此产生的对已确认收入的影响，应当在合同变更日调整当期收入。

本准则所称合同变更，是指经合同各方批准对原合同范围或价格作出的变更。

第九条　合同开始日，企业应当对合同进行评估，识别该合同所包含的各单项履约义务，并确定各单项履约义务是在某一时段内履行，还是在某一时点履行，然后，在履行了各单项履约义务时分别确认收入。

履约义务，是指合同中企业向客户转让可明确区分商品的承诺。履约义务既包括合同中明确的承诺，也包括由于企业已公开宣布的政策、特定声明或以往的习惯做法等导致合同订立时客户合理预期企业将履行的承诺。企业为履行合同而应开展的初始活动，通常不构成履约义务，除非该活动向客户转让了承诺的商品。

企业向客户转让一系列实质相同且转让模式相同的、可明确区分商品的承诺，也应当作为单项履约义务。

转让模式相同，是指每一项可明确区分商品均满足本准则第十一条规定的、在某一时段内履行履约义务的条件，且采用相同方法确定其履约进度。

第十条　企业向客户承诺的商品同时满足下列条件的，应当作为可明确区分商品：

（一）客户能够从该商品本身或从该商品与其他易于获得资源一起使用中受益。

（二）企业向客户转让该商品的承诺与合同中其他承诺可单独区分。

下列情形通常表明企业向客户转让该商品的承诺与合同中其他承诺不可单独区分：

1. 企业需提供重大的服务以将该商品与合同中承诺的其他商品整合成合同约定的组合产出转让给客户。

2. 该商品将对合同中承诺的其他商品予以重大修改或定制。

3. 该商品与合同中承诺的其他商品具有高度关联性。

第十一条　满足下列条件之一的，属于在某一时段内履行履约义务；否则，属于在某一时点履行履约义务：

（一）客户在企业履约的同时即取得并消耗企业履约所带来的经济利益。

（二）客户能够控制企业履约过程中在建的商品。

（三）企业履约过程中所产出的商品具有不可替代用途，且该企业在整个合同期间内有权就累计至今已完成的履约部分收取款项。

具有不可替代用途，是指因合同限制或实际可行性限制，企业不能轻易地将商品用于其他用途。

有权就累计至今已完成的履约部分收取款项，是指在由于客户或其他方原因终止合同的情况下，企业有权就累计至今已完成的履约部分收取能够补偿其已发生成本和合理利润的款项，并且该权利具有法律约束力。

第十二条　对于在某一时段内履行的履约义务，企业应当在该段时间内按照履约进度确认收入，但是，履约进度不能合理确定的除外。企业应当考虑商品的性质，采用产出法或投入法确定恰当的履约进度。其中，产出法是根据已转移给客户的商品对于客户的价值确定履约进度；投入法是根据企业为履行履约义务的投入确定履约进度。对于类似情况下的类似履约义务，企业应当采用相同的方法确定履约进度。

当履约进度不能合理确定时，企业已经发生的成本预计能够得到补偿的，应当按照已经发生的成本金额确认收入，直到履约进度能够合理确定为止。

第十三条　对于在某一时点履行的履约义务，企业应当在客户取得相关商品控制权时点确认收入。在判断客户是否已取得商品控制权时，企业应当考虑下列迹象：

（一）企业就该商品享有现时收款权利，即客户就该商品负有现时付款义务。

（二）企业已将该商品的法定所有权转移给客户，即客户已拥有该商品的法定所有权。

（三）企业已将该商品实物转移给客户，即客户已实物占有该商品。

（四）企业已将该商品所有权上的主要风险和报酬转移给客户，即客户已取得该商品所有权上的主要风险和报酬。

（五）客户已接受该商品。

（六）其他表明客户已取得商品控制权的迹象。

第三章　计　量

第十四条　企业应当按照分摊至各单项履约义务的交易价格计量收入。

交易价格，是指企业因向客户转让商品而预期有权收取的对价金额。企业代第三方收取的款项以及企业预期将退还给客户的款项，应当作为负债进行会计处理，不计入交易价格。

第十五条　企业应当根据合同条款，并结合其以往的习惯做法确定交易价格。在确定交易价格时，企业应当考虑可变对价、合同中存在的重大融资成分、非现金对价、应付客户对价等因素的影响。

第十六条　合同中存在可变对价的，企业应当按照期望值或最可能发生金额确定可变对价的最佳估计数，但包含可变对价的交易价格，应当不超过在相关不确定性消除时累计已确认收入极可能不会发生重大转回的金额。企业在评估累计已确认收入是否极可能不会发生重大转回时，应当同时考虑收入转回的可能性及其比重。

每一资产负债表日，企业应当重新估计应计入交易价格的可变对价金额。可变对价金额发生变动的，按照本准则第二十四条和第二十五条规定进行会计处理。

第十七条　合同中存在重大融资成分的，企业应当按照假定客户在取得商品控制权时即以现金支付的应付金额确定交易价格。该交易价格与合同对价之间的差额，应当在合同期间内采用实际利率法摊销。

合同开始日，企业预计客户取得商品控制权与客户支付价款间隔不超过一年的，可以不考虑合同中存在的重大融资成分。

第十八条　客户支付非现金对价的，企业应当按照非现金对价的公允价值确定交易价格。非现金对价的公允价值不能合理估计的，企业应当参照其承诺向客户转让商品的单独售价间接确定交易价格。非现金对价的公允价值因对价形式以外的原因而发生变动的，应当作为可变对价，按照本准则第十六条规定进行会计处理。

单独售价，是指企业向客户单独销售商品的价格。

第十九条　企业应付客户（或向客户购买本企业商品的第三方，本条下同）对价的，应当将该应付对价冲减交易价格，并在确认相关收入与支付（或承诺支付）客户对价二者孰晚的时点冲减当期收入，但应付客户对价是为了向客户取得其他可明确区分商品的除外。

企业应付客户对价是为了向客户取得其他可明确区分商品的，应当采用与本企业其他采购相一致的方式确认所购买的商品。企业应付客户对价超过向客户取得可明确区分商品公允价值的，超过金额应当冲减交易价格。向客户取得的可明确区分商品公允价值不能合理估计的，企业应当将应付客户对价全额冲减交易价格。

第二十条　合同中包含两项或多项履约义务的，企业应当在合同开始日，按照各单项履约义务所承诺商品的单独售价的相对比例，将交易价格分摊至各单项履约义务。企业不得因合同开始日之后单独售价的变动而重新分摊交易价格。

第二十一条　企业在类似环境下向类似客户单独销售商品的价格，应作为确定该商品单独售价的最佳证据。单独售价无法直接观察的，企业应当综合考虑其能够合理取得的全部相关信息，采用市场调整法、成本加成法、余值法等方法合理估计单独售价。在估计单独售价时，企业应当最大限度地采用可观察的输入值，并对类似的情况采用一致的估计方法。

市场调整法，是指企业根据某商品或类似商品的市场售价考虑本企业的成本和毛利等进行适当调整后，确定其单独售价的方法。

成本加成法，是指企业根据某商品的预计成本加上其合理毛利后的价格，确定其单独售价的方法。

余值法是指企业根据合同交易价格减去合同中其他商品可观察的单独售价后

的余值,确定某商品单独售价的方法。

第二十二条 企业在商品近期售价波动幅度巨大,或者因未定价且未曾单独销售而使售价无法可靠确定时,可采用余值法估计其单独售价。

第二十三条 对于合同折扣,企业应当在各单项履约义务之间按比例分摊。

有确凿证据表明合同折扣仅与合同中一项或多项(而非全部)履约义务相关的,企业应当将该合同折扣分摊至相关一项或多项履约义务。

合同折扣仅与合同中一项或多项(而非全部)履约义务相关,且企业采用余值法估计单独售价的,应当首先按照前款规定在该一项或多项(而非全部)履约义务之间分摊合同折扣,然后采用余值法估计单独售价。

合同折扣,是指合同中各单项履约义务所承诺商品的单独售价之和高于合同交易价格的金额。

第二十四条 对于可变对价及可变对价的后续变动额,企业应当按照本准则第二十条至第二十三条规定,将其分摊至与之相关的一项或多项履约义务,或者分摊至构成单项履约义务的一系列可明确区分商品中的一项或多项商品。

对于已履行的履约义务,其分摊的可变对价后续变动额应当调整变动当期的收入。

第二十五条 合同变更之后发生可变对价后续变动的,企业应当区分下列三种情形分别进行会计处理:

(一)合同变更属于本准则第八条(一)规定情形的,企业应当判断可变对价后续变动与哪一项合同相关,并按照本准则第二十四条规定进行会计处理。

(二)合同变更属于本准则第八条(二)规定情形,且可变对价后续变动与合同变更前已承诺可变对价相关的,企业应当首先将该可变对价后续变动额以原合同开始日确定的基础进行分摊,然后再将分摊至合同变更日尚未履行履约义务的该可变对价后续变动额以新合同开始日确定的基础进行二次分摊。

(三)合同变更之后发生除本条(一)、本条(二)规定情形以外的可变对价后续变动的,企业应当将该可变对价后续变动额分摊至合同变更日尚未履行的履约义务。

第四章 合同成本

第二十六条 企业为履行合同发生的成本,不属于其他企业会计准则规范范围且同时满足下列条件的,应当作为合同履约成本确认为一项资产:

（一）该成本与一份当前或预期取得的合同直接相关，包括直接人工、直接材料、制造费用（或类似费用）、明确由客户承担的成本以及仅因该合同而发生的其他成本。

（二）该成本增加了企业未来用于履行履约义务的资源。

（三）该成本预期能够收回。

第二十七条　企业应当在下列支出发生时，将其计入当期损益：

（一）管理费用。

（二）非正常消耗的直接材料、直接人工和制造费用（或类似费用），这些支出为履行合同发生，但未反映在合同价格中。

（三）与履约义务中已履行部分相关的支出。

（四）无法在尚未履行的与已履行的履约义务之间区分的相关支出。

第二十八条　企业为取得合同发生的增量成本预期能够收回的，应当作为合同取得成本确认为一项资产；但是，该资产摊销期限不超过一年的，可以在发生时计入当期损益。

增量成本，是指企业不取得合同就不会发生的成本（如销售佣金等）。

企业为取得合同发生的、除预期能够收回的增量成本之外的其他支出（如无论是否取得合同均会发生的差旅费等），应当在发生时计入当期损益，但是，明确由客户承担的除外。

第二十九条　按照本准则第二十六条和第二十八条规定确认的资产（以下简称"与合同成本有关的资产"），应当采用与该资产相关的商品收入确认相同的基础进行摊销，计入当期损益。

第三十条　与合同成本有关的资产，其账面价值高于下列两项的差额的，超出部分应当计提减值准备，并确认为资产减值损失：

（一）企业因转让与该资产相关的商品预期能够取得的剩余对价；

（二）为转让该相关商品估计将要发生的成本。

以前期间减值的因素之后发生变化，使得前款（一）减（二）的差额高于该资产账面价值的，应当转回原已计提的资产减值准备，并计入当期损益，但转回后的资产账面价值不应超过假定不计提减值准备情况下该资产在转回日的账面价值。

第三十一条　在确定与合同成本有关的资产的减值损失时，企业应当首先对按照其他相关企业会计准则确认的、与合同有关的其他资产确定减值损失；然后，按照本准则第三十条规定确定与合同成本有关的资产的减值损失。

企业按照《企业会计准则第8号——资产减值》测试相关资产组的减值情况

时，应当将按照前款规定确定与合同成本有关的资产减值后的新账面价值计入相关资产组的账面价值。

第五章　特定交易的会计处理

第三十二条　对于附有销售退回条款的销售，企业应当在客户取得相关商品控制权时，按照因向客户转让商品而预期有权收取的对价金额（即，不包含预期因销售退回将退还的金额）确认收入，按照预期因销售退回将退还的金额确认负债；同时，按照预期将退回商品转让时的账面价值，扣除收回该商品预计发生的成本（包括退回商品的价值减损）后的余额，确认为一项资产，按照所转让商品转让时的账面价值，扣除上述资产成本的净额结转成本。

每一资产负债表日，企业应当重新估计未来销售退回情况，如有变化，应当作为会计估计变更进行会计处理。

第三十三条　对于附有质量保证条款的销售，企业应当评估该质量保证是否在向客户保证所销售商品符合既定标准之外提供了一项单独的服务。企业提供额外服务的，应当作为单项履约义务，按照本准则规定进行会计处理；否则，质量保证责任应当按照《企业会计准则第 13 号——或有事项》规定进行会计处理。在评估质量保证是否在向客户保证所销售商品符合既定标准之外提供了一项单独的服务时，企业应当考虑该质量保证是否为法定要求、质量保证期限以及企业承诺履行任务的性质等因素。客户能够选择单独购买质量保证的，该质量保证构成单项履约义务。

第三十四条　企业应当根据其在向客户转让商品前是否拥有对该商品的控制权，来判断其从事交易时的身份是主要责任人还是代理人。企业在向客户转让商品前能够控制该商品的，该企业为主要责任人，应当按照已收或应收对价总额确认收入；否则，该企业为代理人，应当按照预期有权收取的佣金或手续费的金额确认收入，该金额应当按照已收或应收对价总额扣除应支付给其他相关方的价款后的净额，或者按照既定的佣金金额或比例等确定。

企业向客户转让商品前能够控制该商品的情形包括：

（一）企业自第三方取得商品或其他资产控制权后，再转让给客户。

（二）企业能够主导第三方代表本企业向客户提供服务。

（三）企业自第三方取得商品控制权后，通过提供重大的服务将该商品与其他商品整合成某组合产出转让给客户。

在具体判断向客户转让商品前是否拥有对该商品的控制权时，企业不应仅局限于合同的法律形式，而应当综合考虑所有相关事实和情况，这些事实和情况包括：

（一）企业承担向客户转让商品的主要责任。

（二）企业在转让商品之前或之后承担了该商品的存货风险。

（三）企业有权自主决定所交易商品的价格。

（四）其他相关事实和情况。

第三十五条　对于附有客户额外购买选择权的销售，企业应当评估该选择权是否向客户提供了一项重大权利。企业提供重大权利的，应当作为单项履约义务，按照本准则第二十条至第二十四条规定将交易价格分摊至该履约义务，在客户未来行使购买选择权取得相关商品控制权时，或者该选择权失效时，确认相应的收入。客户额外购买选择权的单独售价无法直接观察的，企业应当综合考虑客户行使和不行使该选择权所能获得的折扣的差异、客户行使该选择权的可能性等全部相关信息后，予以合理估计。

客户虽然有额外购买商品选择权，但客户行使该选择权购买商品时的价格反映了这些商品单独售价的，不应被视为企业向该客户提供了一项重大权利。

第三十六条　企业向客户授予知识产权许可的，应当按照本准则第九条和第十条规定评估该知识产权许可是否构成单项履约义务，构成单项履约义务的，应当进一步确定其是在某一时段内履行还是在某一时点履行。

企业向客户授予知识产权许可，同时满足下列条件时，应当作为在某一时段内履行的履约义务确认相关收入；否则，应当作为在某一时点履行的履约义务确认相关收入：

（一）合同要求或客户能够合理预期企业将从事对该项知识产权有重大影响的活动；

（二）该活动对客户将产生有利或不利影响；

（三）该活动不会导致向客户转让某项商品。

第三十七条　企业向客户授予知识产权许可，并约定按客户实际销售或使用情况收取特许权使用费的，应当在下列两项孰晚的时点确认收入：

（一）客户后续销售或使用行为实际发生；

（二）企业履行相关履约义务。

第三十八条　对于售后回购交易，企业应当区分下列两种情形分别进行会计处理：

264

（一）企业因存在与客户的远期安排而负有回购义务或企业享有回购权利的，表明客户在销售时点并未取得相关商品控制权，企业应当作为租赁交易或融资交易进行相应的会计处理。其中，回购价格低于原售价的，应当视为租赁交易，按照《企业会计准则第21号——租赁》的相关规定进行会计处理；回购价格不低于原售价的，应当视为融资交易，在收到客户款项时确认金融负债，并将该款项和回购价格的差额在回购期间内确认为利息费用等。企业到期未行使回购权利的，应当在该回购权利到期时终止确认金融负债，同时确认收入。

（二）企业负有应客户要求回购商品义务的，应当在合同开始日评估客户是否具有行使该要求权的重大经济动因。客户具有行使该要求权重大经济动因的，企业应当将售后回购作为租赁交易或融资交易，按照本条（一）规定进行会计处理；否则，企业应当将其作为附有销售退回条款的销售交易，按照本准则第三十二条规定进行会计处理。

售后回购，是指企业销售商品的同时承诺或有权选择日后再将该商品（包括相同或几乎相同的商品，或以该商品作为组成部分的商品）购回的销售方式。

第三十九条　企业向客户预收销售商品款项的，应当首先将该款项确认为负债，待履行了相关履约义务时再转为收入。当企业预收款项无须退回，且客户可能会放弃其全部或部分合同权利时，企业预期将有权获得与客户所放弃的合同权利相关的金额的，应当按照客户行使合同权利的模式按比例将上述金额确认为收入；否则，企业只有在客户要求其履行剩余履约义务的可能性极低时，才能将上述负债的相关余额转为收入。

第四十条　企业在合同开始（或接近合同开始）日向客户收取的无须退回的初始费（如俱乐部的入会费等）应当计入交易价格。企业应当评估该初始费是否与向客户转让已承诺的商品相关。该初始费与向客户转让已承诺的商品相关，并且该商品构成单项履约义务的，企业应当在转让该商品时，按照分摊至该商品的交易价格确认收入；该初始费与向客户转让已承诺的商品相关，但该商品不构成单项履约义务的，企业应当在包含该商品的单项履约义务履行时，按照分摊至该单项履约义务的交易价格确认收入；该初始费与向客户转让已承诺的商品不相关的，该初始费应当作为未来将转让的商品的预收款，在未来转让该商品时确认为收入。

企业收取了无须退回的初始费且为履行合同应开展初始活动，但这些活动本身并没有向客户转让已承诺的商品的，该初始费与未来将转让的已承诺商品相关，应当在未来转让该商品时确认为收入，企业在确定履约进度时不应考虑这些初始活动；企业为该初始活动发生的支出应当按照本准则第二十六条和第二十七条规定确认为一项资产或计入当期损益。

第六章 列 报

第四十一条 企业应当根据本企业履行履约义务与客户付款之间的关系在资产负债表中列示合同资产或合同负债。企业拥有的、无条件（即，仅取决于时间流逝）向客户收取对价的权利应当作为应收款项单独列示。

合同资产，是指企业已向客户转让商品而有权收取对价的权利，且该权利取决于时间流逝之外的其他因素。如企业向客户销售两项可明确区分的商品，企业因已交付其中一项商品而有权收取款项，但收取该款项还取决于企业交付另一项商品的，企业应当将该收款权利作为合同资产。

合同负债，是指企业已收或应收客户对价而应向客户转让商品的义务。如企业在转让承诺的商品之前已收取的款项。

按照本准则确认的合同资产的减值的计量和列报应当按照《企业会计准则第22号——金融工具确认和计量》和《企业会计准则第37号——金融工具列报》的规定进行会计处理。

第四十二条 企业应当在附注中披露与收入有关的下列信息：

（一）收入确认和计量所采用的会计政策、对于确定收入确认的时点和金额具有重大影响的判断以及这些判断的变更，包括确定履约进度的方法及采用该方法的原因、评估客户取得所转让商品控制权时点的相关判断，在确定交易价格、估计计入交易价格的可变对价、分摊交易价格以及计量预期将退还给客户的款项等类似义务时所采用的方法、输入值和假设等。

（二）与合同相关的下列信息：

1. 与本期确认收入相关的信息，包括与客户之间的合同产生的收入、该收入按主要类别（如商品类型、经营地区、市场或客户类型、合同类型、商品转让的时间、合同期限、销售渠道等）分解的信息以及该分解信息与每一报告分部的收入之间的关系等。

2. 与应收款项、合同资产和合同负债的账面价值相关的信息，包括与客户之间的合同产生的应收款项、合同资产和合同负债的期初和期末账面价值、对上述应收款项和合同资产确认的减值损失、在本期确认的包括在合同负债期初账面价值中的收入、前期已经履行（或部分履行）的履约义务在本期调整的收入、履行履约义务的时间与通常的付款时间之间的关系以及此类因素对合同资产和合同负债账面价值的影响的定量或定性信息、合同资产和合同负债的账面价值在本期内发生的重大变动情况等。

3. 与履约义务相关的信息，包括履约义务通常的履行时间、重要的支付条款、企业承诺转让的商品的性质（包括说明企业是否作为代理人）、企业承担的预期将退还给客户的款项等类似义务、质量保证的类型及相关义务等。

4. 与分摊至剩余履约义务的交易价格相关的信息，包括分摊至本期末尚未履行（或部分未履行）履约义务的交易价格总额、上述金额确认为收入的预计时间的定量或定性信息、未包括在交易价格的对价金额（如可变对价）等。

（三）与合同成本有关的资产相关的信息，包括确定该资产金额所做的判断、该资产的摊销方法、按该资产主要类别（如为取得合同发生的成本、为履行合同开展的初始活动发生的成本等）披露的期末账面价值以及本期确认的摊销及减值损失金额等。

（四）企业根据本准则第十七条规定因预计客户取得商品控制权与客户支付价款间隔未超过一年而未考虑合同中存在的重大融资成分，或者根据本准则第二十八条规定因合同取得成本的摊销期限未超过一年而将其在发生时计入当期损益的，应当披露该事实。

第七章 衔接规定

第四十三条 首次执行本准则的企业，应当根据首次执行本准则的累积影响数，调整首次执行本准则当年年初留存收益及财务报表其他相关项目金额，对可比期间信息不予调整。企业可以仅对在首次执行日尚未完成的合同的累积影响数进行调整。同时，企业应当在附注中披露，与收入相关会计准则制度的原规定相比，执行本准则对当期财务报表相关项目的影响金额，如有重大影响的，还需披露其原因。

已完成的合同，是指企业按照与收入相关会计准则制度的原规定已完成合同中全部商品的转让的合同。尚未完成的合同，是指除已完成的合同之外的其他合同。

第四十四条 对于最早可比期间期初之前或首次执行本准则当年年初之前发生的合同变更，企业可予以简化处理，即无须按照本准则第八条规定进行追溯调整，而是根据合同变更的最终安排，识别已履行的和尚未履行的履约义务、确定交易价格以及在已履行的和尚未履行的履约义务之间分摊交易价格。

企业采用该简化处理方法的,应当对所有合同一致采用,并且在附注中披露该事实以及在合理范围内对采用该简化处理方法的影响所做的定性分析。

第八章 附 则

第四十五条 本准则自 2018 年 1 月 1 日起施行。

立金精彩语录

(1) 如果你喜欢一个人,就让他去拉存款吧,因为那会让他成就一番事业;让他一辈子衣食无忧。

(2) 如果你讨厌一个人,就让他去拉存款吧,因为那会让他感觉进入地狱;他每天生活在惶恐中。

(3) 诸葛亮出山前,也没带过兵!凭啥我就要有工作经验?我就是想当一名银行客户经理,等我身经百战后,自然就会有经验了。

(4) 我拉不来存款的时候,天天盼着银行考核系统崩溃,或者有人抢银行也行啊。

(5) 我这人长得很诚恳,我又经常挑一些大雨天、大雪天去拜访客户,故意不带雨伞,所以客户都愿意给一些机会。(让客户感动,不如让客户感谢)

(6) 第一次,客户给了 3000 万元的存款,我幸福得直哆嗦。

(7) 没有酒品,就要有人品;没有人品,就要有产品;没有产品就真的什么都没有了。

(8) 听了陈老师的课,"有尝试跑 10000 米的冲动,晚上 12 点想去拉存款"。

(9) 有学员对我说,"陈老师走路都哐哐往下掉授信产品"。听过我的课还拉不来存款简直是对我智商的侮辱,经常弄得我感慨万千,夜不能寐,所以我每次讲到这里时都充满了绝望的心情。

我们一直认为,一篇优秀的授信调查报告就是一篇优秀的议论文,论点鲜明、论据充分、论证严密。

(10) 容忍度:应该给银行的公司业务人员充分的贷款容忍度,例如 1% ~

3%的贷款容忍度,对于出现可能的贷款风险,要给予充分的容忍,做公司业务、做贷款,就是一个风险游戏。做游戏的人养活着大家,大家要充分理解公司业务人员。没有容忍,一旦出现风险,就一棍子打死,那谁还会愿意做客户经理?没有人愿意做客户经理,那谁给我们创造收入呢?

(11)保证金存款不稳定?保证金存款必须是企业真实贸易背景项下的银行授信产品的保证金,只要企业经营活动持续,企业就会不断向银行交存保证金,不断签发银行承兑汇票。银行的保证金存款就会是非常稳定的,而且会稳步上升。

银行采取给企业发放贷款,然后冻结签发全额保证金银行承兑汇票。没有任何贸易背景的银行承兑汇票的保证金才是不稳定的。

(12)恐惧是因为陌生,陌生是因为不去学习。畏惧拉存款是因为你不熟悉客户、不熟悉产品,拔剑四顾心茫然。

(13)客户经理的人生三阶段:做存款、做业务、做客户。做存款,层次很低;做业务,可以帮助客户;做客户,帮助客户成就一番事业,是最高级的阶段,每个客户经理的最高层次。就如同武林中的"独孤求败"。

银行公司业务信贷产品(100个)

票据类	保函类	信用证	贷款	承诺	供应链融资
敞口银行承兑汇票	投标保函	敞口国内信用证	流动资金贷款	固定资产贷款承诺函	明保理
全额保证金银行承兑汇票	履约保函	国内信用证买方押汇	项目贷款	流动资金贷款承诺函	暗保理
准全额保证金银行承兑汇票	预付款保函	国内信用证卖方押汇	股权质押贷款	贷款+保理	反向保理
买方付息	质量保函	国内信用证议付	增发贷款	法人透支承诺	保理银票
代理贴现	预售资金监管保函	国内信用证福费廷	并购贷款	信贷证明	保兑仓
票据拆分	安全生产保函	国内信用证银票议付	商标权质押贷款	流动性支持承诺函(发债)	买方信贷
商票保贴	并购保函	进口信用证	固定资产贷款	意向性授信承诺	出口退税账户质押贷款
商票保押银票	后续出资保函	进口信用证押汇	小镇贷款	集团授信承诺	新能源补贴质押贷款

续表

票据类	保函类	信用证	贷款	承诺	供应链融资
票据池	租赁保函	出口信用证打包贷款	飞机融资	主动授信	投标定向贷款
银票错配	监管保函	出口信用证议付	房地产开发贷款	商票保兑承诺	政府购买贷款
银票提前填满敞口	PPP项目投标保函		住房按揭贷款		政府中标贷款
银票收益权融资	PPP项目履约保函		委托贷款		海陆仓贷款
商票收益权融资	PPP项目交付保函		军品见证贷款		封闭动产质押贷款
银票质押贷款	海关关税保函				

每个银行客户经理看看，你平时都用到哪些银行的信贷产品？使用得越多，和客户的合作黏性就越好。